루쉰문고 14 거짓자유서

루쉰문고 14 거짓자유서

초판 1쇄 인쇄 _ 2011년 7월 1일
초판 1쇄 발행 _ 2011년 7월 10일

지은이 · 루쉰
옮긴이 · 이보경

펴낸이 · 유재건 | 주간 · 김현경
편집 · 박순기, 주승일, 태하, 임유진, 김혜미, 강혜진, 김재훈, 고태경, 김미선, 김효진
디자인 · 서주성, 이민영 | 마케팅 · 정승연, 황주희, 이민정, 박태하
영업관리 · 노수준, 이상원, 양수연

펴낸곳 · (주)그린비출판사 | 등록번호 · 제313-1990-32호
주소 · 서울시 마포구 동교동 201-18 달리빌딩 2층 | 전화 · 702-2717 | 팩스 · 703-0272

ISBN 978-89-7682-138-6 04820   978-89-7682-130-0 (세트)
이 도서의 국립중앙도서관 출판시도서목록(CIP)은 e-CIP 홈페이지(http://www.nl.go.kr/ecip)와 국가자료공동목록시스템(http://www.nl.go.kr/kolisnet)에서 이용하실 수 있습니다.
(CIP제어번호 : CIP2011002702)

이 책의 번역저작권은 루쉰전집번역위원회와 (주)그린비출판사에 있습니다.
저작권법에 의해 한국 내에서 보호를 받는 저작물이므로 무단전재와 복제를 금합니다.
책값은 뒤표지에 있습니다. 잘못 만들어진 책은 서점에서 바꿔 드립니다.

그린비출판사 **나를 바꾸는 책, 세상을 바꾸는 책**
홈페이지 · www.greenbee.co.kr | 전자우편 · editor@greenbee.co.kr

거짓자유서
僞自由書

이보경 옮김

그린비

| 차례 |

서문 … 11

1933년

싸움 구경 … 17

도망에 대한 변호 … 20

사실 숭상 … 24

전기의 장단점 … 27

항공구국의 세 가지 소원 … 30

두 가지 불통 … 34
 [이 글로 인해 일어난 통론] '가장 잘 통하는' 문예(왕핑링) … 36
 ['통'에 관한 논의에서 보이는 '통'의 할인] 관화일 따름 … 39

저주 … 43

전략 관계 … 45
 [비고] 멋진 글을 다함께 감상하다(저우징차이) … 47

쇼에 대한 송가 … 52
 [또 대주필의 분노를 사다] 버나드 쇼는 여하튼 비범하다(『다완바오』 사설) … 54
 [역시나 대주필은 존경스럽지 않다] 앞글에 대한 주석(러윈) … 57

전쟁에 대한 기도—독서 심득 … 61

풍자에서 유머로…65

유머에서 엄숙으로…68

왕도시하…71

억울함을 호소하다…76

곡의 해방…81

문학의 에누리…85

마주보기경…90

'광명이 도래하면……'…95

울음막이 문학…99
  [비고] 고추구국 제창(왕츠)…102
  [한사코 고추로 울음을 막으려 하다] 함부로 사람을 씹지 말라(왕츠)…103
  [하지만 아무래도 아니다] 이를 일러 점입가경이라 한다…105

'사람의 말'…108

영혼을 파는 비결…112

문인무문…116
  [비고] 악취미(뤄구)…118
  [서늘한 말?] 제4종인(저우무자이)…120
  [바람 쐬기] 두 가지 오해와 한 가지 차이점…122

가장 예술적인 국가 … 125

현대사 … 130

추배도 … 133

「사람을 잘못 죽였다」에 대한 이의 … 137
  [비고] 사람을 잘못 죽였다(차오쥐런) … 139

중국인의 목숨 자리 … 143

안과 밖 … 147

바닥까지 드러내기 … 150
  [보내온 편지] 자간 선생님께(주슈샤) … 152
  [답신] 슈샤 선생께 … 154

'이이제이' … 158
  [펄쩍 뛰다] '이화제화'(리자쭤) … 161
  [술렁거림] 허물이 있더라도 고칠 수 있다(푸훙랴오) … 164
  [딱 몇 마디만] 부연 설명 … 166

언론 자유의 한계 … 169

대관원의 인재 … 173

글과 화제 …177

신약 …182

'다난한 달' …186

무책임한 탱크 …189

성쉬안화이와 이치에 맞는 억압 …192

왕의 교화 …196

하늘과 땅 …201

유보 …205

유보에 관해 다시 말하다 …210

'유명무실'에 대한 반박 …214

깊은 이해를 추구하지 않는다 …217

후기 …221

해제 _『거짓자유서』에 대하여 (이보경) _270

| 일러두기 |

1 이 책은 중국에서 출판된 『魯迅全集』1981년판과 2005년판(이상 北京: 人民文学出版社) 등을 참조하여 우리말로 옮긴 책이다.
2 각 글 말미에 있는 주석은 기존의 국내외 연구성과를 두루 참조하여 옮긴이가 작성한 것이다.
3 단행본·전집·정기간행물·장편소설 등에는 겹낫표(『 』)를, 논문·기사·단편·영화·연극·공연·회화 등에는 낫표(「 」)를 사용했다.
4 외국의 인명이나 지명, 작품명은 〈국립국어원〉에서 펴낸 '외래어 표기법'에 근거해 표기했다. 단, 중국의 인명은 신해혁명(1911년) 때 생존 여부를 기준으로 현대인과 과거인으로 구분하여 현대인은 중국어음으로, 과거인은 한자음으로 표기했으며, 중국의 지명은 구분을 두지 않고 중국어음으로 표기하는 것을 원칙으로 했다.

거짓자유서

『거짓자유서』(僞自由書)는 루쉰이 1933년 1월에서 5월 사이에 쓴 잡문 43편을 수록하고 있다. 1933년 10월 상하이 베이신서국(北新書局)에서 '칭광서국'(靑光書局)이라는 이름으로 출판했다. 루쉰은 표지디자인을 하면서 '거짓자유서'의 왼쪽 편에 친필로 '일명『도나캐나 문집』'(一名『不三不四集』)이라고 썼다. 이듬해 2월 당국에 의해 금지되고 루쉰 생전에 초판으로 그쳤다. 1936년 11월 상하이 롄화서국(聯華書局)에서『도나캐나 문집』이라는 이름으로 출판했다.

서문[1]

이 얇은 책에 담긴 글은 올 1월 말부터 5월 중순까지 『선바오』[2]의 『자유담』에 투고한 잡감들이다.

상하이上海에 온 뒤로 신문은 줄곧 보기만 하고 투고하지는 않았고 투고할 생각도 없었다. 뿐더러 신문 문예란도 주의한 적이 없어서 『선바오』에 언제부터 『자유담』이란 칼럼이 생겼는지, 『자유담』에 어떤 글이 실리는지도 몰랐다. 작년 연말이었나 보다. 우연찮게 위다푸[3] 선생을 만났는데, 『자유담』의 편집인이 리례원[4] 선생으로 바뀌었다는 소식을 들려주었다. 그런데 그는 막 프랑스에서 귀국한 터라 사람도 땅도 낯설어 당분간 원고를 못 모을 것이라고 하며 나더러 몇 차례 투고하라고 권했다. 나는 건성건성 대답했다. "그것도 좋지요."

다푸 선생의 부탁에 대해 나는 늘 "건성건성 대답하며, '그것도 좋지요.'"라고 했다. 내놓고 말하자면 나는 지금까지 창조사[5] 사람들을 꽤나 피해 다녔다. 물론 여태까지 나를 특별히 공격해서라거나 심지어는 인신공격을 해서만은 아니고, 대개는 그들의 '창조'연하는 얼굴 때문이었다. 훗날 그들 중 누구는 은사隱士가 되고 누구는 부호가 되고 누구는 실천적 혁명가가 되고 누구는 간첩이 되기도 했지만, '창조'라는 대독[6] 아래 있던 시절에는 땀, 재채기조차도 모두 '창조'인 양 너무 거들먹거렸다. 내가 다푸 선생을 처음 봤을 때는 얼굴에 그런 창조티가 나지 않았으므로 만나면 허물없이 이야기를 나누었다. 문학에 관한 의견은 일치할 리 없었을 터이나 나눈 이야기들도 대충 하잘것없는 말들이었다. 여하튼 이렇게 해서 잘 아는 사이가 되었다. 내가 이따금 그에게 글을 부탁하면 어김없이 보내 주었다. 그러므로 그가 나더러 뭐 좀 써 보기를 바라면 나도 당연히 좋겠다고 건성건성이라도 응대해야만 했던 것이다. 그런데 대답하되 '건성건성' 했으므로 나는 이미 충분히 실미적지근했던 것이다.

그때부터 『자유담』을 보기 시작했으나 여전히 투고는 하지 않았다. 얼마 후 『자유담』의 편집인이 사무에 치여 부인의 해산에도 병원 갈 틈을 내지 못해 아내가 홀로 죽어 갔다는 소문을 들었다. 며칠 지나 우연히 『자유담』에서 글 한 편[7]을 보았다. 낳아 준 모친이 있다는 것을 알 수 있도록 날마다 갓난이에게 사진을 보여 준다는 내용이었다. 나는 리례원 선생의 작품임을 금방 알아차리고 펜을 들어 거기에 반대하는 글을 쓰려고 했다. 나는 지금껏 자애로운 모친이 있다면 어쩌면 행복할 수도 있겠지만 나면서부터 모친이 없다고 해서 오롯이 불행해지는 것은 아니라고 생각하고 있었기 때문이다. 더 용감하고 더 시름없는 사내로 자랄 수도 있기 때문이다. 그러나 끝내 이 글은 못 쓰고 다른 글을 써서 『자유담』에 투고했다. 이것이 바로 이 책 맨 처음에 실은 「사실 숭상」[8)]이다. 또한 예전 필명을 사용 못하는 경우도 있었기 때문에 '허자간'何家幹으로 고쳐 썼고 가끔 '간'幹이나 '딩멍'丁萌이라고 쓰기도 했다.

    이 단평들은 개인적인 느낌에서 비롯된 것도 있고 시사로 인한 자극에서 나온 것도 있다. 그런데 견해도 아주 평범하고 말도 종종 난삽하다. 『자유담』이 동인들의 잡지도 아니고 '자유'도 물론 아이러니에 불과함을 알고 있었으므로 나는 결코 여기에서 활약하고 싶은 마음은 없다. 내가 투고한 까닭은 하나는 벗과의 우정을 위해서이고 다른 하나는 적막한 이들을 위하여 소리치기 위해서이며 나의 굳어진 성질 탓이기도 하다. 그런데 시사를 논할 때 체면을 봐주지 않고, 적폐를 지적할 때는 늘 유형類型을 사용하는 것이 나의 단점이다. 후자는 더욱이나 시의에 부합하지 않는다. 대개 유형을 들어 쓰는 방식의 폐단은 병리학적 그림과 같다. 부스럼과 종기 그림은 모든 부스럼과 종기의 표본이어서 갑甲의 부스럼과 닮았기도 하고 을乙의 종기와 비슷하기도 하다. 그런데 잘 살펴보지도 않고 갑은 자신의 부스럼을 그려 터무니없이 모욕한다고 여기고, 그림 그린 이를 기필코 사지로 몰아넣고자 한다. 예컨대 예전에 내가 쓴 발바리론은 애당초 실체를 지목하지 않은 일반론이었다. 그런데 스스로 발바리 성질이 있다고 생각하는 사람들이 제 발로 와서 인정했다. 사지로 모는 방법도 글의 시비를 따지는 게 아니라 우선 필자가 누구인지부터 묻는다. 다시 말하면 다른 것은 제쳐 두고 다만 필자에게 인신공격을 가하려는 것이다.

물론 그들 전부가 울분에 떠는 환자는 아니었고 의분을 느낀 협객도 있었다. 요컨대 이런 전술은 천위안[9] 교수가 "루쉰은 바로 교육부 첨사僉事 저우수런周樹人이다"라고 한 것이 발단이 되었다. 그 일로부터 10년이 지났으므로 사람들은 일찌감치 잊어버렸다. 이번에는 왕핑링[10] 선생이 앞서서 고발하고 저우무자이[11] 선생이 뒤에서 폭로하였다. 이들은 모두 작가에 관한 글을 쓰거나 심지어 좌익문학가를 연루시키기도 했다. 이 밖에도 내가 본 글은 여러 편 더 있다. 상하이의 이른바 문학가들의 필전이란 게 어떤 모양새고 나의 단평과 무슨 관계가 있는지 살펴볼 수 있도록 모두 본문 뒤에 덧붙여 놓았다. 또 다른 몇 편은 나의 감상을 촉발시킨 글이므로 특별히 독자들의 참고를 위하여 함께 남겨 두었다.

나는 매달 평균 여덟, 아홉 편을 투고했다. 그런데 5월 초에 뜻하지 않게 잇달아 발표를 할 수 없었다. 생각건대, 당시에는 시사 논의가 불허되었음에도 불구하고 나의 글이 시사를 언급하고 있었기 때문일 성싶다. 금지한 사람이 관방 검열관인지 신문사 총편집인지 나는 모르겠고 알 필요도 없다. 지금 게재 금지된 글까지 모두 이 책에 수록했다. 사실 내가 지적한 것들은 이제 모두 이미 사실로 증명되었다. 내가 당시에 며칠 미리 말한 것일 따름이다. 이것을 서문으로 삼는다.

      1933년 7월 19일 밤, 상하이 처소에서, 루쉰이 쓰다

주)_____

1) 원제는 「前記」.

2) 『선바오』(申報)는 중국에서 최초로 출판된 일보(日報)이다. 1872년 4월 30일(동치同治 11년 3월 23일) 영국 상인이 상하이에서 만들었다. 1909년 매판 시위푸(席裕福)가 사들였고 1912년에 스량차이(史量才)가 넘겨 받아 이듬해부터 운영했다. 9·18사변(만주사변) 이후 민중의 항일 요구를 반영한 기사를 실었다. 1934년 11월 스량차이가 국민당에 의해 암살되자 논조가 보수적으로 변화했다. 1949년 5월 26일 상하이가 해방되면서 정간되었다. 『자유담』(自由談)은 『선바오』의 부간(副刊) 중 하나이다. 1911년 8월 24일에 만들어졌으며 원래는 원앙호접파(鴛鴦蝴蝶派) 작품을 위주로 실었다. 1932년 12월부터 진보적인 작가가 쓴 잡문과 단평을 게재하기 시작했다.

3) 위다푸(郁達夫, 1896~1945)는 저장(浙江) 푸양(富陽) 사람으로 작가이며 창조사(創造社)의 주요 성원이었다. 1928년 루쉰과 함께 『분류』(奔流) 월간을 편집했다. 저서에는 단편소설집 『침륜』(浸淪), 중편소설 『그녀는 약한 여자』(她是一個弱女子), 여행산문집 『나막신 흔적 곳곳에』(屐痕處處) 등이 있다.

4) 리례원(黎烈文, 1904~1972). 후난(湖南) 샹탄(湘潭) 사람이며 번역가이다. 1932년 12월부터 『자유담』 편집을 맡았고, 1934년 5월 사직했다.

5) '창조사'는 1921년 6월 일본 도쿄에서 만들어진 문학사단. 동인으로는 귀모뤄(郭沫若), 위다푸, 청팡우(成仿吾), 장쯔핑(張資平) 등이 있다. 주요 활동은 상하이에서 했다. 초기에는 낭만주의, 반제국주의, 반봉건적 경향을 보였다. 제1차 국내혁명전쟁(북벌) 시기 귀모뤄, 청팡우 등은 잇달아 혁명에 뛰어들었다. 1927년 프롤레타리아 문학운동을 주장했으며, 이와 동시에 일본에서 귀국한 펑나이차오(馮乃超), 펑캉(彭康), 리추리(李初梨) 등이 동인으로 가입했다. 1928년에는 프롤레타리아 문학을 주장한 또 다른 문학단체인 태양사(太陽社)와 함께 루쉰을 비판하면서 루쉰과 혁명문학 문제에 관한 논쟁을 벌였다. 1929년 2월 국민당 당국에 의해 폐간되었다. 『창조』(創造, 계간), 『창조주보』(創造週報), 『창조일』(創造日), 『홍수』(洪水), 『창조월간』(創造月刊), 『문화비판』(文化批判) 등의 간행물과 '창조사 총서'(創造社叢書), '사회과학 총서'(社會科學叢書) 등을 출판했다.

6) 대독(大纛). 군영에서 쓰는 큰 깃발을 뜻한다.

7) 리례원의 「다른 세계에 있는 사람에게 쓰다」(寫給一個在另一世界的人)를 가리킨다. 죽은 아내에 대한 그리움을 표현한 글로서 1933년 1월 25일 『자유담』에 발표하고, 그

의 산문집 『숭고한 모성』(崇高的母性)에 수록했다.
8) 루쉰이 『자유담』에 처음으로 실은 글은 「'도망'의 합리화」("逃"的合理化)이며, 이후 『거짓자유서』를 출간할 때 「도망에 대한 변호」(逃的辯護)로 제목을 고쳐 수록했다.
9) 천위안(陳源, 1896~1970). 자는 퉁보(通伯), 장쑤(江蘇) 우시(無錫) 사람. 현대평론파 동인으로서 필명은 시잉(西瀅)이며, 베이징(北京)대학, 우한(武漢)대학 교수를 역임했다. "루쉰은 바로 교육부 첨사 저우수런(周樹人)이다"라는 말은 천위안이 1926년 1월 30일 『천바오 부간』(晨報副刊)에 발표한 「즈모에게」(致志摩)에 나오는 말이다.
10) 왕핑링(王平陵, 1898~1964). 장쑤 리양(溧陽) 사람. 『시사신보』(時事新報), 국민당의 기관지 『중앙일보』(中央日報) 부간의 주편을 맡아 이른바 '민족주의 문학'을 제창했다. 여기서 말한 '고발'은 이 문집의 「두 가지 불통」(不通兩種)에 수록된 「"가장 잘 통하는' 문예」('最通的'文藝)에 보인다.
11) 저우무자이(周木齋, 1910~1941). 장쑤 우진(武進) 사람. 당시 상하이에서 편집과 글쓰기에 종사했다. 여기서 말하는 '폭로'는 이 책의 「문인무문」(文人無文)에 수록된 「제4종인」(第四種人)에 보인다.

1933년
싸움 구경[1]

우리 중국인은 늘 평화를 사랑한다고 하기를 좋아한다. 그런데 실은 싸움을 사랑한다. 다른 생물들의 싸움 구경을 좋아하고 자신들 사이의 싸움도 구경하기 좋아한다.

가장 일반적인 것은 닭싸움과 귀뚜라미싸움이고, 남방에는 황두조싸움과 화미조싸움[2]이 있고 북방에는 메추라기싸움이 있다. 일군의 한가한 사람들은 멍하니 둘러서 보거나 또 이를 틈타 도박을 한다. 옛날에는 물고기싸움도 있었고 요즘에는 마술사가 벼룩싸움을 붙이기도 한다. 올해 나온 『동방잡지』[3]를 보고 진화金華에는 소싸움이 있음을 알게 되었다. 그런데 스페인과는 다른 모양이었다. 스페인에서는 사람과 소가 싸우지만 우리는 소끼리 싸움을 붙인다.

그것들끼리 싸움 붙여 놓고 자신은 안 싸우고 바라보기만 한다.

군벌은 자신의 싸움에만 신경 쓰고, 인민은 속사정을 모르고 바라보기만 한다.

그런데 군벌도 자신이 몸소 싸우는 것이 아니라 병사들끼리 싸우게 하므로 해마다 격전이 벌어져도 우두머리는 하나하나 끝내 무탈하다. 어느새 오해가 풀리고 어느새 술 마시며 환담을 나누고 어느새 함께 침략에 저항하고 어느새 보국報國을 맹세하고 어느새……. 물론 말할 필요도 없이 어느새 불가피하게 싸움을 시작하기도 한다.

그런데 인민들은 그들의 놀음에 모두 맡겨 놓고 바라보기만 한다.

그러나 우리의 투사가 외적에 대하여 취하는 태도는 다만 두 가지뿐이다. 가까이 있으면 '무저항'이고, 멀리 있으면 "쇠뇌를 짊어지고 선구가 된다"[4]라고 운운하는 것이다.

'무저항'은 문면으로도 의미를 확실하게 드러낸다. "쇠뇌를 짊어지고 선구가 된다"라는 말은 어떠한가? 쇠뇌들의 규격은 오래전에 실전失傳되었으므로 모름지기 고고학자의 연구를 통해 제작이 된 연후에야 비로소 짊어질 수도 있고 선구가 될 수도 있다.

아무래도 국산의 군인과 구매한 무기는 뒤에 남겨 두고 인민들 스스로가 싸울 모양이다. 중국에는 인구가 아주 많으므로 여하튼 간에 한동안은 살아남아 구경하는 사람이 있을 것이다. 그런데 물론 이렇게 하려면 외적에 대하여 반드시 '평화를 사랑하'[5]는 태도를 취하지 않으면 안 된다.

1월 24일

주)_____

1) 원제는 「觀鬪」, 1933년 1월 31일 상하이 『선바오』의 『자유담』에 발표했다. 필명은 허자간(何家幹).
2) 황두조(黃頭鳥)는 '붉은머리오목눈이', 화미조(畫尾鳥)는 '흰눈썹웃음지빠귀'이다.
3) 『동방잡지』(東方雜誌)는 시사와 문예를 모두 다루는 종합적 성격의 간행물. 1904년 3월 상하이에서 창간, 1948년 12월 정간. 상우인서관(商務印書館)에서 출판했다. 1933년 1월 16일 제30권 제2호에 「중국의 투우」(中國之鬪牛)라는 제목으로 저장 우저우(婺州; 지금의 진화金華)의 황소싸움 사진 몇 장이 실렸다.
4) 원문은 '負弩前驅'. 『일주서』(逸州書)에 "무왕(武王)이 주(紂)를 정벌하자 산의생(散宜生), 굉요(閎夭)가 쇠뇌를 짊어지고 선구가 되었다"라는 말이 나온다. 당시 국민당 정부는 일본의 침략에 대하여 무저항 정책을 쓰고 있었기 때문에 일본군이 공격하면 중국 수비군의 대부분은 명령을 받고 후퇴했다. 예를 들면, 1933년 1월 3일 일본군이 산하이관(山海關)을 공격하자 그곳 주둔군은 네 시간 만에 요새를 포기하고 후퇴했다. 반면 전선에서 멀리 떨어진 곳에 있던 크고 작은 군벌들은 '항일'을 외쳤다. 산하이관이 함락된 후 쓰촨(四川)에서 군벌 간의 혼전과 '비적 토벌'이라는 반공전투에 참가한 톈숭야오(田頌堯)는 1월 20일 "나라를 위해 목숨을 바칠 준비를 하고, 중앙의 명령을 받으면 바로 쇠뇌를 짊어지고 선구가 된다"라는 통전을 쳤다.
5) 당시 국민당 당국은 '평화를 사랑하자'는 말로 무저항 정책을 은폐했다. 예컨대 1931년 9월 18일 만주사변 이후에 장제스(蔣介石)는 9월 22일 난징시 국민당 당원대회에서 "이런 때일수록 반드시 상하가 단결해야 한다. 먼저 공리로 강권에 대항하고 평화로 야만에 대항해야 한다. 고통을 참고 분을 삼키며 우선은 외압을 참고 버티는 태도로 세계의 공리적 판단을 기다려야 한다"라고 연설했다.

도망에 대한 변호[1]

옛날에는 여자 노릇이 아주 운수 사나운 일이었다. 일거수일투족이 잘못으로 이래도 욕먹고 저래도 욕먹었다. 이제는 사나운 운수가 학생의 머리 위로 떨어져서 들어가도 욕을 얻어먹고 나가도 욕을 얻어먹는다.

우리는 아직도 재작년 겨울부터 학생들이 어떤 소동을 피웠는지 기억하고 있다. 남쪽으로 오려는 학생도 있었고 북쪽으로 가려는 학생도 있었다. 학생들이 남북을 오가는데 차를 운행하지 않았다. 수도에 와서 머리 조아리고 청원했지만 예기치 않게 '반동파들에 의해 이용되'고 수많은 머리가 공교롭게도 총검과 총부리에 '깨지'고, 어떤 학생들은 종국에는 '본인이 실족하여 물에 빠져' 죽기도 했다.[2]

검시 보고서에는 "몸에 다섯 가지 색이 있다"라고 했다. 나는 도대체가 무슨 말인지 모르겠다.

누가 한마디라도 묻고, 누가 한마디라도 항의했던가? 일부는 학생들을 비웃고 욕하기도 했다.

그러고도 제적시키고자 하고, 그러고도 가장에게 알리려 하고, 그러고도 연구실로 돌아가라고 권고했다. 일 년 사이에 좋아지고 마침내 진정된 셈이다. 그런데 별안간 위관[3]이 함락되었다. 상하이는 위관에서 멀지만, 베이핑은 연구실도 위험할 정도로 상황이 좋지 않았다. 상하이에 사는 사람이라면 작년 2월 지난대학, 라오눙대학, 퉁지대학…… 등의 연구실에서 편히 앉아 있을 수나 있었는지를 반드시 기억하고 있을 것이다.[4]

베이핑의 대학생들은 알고 있었을 뿐만 아니라 기억하고 있었다. 이번에는 더 이상 총검과 총부리에 머리가 '깨지'지 않고 '본인이 실족해서 물에 빠지'지도 않고 '몸에 다섯 가지 색'을 만들고 싶지 않았기 때문에 새로운 방법을 고안해 냈다. 그것은 바로 모두들 흩어져 각자 귀향하는 것이었다.

이것이야말로 요 몇 년 동안의 교육이 이룩해 낸 성과이다.

그런데 또 누군가가 욕을 퍼부었다.[5] 보이스카우트[6]는 열사들의 만장에다 그들이 "남긴 역겨운 냄새는 만년 동안 계속될 것이다"[7]라고 쓰기도 했다.

그런데 우리 한번 생각이나 해보자. 언어역사연구소에 있던 생명이 없는 골동품도 모두 옮겨 가지 않았더냐? 학생들이 모두 저마다 스스로 마련한 비행기를 소유하고 있는 것도 아니지 않은가? 자국의 총검과 총부리에 어리벙벙할 정도로 '깨져'도 연구실로 숨어들어 가 있어야 한다면, 결코 어리벙벙하지 않은 사람이라면 외국 비행기와 대포 때문에 연구실 밖으로 달아나지는 않았어야 하지 않겠는가?

아미타불!

1월 24일

주)_____
1) 원제는 「逃的辯護」, 1933년 1월 30일 『선바오』의 『자유담』에 발표했다. 원래 제목은 「'도망'의 합리화」("逃"的合理化)였다. 필명은 허쟈간.
2) 학생들이 난징에서 청원한 사건을 가리킨다. 만주사변 후 전국의 학생들은 장제스의 무저항 정책에 항의했다. 12월 초 각지의 학생들이 난징으로 달려와 청원운동을 하자 국민당 정부는 12월 5일 전국에 청원 금지 명령을 내렸다. 17일에는 군경을 출동시켜 난징에서 청원시위를 하고 있는 각지의 학생들을 체포하고 살해했다. 학생들은 자상을 입고 강에 버려지기도 했다. 국민당 당국은 진상을 은폐하고 학생들이 "반동분자들에게 이용당했다", 피해 학생은 "실족하여 물에 빠졌다"라고 했다. 또한 검시 보고 자리에서는 피해자의 "다리에는 청색, 자색, 흰색, 검은색 등 네 가지 색이 있으며 상반신에는 흰색, 검은색 두 가지 색이 있다"라고 했다.
3) '위관'(楡關)은 '산하이관'(山海關)을 가리킨다. 1933년 1월 3일 일본군에 의해 함락되었다.
4) 1932년 1월 28일 일본군이 상하이를 공격하자 지난(暨南)대학, 라오둥(勞動)대학, 퉁지(同濟)대학 등의 학교 건물은 포화에 의해 훼손되었고, 일본군이 점령하자 학생들이 각지로 흩어졌다.
5) 산하이관이 함락되고 베이핑이 위급해지자 대학생, 중학생들은 시험 연기, 조기 방학, 휴가를 요청하였다. 당시 자칭 '혈혼간흉제거단'(血魂除奸團)은 학생들이 "삶을 탐하고 죽음을 두려워한다", "수치를 모르고 나약하다"라며 비난했다. 저우무자이(周木齋)는 『파도소리』(濤聲) 제2권 제4기(1933년 1월 21일)에 발표한 「남 욕하기와 자기 욕하기」(罵人與自罵)에서 학생들은 "적이 도착하지도 않았는데 풍문을 듣고 멀

리 숨었다", "나라를 구하러 가지는 못할지언정 최소한, 최소한 도망을 가지는 말아야 한다"라고 했다.
6) 원문은 '童子軍'. 1908년 영국에서 처음 만들어진 단체로 청년과 아동들의 군사훈련과 공익활동을 목적으로 만들어진 조직으로 이후 세계 각지에서 만들어졌다. 중국의 보이스카우트는 1912년에 우창(武昌) 문화서원(文華書院)에서 창립된 후 전국으로 퍼져 나갔다. 난징 국민정부 시기 전국적인 조직으로 발전하여 '중국 보이스카우트'(中國童子軍)라고 이름을 붙였다. 총부는 국민당 중앙 집행위원회 소속이었다.
7) 원문은 '遺臭萬年'. 1933년 1월 22일, 국민당 당국은 자신들이 산하이관 등의 요충지를 포기했다는 사실을 숨기기 위해 베이핑 중산(中山)공원에 있는 중산당(中山堂)에서 전사자 추도대회를 거행했다. 추도회에서는 국민당이 조종한 보이스카우트 조직이 보낸 만장이 있었다. 만장에는 "장군과 병사들은 총탄을 맞으며 적들을 살해했으므로 공적이 천고에 남는다. 학생들은 시험을 거부하고 몰래 도망쳤으므로 역겨운 냄새는 만년 동안 계속될 것이다"라고 씌어 있었다.

사실 숭상[1]

사실은 늘 문면만큼 그렇게 아름답지 않다.

예컨대 『자유담』은 실은 자유롭지 않음에도 불구하고 지금 『자유담』이라고 부르고 있으므로 간신히 우리는 이런 자유로운 모습으로 이 지면에서 말하고 있다.

또 달리 이번 베이핑의 고대유물 이동[2]과 대학생의 피난 금지[3] 사건을 예로 들어 보면, 명령을 내린 것도 일리가 있고 비판을 하는 것도 일리가 있다. 그러나 이것은 모두 문면에 불과하지 결코 고갱이는 아니다.

만약 고대유물이 아주 오래되었고 유일무이하기 때문에 서둘러 옮겨야 하는 보배라고 말한다고 치자. 그러면 이는 진정 말이 된다. 그런데 우리의 베이핑이 두 군데 있는 것도 아니고, 베이핑은 모든 현존하는 고대유물보다 더 오래되었다. 우임금이 벌레[4]이던 시절은 차치하고서라도 상주商周시대에도 베이핑은 확실히 존재했다. 그런데 도리어 왜 그곳은 방치하고 고대유물만 옮겨 간 것이란 말인가? 솔직하게 한마디 하자. 그것은 결코 고대유물이 '오래'된 것이어서가 아니라 베이핑이 함락된 이후에도 휴대가 가능했고 언제라도 동전으로 바꿀 수 있었기 때문이다.

대학생은 '중견인'이기는 하나 시장 가격이 형성되어 있지는 않다. 구미 시장에서 한 명당 500달러를 받을 수 있다면 기필코 상자에 담아 진용자로 고대유물과 함께 베이핑을 빠져나오게 하여 조계지의 외국은행 대여금고에 숨겨 두었을 것이다.

그런데 대학생은 널려 있고 새것이다. 애석하도다!

쓸데없는 말은 줄이는 게 좋다. 그저 최호[5]의 시 「황학루」를 박제하는 것으로 그들을 조문하고자 한다. 왈,

부호는 벌써 문화 타고 가 버리고,
이곳은 휑뎅그렁 문화성[6]만 남았구나
문화는 한번 가더니 돌아오지 않아,
고성古城은 천년 동안 쓸쓸하도다
전용차 부대는 쳰먼前門역에 있고,
사나운 운수는 대학생을 둘러싸고
해거름녘 위관楡館 어디메서 저항하나,
연무가 이는 곳에 놀라는 이 하나 없다

1월 31일

주)_____

1) 원제는 「崇實」, 1933년 2월 6일 『선바오』의 『자유담』에 발표했다. 필명은 허자간.
2) 1933년 1월 3일 일본이 산하이관을 침략하자 국민당 중앙상무회의는 1월 17일 베이핑의 고궁박물관, 역사언어연구소 등이 소장하고 있던 고대유물을 난징과 상하이로 분산 이동시켰다.
3) 1933년 1월 28일 국민당 정부 교육부는 베이핑의 각 대학에 다음과 같은 통전을 보냈다. "각 신문 보도에 따르면, 산하이관이 위급해지자 베이핑에 있는 대학들은 시험을 치지 않거나 조기방학 등을 시행한다고 한다. …… 대학생은 국민 가운데서도 중견인인데, 어찌 경거망동 소란을 피우고 교칙을 어기는가. 학교 당국이 지금까지 보고를 하지 않은 것은 방임에 가까우며 이것 역시 옳은 일이 아니다."
4) 구제강(顧頡剛)이 1923년에 주장한 것이다. 그는 우(禹)에 대해 고증하면서 『설문해자』(說文解字)에서 '우'를 '충'(蟲)이라고 한 것을 근거로 우는 '도마뱀류'의 '벌레'라고 주장했다. 『고사변』(古史辨) 제1책.
5) 최호(崔顥, ?~754)는 볜저우(汴州; 지금의 허난河南 카이펑開封) 사람으로 당대의 시인이다. 「황학루」(黃鶴樓)의 원문은 다음과 같다. "옛사람은 황학을 타고 가 버리고, 이곳은 휑한 황학루만 남았네. 황학은 한번 가더니 돌아올 줄 모르고, 흰 구름은 천년세월 두둥실 떠 있네. 맑은 냇물에는 한양수 또렷하고, 향기로운 풀은 앵무주에 무성하네. 날 저무는데 고향은 어디인지, 강물 위의 노을은 근심을 자아내네."
6) 1932년 10월 초 베이핑 문화계 인사 장한(江瀚), 류푸(劉復) 등 30여 명은 일본군이 관내를 압박해 오고 화베이(華北)가 위급해지자 국민당 정부에 의견서를 제출했다. 베이핑에는 "국가의 명맥과 국민의 정신이 기탁되어 있는 문화적 물품"이 보관되어 있고 "각종 학문에 종사하는 전문가들이 대부분 베이핑에 모여 있다"는 것을 이유로 들며 "베이핑을 문화성(文化城)으로 지정하"고 "베이핑의 군사시설을 소개하"여 베이핑이 일본군의 포화를 피할 수 있도록 조치할 것을 건의했다. 이 의견서는 10월 6일 『세계일보』의 증간에 실렸다.

전기의 장단점[1]

일본에서는 막부시대[2]에 기독교도들을 대학살했다. 무시무시한 형벌로 다스렸으나 발표를 금지했기 때문에 세간에 아는 사람이 없었다. 그런데 최근 몇 년 동안 당시의 문헌이 적지 않게 출판되었다. 예전에 『기리시탄 순교기』[3]를 읽은 적이 있는데, 그중에는 교도에게 가한 고문의 정황들이 기록되어 있었다. 온천가로 끌고 가서 뜨거운 물을 교도의 몸에 뿌리거나, 교도 주위에 불을 피워 천천히 굽기도 했다. 이것은 원래 '화형'에 해당하지만 책임자가 불을 멀리 둠으로써 학살에 의한 사형으로 바꾼 것이다.

중국에는 훨씬 잔혹한 형벌이 있다. 당나라 사람들의 설부說部에는 한 현관縣官이 범인을 고문하면서 죄수의 사방에 약한 불을 오래 피워 죄수가 갈증을 느끼면 간장과 식초를 마시게 했다는 기록이 있다.[4] 이것은 일본에 비해 진일보한 방법이다. 요즘은 관청에서 혐의자를 고문할 때 고추 달인 즙을 콧구멍 속에 집어넣기도 한다. 이는 당나라 때부터 전해진 방법인 듯한데, 고금의 영웅이 경험한 바는 거의 비슷한 것 같다. 일찍이 반성원에 갇힌 청년의 편지를 본 적이 있다. 전에 이 형벌을 받고 참을 수 없을 만치 고통스러웠으며 고추즙이 폐, 장, 심장으로 흘러들어가 치유불능의 증상이 나타나서 석방되더라도 죽음을 면치 못할 것이라고 운운했다. 이 사람은 육군 생도이고, 내장의 구조를 잘 모르고 있었다. 사실 거꾸로 매달아 코에다 들이부으면 기관지를 통해 폐로 흘러들어가 죽음을 초래하는 병에 걸릴 수는 있어도 심장으로 들어가지는 않는다. 어쩌면 당시에 당한 고초로 말미암아 판단이 흐려져 심장으로 들어갔다고 의심한 것 같다.

그런데 최근 이른바 문명인이 만들어 낸 형구는 잔혹하기가 이런 방법의 수억 배를 넘어선다. 상하이에는 전기형벌이 있다. 한 번 받으면 온몸이 찢어질 듯 고통스럽고 혼절하고, 잠깐 다시 정신이 들면 또 형벌을 받는다. 예전에 일고여덟 차례 전기형벌을 받은 사람이 다행히 죽음은 면했으나 그로부터 이빨이 모두 흔들리고 신경도 둔해져서 몸을 회복하지 못했다는 이야기를 들었다. 재작년 에디슨[5]을 기념했다. 많은 사람들은 전보와 전화의 편리함을 찬양했는데, 똑같은 전기라도 이처럼 엄청난 피해를 당하는 사람이 있다는 생각은 하지 못했다. 부자는 전기로 병을 치료하거나 미용에 사용하지만, 피억압자들은 이것으로 말미암아 고통을 받고 목숨을 잃는다.

외국은 화약으로 총알을 만들어 적을 제어하지만 중국은 폭죽을 만들어 신을 경모한다. 외국은 나침반으로 항해를 하지만 중국은 풍수를 점친다. 외국은 아편으로 병을 치료하지만 중국은 그것을 가져와 밥 삼아 먹는다. 똑같은 물건임에도 불구하고 중외의 사용법은 이처럼 다르다. 비단 전기만 그런 것은 아닐 게다.

1월 31일

주)_____

1) 원제는 「電的利弊」, 1933년 2월 16일 『선바오』의 『자유담』에 발표. 필명은 허자간.
2) 1192년 미나모토 요리모토(源賴朝)의 가마쿠라(鎌倉)막부부터 1867년 도쿠가와 요시노부(德川慶喜)의 에도(江戶)막부에 이르는 시기를 일본 역사에서는 막부시대라고 한다. 막부시대는 무사들이 정권을 잡아 대권은 막부에 귀속되었고 천황은 허수아비에 불과했다.
3) 원문은 『切支丹殉教記』. 원래 제목은 『切支丹の殉教者』인데, 일본인 마쓰자키 미노루(松崎實)가 지어 1922년에 출판했다. 1922년에 수정판을 내면서 『切支丹殉教記』로 제목을 고쳤다. 이 책에는 16세기 이래 일본에서의 천주교 전파와 에도막부시대 천주교도에게 가한 박해와 도살의 상황이 기술되어 있다. '切支丹', '切利支丹'은 Christian에 대한 일본식 번역어이다.
4) 『태평광기』(太平廣記) 권28에는 『신이경』(神異經)을 인용하고 있는데, 이 중에 유사한 기록이 있다. 당 무측천(武則天) 시대 혹리 내준신(來俊臣, 651~697)은 자백을 강요하며 "죄수를 국문할 때마다 경중을 따지지 않고 우선 식초를 코에 들이붓고 금지구역에 가두어 놓고 불로 주위를 둘러쌌다"라고 했다.
5) 에디슨(Thomas Edison, 1847~1931). 미국의 발명가. 전기학을 연구하여 전등, 전보, 전화, 영사기, 유성기 등 많은 발명품을 남겼다. 1931년 10월 18일 사망 당시 세계 각지에서 추모식을 거행했다.

항공구국의 세 가지 소원[1]

요즘 각양각색의 사람들이 온갖 구국을 외치고 있어서 별안간에 모든 사람들이 애국자라도 된 것 같다. 실은 그렇지가 않다. 애당초 이랬고 이렇게 구국을 하고 있었는데, 요즘은 소리를 지르고 있는 것에 불과하다.

그래서 은행가는 저축구국을 말하고 글쟁이는 문학구국을 말하고 그림쟁이는 예술구국을 말하고 춤추기 좋아하는 사람은 유흥 속에 구국을 담았다고 말한다. 또 있다. 연초공사에 따르면, 마잔산[2] 장군표 담배를 피우는 것도 구국의 한 길이라고 하지 않을 수 없다고 운운한다.

이런 온갖 종류의 구국은 예전에 벌써 시행된 것과 마찬가지로 앞으로도 시행하는 데 채 5분도 걸리지 않을 것이다.

그런데 다만 항공구국[3]은 좀 색다르기 때문에 눈을 비벼 크게 뜨고 바라보아야 한다. 그것의 미래도 예측하기가 아주 어려운데, 주장하는 사람들부터가 대개 비행가가 아니기 때문이다.

그렇다면 우리가 미리 한 가지 소원을 이야기해 두는 것도 괜찮겠다.

작년 이맘때 상하이의 신문을 본 사람들은 쑤저우에 비행기 부대가 날아와 전쟁을 일으킨 사건을 기억하고 있지 않은가? 결국 다른 비행기는 모두 도중에 '실종'되고 인솔하던 서양 열사[4]의 비행기만이 남아 두 주먹으로 네 손을 당해 내지 못하는 처지에 놓여 끝내 일본군 비행기에 의해 격추되고 말았다. 조종사의 모친이 멀리 아메리카 대륙에서 수고로이 달려와 한바탕 통곡을 하고 화환 몇 다발을 들고 되돌아갔다고 한다. 듣자 하니 광저우廣州에서도 비행기 부대가 출발했는데, 당시 규수들이 전사들의 기세를 북돋아 주기 위하여 시사詩詞를 수놓은 셔츠를 선물했다고 한다. 그런데 몹시 애석하게도 아직까지 돌아오지 않은 것 같다.

따라서 우리는 방공防空 부대를 창설하기 전에 미리 두 가지 소원을 분명히 밝혀 두어야 한다.

첫째, 항공로를 확실히 알아야 할 것.
둘째, 더 빨리 날 것.

그리고 한층 더 긴요한 것이 있다. 우리는 마침 '무저항'에서 '장기저항'으로, 다시 '심리저항'[5]으로 들어가는 시기에 놓여 있다. 실제로 한동안 외국과 전쟁할 필요는 없을 것 같다. 그동안 전사들의 몸은

근질거릴 것이고, 영웅이 무용武勇을 사용할 데가 없다는 사실에 고통스러워할 것이다. 그러다 어쩌면 폭탄은 수중에 작은 쇠붙이도 없는 인민들의 머리로 떨어질지도 모른다.

그래서 아무래도 전전긍긍 한 가지 소원을 분명히 밝혀 두어야겠다. 바로 이것이다.

셋째, 인민을 죽이지 말라!

2월 3일

주)
1) 원제는 「航空救國三願」, 1933년 2월 5일 『선바오』의 『자유담』에 발표했다. 필명은 허자간.
2) 마잔산(馬占山, 1885~1950). 지린(吉林) 사람. 국민당 동북군 장군. 만주사변 이후 헤이룽장성(黑龍江省) 대리주석을 맡았다. 일본군이 랴오닝을 거쳐 헤이룽장을 침입하자 군대를 이끌고 저항하여 여론계에서는 그를 '민족영웅'으로 지칭했다. 상하이의 푸창담배공사(福昌烟公司)는 그의 이름을 딴 담배 상표를 만들고 "무릇 우리 대(大) 중화의 애국동포들은 일제히 마잔산 장군표 담배로 바꿔 피워야 한다"라는 광고를 게재했다.
3) 1933년 1월 국민당 정부는 항공구국 비행기 의연금 모집을 결정하고 중화항공구국회(中華航空救國會; 후에 중국항공협회中國航空協會로 개칭)를 조직하여 "전국 각지의 역량을 모아 정부를 도와 항공사업에 노력한다"라고 선언하며 전국 각지에서 항공복권을 발행하고 의연금을 모금했다.
4) 1932년 2월 국민당 정부 항공서(航空署)를 대신하여 새로 구입한 비행기의 성능을 시

험하던 미국인 비행사 쇼트(B. Short)가 상하이에서 난징으로 향하던 도중 쑤저우(蘇州) 상공을 지날 때 일본군 비행기 여섯 대를 만나 격추되어 사망했다. 국민당의 통신사와 신문들은 이를 빌미로 선전을 했다. 쇼트의 모친은 이 소식을 듣고 4월에 중국을 방문했다.
5) 만주사변 때 장제스는 동북군에게 "저항을 하지 않고 충돌을 피한다"라는 명령을 내렸다. 1·28사변(1932년의 제1차 상하이사변)이 폭발하자 국민당은 뤄양(洛陽)에서 열린 4차 이중전회에서 "중앙은 장기저항을 할 결심을 했다"라고 선언했고, 이외에 '심리저항'류의 화법을 사용했다.

두 가지 불통[1]

사람들은 문장을 비평할 때면 모두 국어선생처럼 대개는 '통'通인가, '불통'不通인가에 착안한다. 『중학생』[2] 잡지는 이를 위해 병원을 만들기까지 했다. 그런데 사실 중국 문장을 쓰면서 '통'하게 하기는 아주 용이하지 않다. 태사공 사마천[3] 같은 고수라도 자신의 문장을 퇴고할 때는 글자, 문법, 수사 등 어떤 각도에서 보든지 간에 '불통'하는 곳을 발견하기 마련이다.

그런데 지금 이런 말을 하려는 것은 아니다. 다만 막연하게 '불통'이라고 한 것들은 원인에 따라 몇 가지로 나누어진다는 것을 말하고 싶을 뿐이다. 대체적으로 말하면 이렇다. 필자가 애당초 통하게 못 쓴 경우가 있고, 애당초 통하게 쓸 수 있었음에도 이런저런 사정으로 감히 통하게 쓰지 못하거나 혹은 통하게 쓰기를 바라지 않는 경우도 있다.

작년 10월 31일 『다완바오』[4]에 실린 '장두江都의 토지세청산운동'에 관한 기사를 예로 들어 보자. 「향민이 두 차례 파랑을 일으키다」라는 교묘한 제목 아래 천여우량陳友亮의 죽음을 진술하며 다음과 같이 운운했다.

> 천여우량은 관방의 군경 가운데 총을 들고 있는 류진파를 발견하고 류의 권총을 뺏으려 하다가 총알이 총열을 빠져나오는 바람에 총알을 먹고 죽었다. 경찰대가 또한 공포탄을 일렬로 쏘자 향민들이 비로소 후퇴했다……

'군경' 앞에 굳이 '관방'이라는 두 글자의 사족을 달 필요가 없다는 것은 여기서 말하지 않겠다. 제일 괴상한 것은 총알을 스스로 총열에서 빠져나온 살아 있는 생물처럼 묘사하고 있다는 것이다. 그런데 이로 말미암아 이어지는 문장에서 거치적거리는 '또한'이라는 글자가 통하지 않게 되어 버렸다. 모름지기 앞 문장은 '사격을 받아 죽었다'라고 고쳐 써야 타당하다. 앞 문장을 살리고자 한다면 마지막 구절은 '경찰대의 공포 소리가 또한 일제히 울리자 향민들이 비로소 후퇴했다'라고 해야 피차일반이 되고 군경과 아무런 관계가 없어진다. 물론 문맥이 어쨌거나 조금 희한해지는 것은 피할 수 없는 일이다.

요즘 이런 희한한 글들이 간행물에 자주 출현한다. 그런데 실은 결코 필자가 문맥이 안 통하도록 쓴 것이 아니라 대개는 '통하는 것을 금지'할까 봐 미리부터 '감히 통하게 쓰지 못'하는 까닭이다. 총명하기가 일등인 사람들은 이런 것들에 대해서는 말하지 않고 '예술을 위한 예술'[5)]가가 되고, 그다음으로 총명한 사람은 있는 힘껏 온갖 방법으로 불통을 미화하며 '민족주의 문학'[6)]가가 되었다. 그런데 이 둘은 모두 스스로 '통하게 쓰기를 바라지 않는', 다시 말하면 '기꺼이 통하지 않게 쓰'는 부류에 속한다.

2월 3일

[이 글로 인해 일어난 통론(通論)]
'가장 잘 통하는' 문예[7)]

왕펑링

루쉰 선생은 최근 허자간이라는 필명으로 리례원이 주편하는 『선바오』의 『자유담』에 500자 채 안 되는 단문을 자주 발표하고 있다. 한동안 노(老)선생의 글을 보지 못했다. 유머성의 풍자가 풍부한 맛이라고 하면 중국 작가 가운데서 물론 루쉰 선생을 뛰어 넘어설 수 있는 사람은 아직까지 없다. 그런데 요즘 루쉰 선생은 사거리로 뛰쳐나가 혁명의 대열 속으로 들어섰다고 한다. 그렇지만, 유한(有閑)계급의 유머를 띤 그의 작풍 같은 것은 엄격하게 말하면 그야말로 혁명적이지 않다. 나는 그가 한 번 바뀌어야 된다고 생각한다. 예를 들어 보자. 루쉰 선생은 제3종인[8)]을 싫어하고 민족주의 문예를 혐오한다. 가능한 한 시원하게 직설적으로 말하면 될 것을 그는 어째서 젠체하며 떠듬

떠듬 그렇게 구불구불 돌아가는 것인가? 최근 그의 처지에서는 물론 소련의 덕정을 칭송하는 헌사 말고는 더 잘 통하는 문예가 있을 수 없다. 그는 이런 것들에 대해 말하지 않는 제3종인이 상대적으로 가장 총명한 사람이고, 일부러 이유를 찾아내어 자신의 불통不通한 글쓰기를 미화하는 민족주의 문예가들은 상대적으로 그다음으로 총명한 사람이라고 생각한다. 이런 말들은 심히 악랄한 능력이라고 말할 수 있다. 그런데 요즘 가장 잘 통하는 문예라는 것이 기껏해야 소련 당국에 꼬리 치고 비위 맞추는 헌사인지는 여전히 의문스럽다. 만약 선생들께서 진정으로 노동하는 대중의 해방을 위해 소리치고 있다면 그럴 법도 하겠다. 그러나 가령 겨우 개인의 출로를 위해서 일부로 허세 부리기 좋은 황금글자 상표를 만들어 호소하는 것에 불과하다면, 그렇다면 나는 선생들의 고심과 고행이 당신들이 아랑곳 않는 제3종인과 민족주의 문예가들에 비해 도대체 얼마나 고매한지 모르겠다.

실은 선생들 개개인의 생활은 내가 보기에 결코 당신들이 매도하는 프티부르주아 작가들만큼 곤궁하지 않다. 물론 루쉰 선생은 예외이다. 대다수의 이른바 혁명적 작가들은 듣자 하니 상하이의 댄스홀 라파엘화원에 자주 나타난다고 한다. 그들은 고혹적인 애인과 함께 샴페인을 마시고 초콜릿을 먹으며 흥겹게 폭스트롯을 추다가 춤이 지겨워지면 눈같이 빛나는 차를 타고 예정된 사랑의 보금자리로 달려가 영혼을 소비하는 참다운 생활을 보내고 있다고 한다. 다음 날 아침에 일어나서는 노동자여! 투쟁이여!라는 따위를 써서 책장사들이 운영하는 간행물에 실어 원고료로 바꾸고, 저녁이 되면 으레 울긋불긋한 등불 아래 한껏 취하고 노래하고 열렬히 사랑한다. 이렇게 여유로운 생활을 하면서 선생들께서 무슨 고통을 외치고 무슨 원망을 부르짖고자 하는지 나는 이해가 되지 않는다. 고양이 쥐 생각하는 식의 인자함으로 노동하는 대중의 공감을 폭넓게 얻을 수 있을지는 아마도 선생들 본인부터도 대단히 의심스러울 것이다!

만약 중국인이 문화 그 자체로부터 기초적인 공부를 하지 않는다면, 다시 말하면 이처럼 사람들이 공연히 구호를 외치고 소란을 피운다면, 내 생각에는 세계에서 가장 참신하고 가장 유행하는 것을 중국에 가져온다고 해도 아무런 소용이 없을 것이다. 우리는 최근 소비에트 러시아가 확실히 상당한 성공을 거두었다는 사실을 인정한다. 하지만 이것은 우연이 아니다. 그들이 과거로부터 물려받은 문화적 유산의 일부는 얼마나 풍부한가? 10월혁명 이전의 러시아 문학, 음악, 미술, 철학, 과학을 소급해 보면 어느 하나 국제적인 문화 수준에 도달하지 않는 것이 없다. 그들은 이러한 충실한 뿌리를 가지고 있었으므로 비로소 지금의 기초가 탄탄한 지도자로 태어날 수 있었던 것이다. 우리는 기껏 남들의 성공을 갈망할 뿐 문화의 근본을 심기 위한 노력은 모르고 있다. 다시 십 년, 백 년, 심지어는 천 년, 만 년이 흘러도 중국은 여전히 이 모양일 것이고, 어쩌면 지금보다 더 엉망일 수도 있다.

그렇다. 중국의 문화운동은 이미 20년의 역사를 가지고 있다. 그런데 이 20년 동안 문화적으로 도대체 무슨 수확이 있었던가. 구미의 명저 가운데 비교적 믿을 만한 번역본이 중국에 한 권이라도 있는가? 문예상의 각종 유파, 각종 주의 가운데 우리가 대표작이라고 내세울 만한 것이 하나라도 있는가? 기타 과학적 발명, 사상적 창조 가운데 우리가 기억할 만한 것이 하나라도 있는가. 아! 중국의 문화가 이 지경으로 전락했거늘, 달리 무슨 할 말이 있겠는가!

만약 중국의 문예 종사자들이 오늘부터라노 모두들 기본적인 실력을 쌓고 문예의 양식을 대대적으로 운반하고 문예의 씨앗을 대대적으로 심기를 맹세하지 않는다면, 나는 감히 단언한다. 현대 중국에서는 결코 '가장 잘 통하는' 문예를 생산할 수 없을 것이라고.

2월 20일 『우한일보』의 『문예주간』

['통'에 관한 논의에서 보이는 '통'의 할인]
관화일 따름[9)]

자간家幹

왕핑링 선생의 이름이 본명인지 필명인지 나는 잘 모른다. 그런데 그가 투고한 곳, 입론의 말투를 보건대 '관방'에 속하는 것이 분명하다. 펜을 들자마자 상사, 부하 모두를 고발하는 모양이 참으로 관가官家의 기세가 십분 넘쳐 난다.

말에 굽이가 없는 것도 족히 관화라고 할 만하다. 돌덩이에 눌린

식물은 어쩔 수 없이 구불구불 자라게 마련이고, 이때 엄연히 오만하게 구는 것은 돌덩이다. '듣자 하니', '만약'이니 하는 말들은 너무 자연스럽지 않다. 누가 하는 말을 들었다는 것인가? 만약 '만약'이 아니라면? '소련 당국에 꼬리 치고 비위 맞추는 헌사'는 어떤 글이며, '춤이 지겨워지면 눈같이 빛나는 차를 타고 예정된 사랑의 보금자리로 달려가'는 '이른바 혁명작가'는 누구를 말하는 것인가? 맞다. 일전에 누군가[10] 개학 즈음 대학생 전체를 기립시켜 보로딘[11]을 향하여 허리 숙여 절하도록 하여 그를 어리둥절하게 만들었다. 또한 일전에 누군가[12] 『쑨중산과 레닌』이란 글을 써서 그들 둘은 어떠한 다른 점도 없이 꼭 닮았다고 말했다고 한다. 세금으로 향락을 즐기는 사람들이 많다는 사실에 대해서는 사회적으로 모든 사람들이 주지하고 있다. 그런데 애석하게도 그들 모두는 결코 우리가 아니다. 핑링 선생이 말한 '듣자 하니'와 '만약'은 모두 과녁 없이 화살을 쏘거나 피를 머금고 남에게 뿜어내는 격이다.

그러므로 이제 '문화의 본질'에 대해 이야기해야겠다. 생각해 보면 필묵을 희롱한 몇몇 청년들이 감금되거나 총에 맞아 죽거나 실종되는 불운을 겪는 일이 일어나서 나는 '500자 채 안 되는' 단평 6편을 지었다. 그런데 금세 '듣자 하니'와 '만약'이라는 관화를 불러들이고 '선생들'이라고 불렸으니, 그는 크게 일망타진했다고 할 수 있겠다. 그렇다면 '기본적인 실력'을 쌓으려는 이가 믿을 수 있는 사람은 현재 관에서 허가한 '제3종인'[13]과 '민족주의 문예가'들 말고 또 누가 있단 말인가? "에잇!"

그런데 그들은 글을 쓰지 못한다. 지금은 '젠체하며 떠듬떠듬'하는 나의 글뿐이고, 이것이야말로 이 사회의 산물이다. 그런데 펑링 선생은 또 '혁명적이지 않다'고 책망하고 있다. 마치 그가 바로 진정한 베테랑 혁명당인 것처럼 보이니, 이것은 정말 이상한 일이다── 그런데 진정한 베테랑 관화란 바로 이런 것이다.

7월 19일

주)_____
1) 원제는 「兩種不通」, 1933년 2월 11일 『선바오』의 『자유담』에 실렸다. 필명은 허자간.
2) 『중학생』(中學生)은 중학생을 대상으로 한 종합간행물이다. 샤몐준(夏丏尊), 예성타오(葉聖陶) 등이 편집했다. 1930년 1월 상하이에서 창간, 카이밍(開明)서점에서 출판했다. 1932년 2월부터 '문장병원'(文章病院)이라는 난을 만들어 당시의 서적, 간행물 가운데서 문법이 틀렸거나 논리에 부합하지 않는 문장을 선별하여 수정을 가했다.
3) 사마천(司馬遷, 약 B.C. 145~약 86). 자가 자장(子長), 샤양(夏陽; 지금의 산시陝西 한청韓城 남쪽) 사람. 서한의 사학자이자 문학가로 태사령(太史令)을 지냈으며, 그가 지은 『사기』(史記)는 중국 역사상 최초의 기전체(紀傳體) 역사서이다.
4) 『다완바오』(大晚報)는 1932년 2월 12일 상하이에서 창간했다. 장주핑(張竹平)이 사장, 쉬바이(虛白)가 주필을 맡았다. 1935년 국민당 재벌 쿵샹시(孔祥熙)가 사들인 다음부터는 쿵링칸(孔令侃)이 주관했다. 1949년 5월 25일 정간.
5) 프랑스 작가 고티에(Theophile Gautier, 1811~1872)가 처음으로 주장했다(소설 『마드무아젤 모팽』의 서문 참고). 예술은 모든 공리적 목적을 초월해서 존재해야 하며 창작의 목적은 예술 그 자체에 있으며 사회정치와는 무관하다고 했다. 1930년대 초 신월파의 량스추(梁實秋), '제3종인'을 자처하는 쑤원(蘇汶) 등이 선전했다.
6) 1930년 6월 국민당 당국이 주도한 문학운동. 발기인으로는 판궁잔(潘公展), 주잉펑

(朱應鵬), 황핑링(王平陵), 푸옌장(傅彦長), 황전샤(黃震遐) 등 국민당 관원과 문인들이다. 『선봉주보』(前鋒週報), 『선봉월간』(前鋒月刊) 등을 출판했다. '민족주의'라는 이름을 빌려 프롤레타리아 혁명문학을 반대했다. 만주사변 이후에는 장제스의 친일반공정책을 선전했다.

7) 원제는 「"最通的"文藝」.

8) 제3종인. 1930년대 초 자유주의 문학사조 중 하나로서 쑤원이 스스로 '제3종인'이라고 자칭하면서 주장한 것이다. 원래 맑스주의자였으나 정치와 계급으로부터 자유로운 문학을 주장하여 좌익작가연맹과 문예논쟁을 벌였다.

9) 원제는 「官話而已」.

10) 다이지타오(戴季陶, 1890~1949)를 가리킨다. 1926년 10월 17일 광저우 중산대학위원회 위원장에 취임하는 자리에서 국공합작을 찬성하는 연설을 하고 학생들에게 회의에 참가한 보로딘을 향하여 절을 하여 경의를 표하도록 했다. 저장 우싱(吳興) 사람이다. 청년 시절 동맹회에 참가, 후에 국민당 중앙정치회의 위원, 국민당 정부 고시원 원장 등을 역임했다.

11) 보로딘(Михаил Маркович Бородин, 1884~1951). 소련 정치활동가. 1919년에서 1923년까지 코민테른 원동지부에서 일했다. 1923년부터 1927년까지 중국에 있었으며, 쑨중산에 의해 국민당 특별고문으로 초빙되어 국민당 개조작업에 중요한 역할을 했다.

12) 간나이광(甘乃光, 1897~1956)을 가리킨다. 『쑨중산과 레닌』(孫中山與列寧)은 그의 강연 원고로서 1926년 광저우 중산대학 정치훈련부에서 출판했다. 광시(廣西) 천시(岑溪) 사람. 국민당 중앙집행위원, 국민당 정부 내정부(內政部) 차장 등을 역임했다. 1926년에는 중산대학 정치훈련부 부주임이었다.

13) 1931년에서 1933년까지 좌익문예계가 '민족주의 문학'을 비판하던 당시, 후추위안(胡秋原), 쑤원(즉 두헝杜衡)은 '자유인', '제3종인'을 자처하며 '문예의 자유'론을 주장하고 좌익문예운동이 문단에서 '패권'을 장악하고 창작의 '자유'를 저해한다고 비난했다. 『남강북조집』의 「'제3종인'을 논함」과 「다시 '제3종인'을 논함」 참고.

저주[1]

"하늘이 벌하고 땅이 멸하며, 남자는 도둑질하고 여자는 창녀가 된다"라는 말은 '시경에서 말하길, 공자께서 가로되'와 거의 흡사한 중국인의 저주의 경전이다. 요즘에는 이런 성어를 사용하지 않는 것 같고 '맹세코 적을 죽이고, 맹세코 죽을 때까지 저항하고, 맹세코……'라고 선서한다.

그런데 저주의 본질은 똑같다. 요컨대 믿을 수 없다는 것이다. 그는 하늘이 꼭 자신을 벌하지는 않을 것이고 땅도 꼭 자신을 멸하지는 않을 것임을 잘 알고 있다. 요즘은 인삼밭에도 전기가 흐르는 '과학화된 땅'인 세상인데,[2] 설마 '천지'가 아직도 과학화되지 않았겠는가! 도둑놈, 창녀는 무해할 뿐만 아니라 유익하기도 하다. 남자가 도둑이 되면 고혈을 더 짜낼 수 있고, 여자가 창녀가 되면 '치맛바람 관직'[3]의 지위를 몇 개 더 누릴 수 있기 때문이다.

오랜 벗이 말했다. "'도둑'과 '창녀'에 대한 자네 해석은 모두 옛날의 의미가 아닐세." 나는 대답했다. "자네 지금 어떤 시대인지 알기나 하는가! 이제는 도둑도 모던이고 창녀도 모던이야. 그래서 저주도 모던해져서 선서로 바뀐 거라네."

2월 9일

주)_____

1) 원제는 「賭呪」, 1933년 2월 14일 『선바오』의 『자유담』에 발표했다. 필명은 간(幹).
2) 1932년 말, 상하이의 불자대약창(佛慈大藥廠)은 신문광고를 내며 소위 '장생불로의 신약', '전기가 흐르는 인삼젤리'라고 선전하며 이런 약은 모두 '과학'적 발명으로 '체내에 전기를 보충'할 수 있고 '사람의 생명의 원동력인 살아 있는 전자'를 공급한다고 했다.
3) 원문은 '裙帶官兒'. 송대 조승(趙升)의 『조야류요』(朝野類要) 권3에 "황족 자제의 사위는 서관(西官)이라고 불렸는데, 곧 이른바 군마(郡馬)이다. 세상에서는 치마끈으로 얻은 관직이라고 했다"라는 말이 나온다. 후에는 아내, 딸, 자매 등 여자 덕으로 관직을 얻은 사람을 가리키게 되었다.

전략 관계[1]

수도의 『구국일보』[2]에 명언이 실렸다.

> 전략 관계로 적이 깊숙이 들어오도록 유인하기 위하여 잠시 베이핑을 포기하고 …… 마땅히 장쉐량[3]을 엄히 문책하고 유혈이라도 불사하고 무력으로 반대운동을 제지해야 한다.(『상하이일보』 2월 9일자 옮겨 씀)

유혈이라도 불사한다니! 용감하도다, 전략의 대가들이여!

흘린 피는 분명 적지 않았다. 지금 흐르고 있는 피도 더욱 적지 않고 앞으로 흐를 피도 얼마나 될지 아직 알 수가 없다. 이것은 모두 반대운동가들의 피다. 무엇 때문인가? 전략 관계 때문이다.

전략가들[4]은 작년 상하이사변 때 "전략 관계로 제2차 방어선으로 퇴각한다"라고 말하고 군대를 철수했다. 이틀 지나 다시 전략 관계로 "일본군이 아군을 향해 총격을 가하지 않으면 아군은 총을 쏘아서는 안 된다. 사병은 일체가 되어 명령을 준수하라"라고 하고는 싸움을 멈추었다. 그 뒤로 '제2차 방어선'은 사라지고 상하이강화[5]가 시작되어 담판하고 서명하고 완결되었다. 당시에도 전략 관계 때문에 피를 보았을 것이다. 이것은 군사기밀이므로 서민들은 알 길이 없다. 피 흘린 당사자는 알고 있겠으나 그들은 이미 혀가 잘렸다. 도대체 그때 적들은 왜 '깊숙이 유인되지' 않았을까?

지금 우리는 알고 있다. 그때 적들이 '깊숙이 유인되'지 않았던 까닭은 결코 당시 전략가들의 수단이 너무 하수여서도 아니고, 결코 반동운동가들이 흘린 피가 '너무 적었기' 때문도 아니다. 다른 원인이 있었다. 애당초 영국이 중간에서 조정할 때 암암리에 일본과 양해가 있었던 것이다. 일본, 당신의 군대가 잠시 상하이에서 퇴각해 주면 우리 영국은 국제연맹[6]이 만주국[7]을 부인하지 못하도록 당신들을 도와주겠다고 했던 것이다——이것이 바로 현재 국제연맹의 무슨 무슨 초안[8] 어떤 어떤 위원들[9]의 태도이다. 이것은 사실 여기에 깊숙이 들어오지 말라는 것이다——여기에는 장물 분배의 법칙이 포함되어 있다. 우선 북방부터 깊숙이 들어가고 다시 말해 보자는 것이다. 깊숙이 들어가는 것은 마찬가지이나 장소가 잠시 동안 다를 뿐이다.

따라서 "적을 유인하여 베이핑으로 깊숙이 들어오도록 하"는 전략이 지금 필요해진 것이다. 피도 물론 수차례 많이 흘려야 할 것이다.

사실 지금 모든 준비가 되어 있다. 임시수도, 제2의 수도[10] 등 형형색색으로 구비하고, 문화적 고대유물은 대학생들과 더불어 각자 벌써 이동했다. 누런 얼굴과 흰 얼굴, 신대륙과 구대륙의 적들을 막론하고, 이런 적들이 어느 곳으로 깊숙이 들어오든지 간에 모두가 깊숙이 들어오라고 청하고 있다. 어떤 반대운동이 일어날지 걱정이겠지만, 그러면 우리의 전략가들은 "유혈이라도 불사한다!" 마음 놓게나, 마음 놓으시게나!

2월 9일

[비고]
멋진 글을 다함께 감상하다[11]

저우징차이周敬儕

대인선생들이 '고궁의 고대유물'을 운명(물론 어린 백성들의 운명은 아니다)에 순응하듯이 남쪽으로 옮기기로 결정한 것을 두고 '고대유물'의 가치가 '여러 성의 합'[12]을 넘어설 뿐만 아니라 옮기기 쉽고 돈으로 바꾸기 쉽기 때문이라고 했다. 이 역시 하찮은 일에 깜짝 놀라며 냉소하고 풍자하는 당신들과 참으로 잘 어울린다! 내가 마침 이런 생각을 하고 있을 적에 놀랍게도 수도의 한 신문에 실린 '고대유물 남천南遷'에 찬성하는 사설을 보았다. 사설은 "무력으로 반대를 제지하"고, "유혈이라도 불사하"기를 건의하고 정부가 "권위를 유지할 것"과 "정책을 관철시킬 것"을 요구하고 있었다. 나는 그야말로 이런 훌륭한 고론高論이 빛을 보지 못하고 사라질까 걱정하여 굳이 고생을 불사하고 초록하여 대중들에게 바친다.

……베이핑 각 단체의 고대유물의 남천 반대는 베이핑의 미래의 번영에 해가 된다. 국가의 이익을 완전히 무시하는 사리사욕의 이유에서 베이핑의 각 단체들은 감히 말하고 있으니 오인吾人은 그 후안무치함에 심히 탄복하는 바이다. 저들은 다만 베이핑의 번영을 위할 뿐, 수천 년 된 고대유물 전부가 적들에 의해 겁탈되는 커다란 위험을 무릅써야 한다고 하므로 소견이 지나치게 좁다고 하지 않을 수 없다. 정부로 하여금 전략 관계로 모름지기 잠시 베이핑을 포기하고 적들을 깊숙이 들어오도록 유인한 뒤 포위하여 섬멸해야 한다. 그런데 고대유물이 적들에 의해 겁탈되고 나면, 묻건대, 베이핑의 번영은 어떻게 유지할 것인가? 그러므로 먼저 옮겨 간 다음에 일본을 무너뜨리는 것이 낫다. 베이핑이 타이산泰山처럼 평안해지고 나면 다시 옮겨 오면 된다. 베이핑 각 단체의 사리사욕은 진실로 수치스럽고 근시안적 사고 또한 가련하다. 옮기는 것을 반대하는 다른 한 가지 이유는 정부는 모름지기 우선 국토부터 온전하게 해야 한다는 것이다. 이 말은 그럴듯하지만 실은 그렇지 않다. 대개 적을 섬멸하기 위해서 땅의 일부분을 포기하고 적들이 한동안 점령하게 한 연후에 다시 회복한 사례는 고금중외에 너무나 수두룩하다. 예컨대 1812년의 전쟁에서 나폴레옹을 곤경에 빠뜨리려고 러시아인은 모스크바를 포기했을 뿐만 아니라 모스크바를 불태웠다. 유럽전쟁 당시 벨기에와 세르비

아는 전 국토를 포기하고 적의 유린에 바쳤다가 창졸간에 강력한 독일을 격파했다. 대개 적들에 의해 영토가 점령되는 것은 모름지기 적들과의 강화나 할양조약에 대한 서명을 의미하지만은 않는다. 따라서 적들이 진실로 이 강토를 어떻게 할 수 있는 것은 아니다. 고궁의 고대유물을 만약 옮기지 않는다면, 가령 불행히도 적들이 베이핑을 점령하여 고대유물을 겁탈해 간다면, 묻건대, 중국은 무슨 방법으로 그것을 찾아올 수 있겠는가? 머지않아 중국 문명의 결정체가 적들의 전리품으로 바쳐진다면 그 수치심은 얼마나 심할 것인가. …… 마지막으로 오인은 정부를 향해 삼가 말씀을 올린다. 정부는 고대유물 이전 정책을 이미 결정했으므로 어떤 장애에 부딪히더라도 그것을 관철시켜야 한다. 만약 식견이 없고 멀리 내다보는 생각이 없는 무리의 어리석은 반대로 중지한다면 정부의 권위는 어떻게 되겠는가. 그러므로 오등는 장쉐량을 엄히 문책하여 무력으로 반동운동을 제지하고 부득이하다면 유혈이라도 불사할 것을 주장한다.……

2월 13일 『선바오』의 『자유담』

주)_____

1) 원제는 「戰略關係」, 1933년 2월 13일 『선바오』의 『자유담』에 실렸다. 필명은 허자간.
2) 『구국일보』(救國日報). 1932년 8월 난징에서 창간. 궁더보(龔德柏)가 주편. 1949년 4월 정간. 인용은 1933년 2월 6일 사설 「고궁의 고대유물의 이전을 위해 정부에 고한

다.」(爲遷移古宮古物告政府)에 나온다.
3) 장쉐량(張學良, 1901~2001). 자는 한칭(漢卿), 랴오닝(遼寧) 하이청(海城) 사람. 펑톈군(奉天軍) 사령관. 만주사변 당시 국민당 정부 육해공군 부사령 겸 동북변방군사령 장관이었으며 장제스의 명령을 받아 동북 3성을 포기했다. 만주사변 후 국민정부군 사위원회 베이핑군분회대리위원장 등을 맡았다.
4) 국민당 군사당국을 가리킨다. 1932년 1·28사변(제1차 상하이사변)이 발생하자 수차례 중국 군대의 철수를 명령하고 "전략을 변경하여", "적이 깊숙이 들어오도록 유인한다", "결코 전쟁 패배는 아니다"라고 말했다.
5) 1·28사변이 발생하자 국민당 정부는 전 국민의 항일요구를 묵살하고 '무저항' 정책을 견지했다. 항전을 지속하는 19로군을 고립무원에 빠지게 했을 뿐만 아니라, 영국, 미국, 프랑스 등 제국주의의 참여 아래 일본 침략군에 투항하는 담판을 벌여 1932년 5월 5일 「상하이정전협정」(淞滬停戰協定)에 서명하고 19로군으로 하여금 푸젠(福建)의 '공산당 포위토벌' 작전을 수행하도록 했다.
6) 국제연맹. 제1차 세계대전이 끝난 뒤 1920년에 성립된 국제조직이다. "국제 협력을 촉진하고 세계평화와 안전을 유지한다"는 것을 표방했으나 실제적으로는 영국, 프랑스 등의 이익을 위한 기구이기도 했다. 제2차 세계대전의 발발로 와해되고 1946년 4월 정식으로 해산을 선언했다. 만주사변 당시 일본제국주의의 중국 침략을 비호하기도 했다.
7) 만주국(滿洲國). 일본이 중국의 동부를 침략하여 세운 괴뢰 정권. 1932년 3월 창춘(長春)에서 세웠으며 청나라 폐제 푸이(溥儀)로 하여금 '집정'하게 했다. 1934년 3월 '만주제국'으로 이름을 바꾸고 푸이를 '황제'로 칭했다.
8) 1932년 12월 15일 국제연맹의 19개국위원회 특별회의는 중일분쟁을 해소하기 위한 '결의초안'을 통과시켰다. 1933년 1월에는 이 초안을 근거로 '드러먼드신초안'으로 개정했다. 이 초안은 일본의 침략을 비호하고 '만주국'을 묵인했다. 드러먼드는 1920년부터 1933년까지 국제연맹 사무총장을 역임했던 제임스 에릭 드러먼드(James Eric Drummond, 1876~1951)를 가리킨다.
9) 국제연맹 19개국위원회에 참가한 영국 대표이자 외교사절이었던 존 사이먼(John Simon)을 가리킨다. 그는 국제연맹 회의에서 수차례 일본의 중국 침략을 변호하는 발언을 하여 당시 중국 여론계로부터 비난을 받았다.
10) 각각 원문은 '行都', '陪都'이다. 전자는 필요시 정부가 임시로 옮긴 수도를 말하고 후

자는 수도 외에 따로 만든 수도를 말한다. 국민당 정부의 수도는 난징이었는데, 1932년 1·28사변이 발발하자 1월 30일 '뤄양으로 옮겨 사무 볼 것'을 급히 결정하고, 3월 5일 국민당 4차 이중전회 제2차 회의의 결의를 통하여 뤄양을 임시수도, 시안(西安)을 제2의 수도로 정식 결정했다. 같은 해 12월 1일 뤄양에서 난징으로 돌아왔다.
11) 원제는 「奇文共賞」.
12) 원문은 '連城'. 전국시대 조(趙)의 혜문왕(惠文王)이 진귀한 보석인 화씨벽(和氏璧)을 얻자 진(秦)의 소왕(昭王)이 조왕에게 편지를 보내어 15성과 바꾸자고 했다(『사기』, 「염파린상여열전」廉頗藺相如列傳에 나옴). 이후 '연성'(連城)은 화씨벽과 같은 진귀한 보물을 가리키는 말이 되었다.

쇼에 대한 송가[1]

버나드 쇼[2]가 중국에 도착하기 전 『다완바오』는 화베이華北에서 벌어지고 있는 일본의 군사행동이 그로 인해 잠시 멈추기를 희망하면서 그를 '평화의 노옹老翁'[3]이라고 불렀다.

버나드 쇼가 홍콩에 도착한 뒤 각 신문은 『로이터 통신』[4]에 실린 청년들과의 대화를 번역하고는 '공산주의 선전'이라고 제목을 붙였다.

버나드 쇼는 "로이터 통신원에게 일러 가로되, '그대는 너무 중국인 같지 않군요. 쇼는 중국의 신문계 인사 중에 방문자가 한 사람도 없는 것이 이상하다고 생각했소'라며, 물어 가로되 '그 사람들은 나를 모를 정도로 유치한가요?'"라고 했다.(11일자 『로이터 통신』)

우리는 사실 노련하다. 우리는 홍콩 총독[5]의 덕정, 상하이 공부국[6]의 장정章程, 주요 인사들끼리 누가 친구이고 누가 원수인지, 누구

부인의 생일이 언제이고 즐겨 먹는 것이 무엇인지 아주 잘 알고 있다. 그런데 쇼에 대해서는, 아쉽게도 작품의 번역본도 겨우 서너 종이 있을 뿐이다.

그러므로 우리는 유럽전쟁 전과 후의 그의 사상을 알 수 없고, 소련을 유람한 뒤의 그의 사상도 깊이 알지 못한다. 다만 14일 홍콩의 『로이터 통신』이 전한, 홍콩대학에서 학생들에게 "만약 그대가 스무 살에 적색혁명가가 되지 않으면, 쉰이 되면 가망 없는 화석이 될 것입니다. 그대가 스무 살에 적색혁명가가 되고자 한다면, 마흔이 된 그대는 낙오하지 않을 기회를 얻을 수 있을 것입니다"라고 한 말만으로 그의 위대함을 알 수 있다.

그런데 내가 말하는 위대함이란 결코 그가 사람들에게 적색혁명가가 되기를 바랐다는 데 있지 않다. 우리는 '특별한 국가의 사정'[7)]이 있기 때문에 꼭 적색일 필요는 없다. 그대가 오늘 혁명가가 되는 것만으로도 내일 그대는 목숨을 잃게 될 것이므로 마흔까지 살 수가 없다. 내가 위대하다고 말한 것은 그가 우리의 스무 살 청년을 대신해서 마흔 살, 쉰 살 때를 생각해 주었을 뿐만 아니라 결코 현재에서 벗어나지 않았다는 점이다.

부호들은 재산을 외국 은행으로 옮기고 비행기 타고 중국 땅을 벗어날 수 있다. 어쩌면 내일을 생각하는 것이리라. "정치는 회오리바람 같고, 백성은 야생사슴 같다"[8)]고 했겠다. 그러나 가난뱅이들은 그야말로 내일조차도 생각할 수 없다. 항차 생각해서도 안 되고 감히 생각할 수도 없다.

하물며 20년, 30년 이후라니? 이 문제는 지극히 평범하지만, 그럼에도 불구하고 위대하다.

이것이 바로 버나드 쇼가 버나드 쇼인 까닭이다!

2월 15일

[또 대주필의 분노를 사다]
버나드 쇼는 여하튼 비범하다[9]

『다완바오』사설

당신들은 영국인이 일처리를 그렇게 잘하는 것도 없고 그렇게 못하는 것도 없다고 비판한다. 그런데 당신들은 끝내 영국인 때문에 그르친 일을 한 가지도 찾아내지 못한다. 그들의 일처리에는 주의가 많다. 그들은 당신을 치려고 하면 애국주의를 제창하고, 그들이 당신에게서 약탈하려고 하면 공정처리주의를 제안하고, 그들이 당신을 노예로 부리려고 하면 제국주의라는 위대한 도리를 제기하고, 그들이 당신을 기만하려고 하면 영웅주의라는 위대한 도리가 있고, 그들이 국왕을 옹호하려고 하면 충군애국주의가 있지만, 그들이 국왕의 머리를 자르려고 하면 또 공화주의라는 도리가 있다. 그들의 좌우명은 책임이다. 그러나 그들은 국가의 책임과 이익에 충돌이 발생하면 야단난다는 사실을 언제나 잊지 않는다.

이것은 버나드 쇼 선생이 『운명적 인간』에서 영국인을 신랄하게 비판한 말이다. 우리는 이 한 가지 사례를 들어 쇼 선생을 소개함으로써 독자들에게 대위인이 위대한 까닭과 그 비결의 소재를 알려 주고자 한다. 쇼 씨의 작품 속에는 이런 암전이 가득하여 맞는 사람은 견디기 어렵고 듣는 사람은 통쾌하다. 따라서 쇼 선생의 명언과 경구가 가가호호 전해지고, 동시대의 문호들도 그의 위대함을 인정하는 것이다.

한동안 현대 작가들 사이에서 주의를 빌려 명성을 얻는 것이 유행했다. 쇼 선생은 영국인에 대해 말하고 있으면서 아쉽게도 자신을 가늠해 보는 눈은 없다. 우리는 쇼 선생이 범평화주의의 선구자이며, 한평생 점진적 사회주의를 옹호했음을 알고 있다. 그의 희곡, 소설, 비평, 산문은 이러한 주의의 선전품으로 채워져 있기 때문에 쇼 선생은 사회주의에 대하여 철두철미하게 충실한 신도라고 말할 수 있다. 그런데 또한 우리는 쇼 선생이 수와 치[10]도 꼼꼼히 따지는 재테크 전문가이자 자선사업을 반대하는 강력한 이론가이고, 그 결과 백만 거액의 푸둥푸둥한 얼굴로 일찌감치 부옹이 되었다는 것도 알고 있다. 쇼 선생은 자산의 평균적 분배를 목청껏 노래하고, 피억압 노동자를 대신해 불평등을 호소하고 기생적 성질을 가진 자산가를 향해 냉소와 풍자를 퍼붓는다. 그는 이로 말미암아 전 민중의 공감을 얻어 내어 책이 출판되면 사람들은 서로 사려 들고 드라마가 공연되면 백여 개의 극장에서 상연되므로 관객이 없을까 걱정하지 않는다. 따라서 쇼 선생은 공산주의를 제창하는 안락의자에 앉아서 해죽이 웃으며 스스로 흡족해하고 있다. 주의를 빌려 명성을 얻고 양머리를 내걸고 개고기를 파는 요술이 필경 교묘하기 짝이 없다.

지금 공적도 세우고 명성도 얻은 쇼 선생이 우리 가난한 중국에 놀러 왔다. 후진들과 손잡는 그의 열성으로 홍콩에서 우리 학생들에게 "스무 살에 적색혁명가가 되지 않으면 쉰 살에 화석이 될 것이고, 스무 살에 적색혁명가가 되면 마흔 살에 낙오하지 않을 것이다"라고 말한 것에 깊은 감사를 드린다. 애당초 적색혁명가가 되는 원인은 스스로가 화석이 될까, 낙오자가 될까 두려워해서일 따름인 것이다. 주의 그 자체의 가치가 무엇인지는 본시 개인의 전망과 커다란 관련이 없고, 우리가 사회에 머리를 들이미는 것 역시 화석이 되지 않고 낙오자가 되지 않기를 바라는 것일 뿐이라는 말이다. 이것이야말로 현대인의 입신처세의 명언이며, 쇼 선생이 그것을 솔직담백하게 말한 것이다. "성인으로서 때에 맞는 사람이다"[11]라고 한 말에 정녕 손색이 없는 현대판 공자에게 어찌 우리가 오체투지하지 않을 수 있겠는가?

그럼에도 불구하고 쇼 선생은 이 노老대국 중국을 절대로 하찮게 보지 마시라. 선생 당신처럼 유행에 민감한 학자는 우리에게도 없었던 적이 없다. 안락의자에 앉아서 뾰족한 암전을 쏘아 무슨 주의를 선전하는 일 같은 것은 선생의 가르침이 필요 없다. 그런 요술이라면 우리도 벌써부터 아주 능수능란하다. 나는 선생이 이 사실을 알게 되면 반드시 빙그레 웃으며 이렇게 말할 것이라고 생각한다. "나의 도는 외롭지 않구나!"[12]

그럼에도 불구하고 미련한 우리의 견해에 따르면, 위대한 인격적

자질 가운데서 중요한 것은 '성'誠이라는 글자이다. 당신이 무슨 주의를 믿는다면 성실하게 힘써 실천하면 그만이지 입을 쫙 벌리고 듣기 좋은 노래를 부를 필요는 없다. 만약 쇼 선생과 그의 동지들이 공산주의를 진정으로 믿는다면 청컨대 가산을 모두 분배한 다음에 이야기하기 바란다. 하지만 말을 원점으로 돌려야겠다. 쇼 선생이 가산을 모두 분배하고 프롤레타리아 동지의 남루한 옷가지를 입고 삼등실에 앉아 중국에 온다면 그를 아랑곳할 사람이 누가 있겠는가? 이렇게 생각해 보니 쇼 선생은 여하튼 비범한 사람이다.

2월 17일

[역시나 대주필은 존경스럽지 않다]
앞글에 대한 주석[13)

러원樂雯

이 '비범'한 논의의 요점은 이렇다. (1) 뾰족한 암전은 "맞는 사람은 견디기 어렵고 듣는 사람은 통쾌하"지만, '위대'함을 얻는 비결에 지나지 않는다. (2) 이 비결이라는 것은 "주의를 빌려 명성을 얻고, 양 머리를 걸고 개고기를 파는 요술"에 있다. (3) 『다완바오』의 의견에 비추어 보면, 자신의 '주의'를 위해서라면 "신성한 무공武功의 위대한 문장"을 소리쳐 노래하며 "시뻘건 커다란 입을 벌려" 사람을 먹어 치우고 스무 살에 낙오자가 되어 화석으로 변한다고 해도 안타까워하지 말아야 할 것 같다. (4) 만약 버나드 쇼가 이런 '주의'에 찬성하지 않는다면 안락의자에 앉아서도 안 되고 가산이 있어서도 안 되는데, 그런 주의에 찬성한다면 물론 별도로 논의한다는 것이다.

애석하게도 세계의 붕괴는 공교롭게도 벌써 이 지경까지 이르고 말았다. 프티부르주아 지식계층의 분화로 광명을 사랑하고 낙오하지 않으려는 몇몇 사람들이 나타났고, 그들은 혁명의 길을 향하여 걸음을 떼었다. 그들은 자신의 다양한 가능성으로 혁명의 전진에 성실한 도움을 주고 있다. 그들은 이전에 어쩌면 객관적으로 자본주의 사회적 관계의 옹호자였을 것이다. 그러나 그들은 기어이 부르주아의 '반역자'로 변신하려 했다. 그런데 반역자는 언제나 적보다 훨씬 가증스러운 법이다.

부르주아의 비열한 심리로는 '백만의 재산'을 주고 세계적인 명성을 주었음에도 불구하고 배반하려 하고 불만을 품고 있으므로 '실은 가증스러움의 극치에 속한다'고 여겨지는 것이다. 이것은 물론 "주의를 빌려 명성을 얻는" 것이다. 비열한 시정잡배들은 만사에 반드시 물질적인 부귀영화라는 목적이 있다고 생각한다. 이것이 알짜배기 '유물주의' 즉, 명리名利주의이다. 그런데 버나드 쇼는 이런 비열한 심리의 예측 밖에 있으므로 가증스러움의 극치가 되는 것이다.

그리고 『다완바오』는 또한 일반적인 시대적 유행까지 추론했다. 중국에도 "안락의자에 앉아서 뾰족한 암전을 쏘아 무슨 무슨 주의를 선전하는 일 같은 것은 선생의 가르침이 필요 없다"라고 추론했던 것이다. 이것이 물론 중외에 두루 통하는 도리라는 것은 꼭 거듭 설명할 필요는 없겠다. 아쉬운 것은 이것이다. 유독 그 식인 '주의'는 빌려 쓴 지 아주 오래되었음에도 불구하고 아직도 충분한 '명성을 얻'지 못했다는 점이다. 오호라!

가증스럽고 괴상야릇한 쇼. 이러한 사람들이 '견디기 어려워' 한다고 해서 그의 위대함이 줄어들지는 않았다. 따라서 경전과 도를 배반한 중국 역대의 문인들처럼 황제로부터 '가산몰수'의 판결을 받아도 싸다.

『상하이에 온 버나드 쇼』

주)_____

1) 원제는 「頌蕭」, 1933년 2월 17일 『선바오』의 『자유담』에 발표했다. 발표 당시 제목은 「蕭伯納頌」, 필명은 허자간.
2) 버나드 쇼(George Bernard Shaw, 1856~1950). 영국의 극작가이자 비평가. 청년 시절에는 개량주의 정치조직인 페이비언 소사이어티(Fabian Society)에서 활동했다. 1차대전 때는 제국주의 전쟁을 비난하였고, 10월혁명에 공감을 표시하며 1931년 소련을 방문했다. 『워런 부인의 직업』(*Mrs. Warren's Profession*), 『피그말리온』(*Pygmalion*) 등의 극본을 썼으며, 작품 대부분은 자본주의 사회의 허위와 죄악을 폭로하고 있다. 1933년에 배를 타고 세계를 주유하던 중 2월 12일에는 홍콩, 17일에는 상하이에 들렀다.
3) 1933년 1월 6일 『다완바오』는 「평화의 노옹 버나드 쇼 북소리 속에서 베이핑을 유람하다」(和平老翁蕭伯納, 鼛鼓聲中游北平)라는 제목으로 버나드 쇼가 베이핑에 온다는 소식을 전했다. 이 기사는 버나드 쇼가 "창청(長城)으로 날아와 베이핑을 유람하면서 잠시라도 전쟁을 멈추게 할 수 있"기를 희망했다.

4) 유태인 로이터(Paul Reuter)가 만든 통신사. 1850년 독일 아헨에서 만들었다가 1851년 영국 런던으로 옮긴 다음 영국 최대의 통신사가 되었다. 중국에서는 1871년 전후에 활동을 시작했다. 여기서 말하는 것은 1933년 2월 14일 로이터통신사가 홍콩에서 전한 버나드 쇼의 연설에 관한 통신을 가리킨다. 15일 『선바오』에 「홍콩대학생에게 한 연설―버나드 쇼의 공산주의 선전」(對香港大學生演說―蕭伯納宣傳共産)이라는 제목으로 실렸다.
5) 당시 홍콩 식민통치를 위한 영국의 대표로서 영국 국왕이 임명했다.
6) '공부국'(工部局)은 영국, 미국, 일본 등이 상하이, 톈진 등지의 조계지에 설치한 통치기관으로 제국주의 국가들의 식민주의 정책 시행 기관이다.
7) 원문은 '特別國情'. 위안스카이가 제제(帝制) 시행의 음모를 꾸밀 당시 퍼뜨린 말이었다. 1914년부터 1915년 사이에 위안스카이의 헌법고문인 미국인 굿나우(Frank Johnson Goodnow)는 중국에는 '특별한 국가의 사정'이 있어서 '군주제'를 시행해야 하며 민주공화정치는 맞지 않다고 했다. 후에 국민당 당국과 일부 우익 문인들 역시 중국에는 '특별한 국가의 사정'이 있다고 하면서 맑스-레닌주의와 사회주의 제도는 중국에 적합하지 않다고 선전했다.
8) 원문은 '政如飄風, 民如野鹿'이다. 앞 구절은 『노자』 제20장의 "회오리바람은 아침을 넘기지 못하고 소나기는 하루를 넘기지 못한다"에서 나왔으며, 뒷 구절은 『장자』 「천지」(天地)의 "임금은 높은 나뭇가지 같고, 백성은 야생사슴 같다"에서 나왔다.
9) 원제는 「蕭伯納究竟不凡」.
10) 수(銖)와 치(錙)는 무게 단위. 수는 1냥의 1/24, 치는 1냥의 1/4이다.
11) 『맹자』 「만장상」(萬章上)에서 "공자는 성인으로서 때에 맞는 사람이다"라고 했다.
12) 원문은 '我道不孤'. 『논어』의 「이인」(里仁)에 나오는 "덕은 외롭지 않고 반드시 이웃이 있다"라는 말을 패러디했다.
13) 원제는 「前文の案語」. 러원은 루쉰의 필명. 1933년 2월 취추바이(瞿秋白)가 상하이에서 요양하고 있을 때 루쉰의 제의와 협조로 상하이에서 출판된 중외 간행물에 실린 버나드 쇼의 중국 방문에 관한 글을 모아 『상하이에 온 버나드 쇼』라는 책으로 묶어 내었는데, "러원이 오려 붙이고, 번역 및 편집 교정하다"라고 씌어 있다. 루쉰이 서문을 쓰고 1933년 3월 야초서옥(野草書屋)에서 출판했다.

전쟁에 대한 기도
— 독서 심득[1]

러허에서 전쟁[2]이 시작되었다.

3월 1일 —— 상하이사변의 종결 '기념일'이 곧 다가온다. '민족영웅'의 초상[3]이 한 차례 한 차례 인쇄되고 판매되고 있다. 그런데 어린 병사의 피, 상처, 뜨거운 마음은 아직 얼마나 더 유린되어야 하는가? 기억 속의 포성과 몇천 리 밖의 포성은 우리로 하여금 속수무책의 쓴웃음으로 무료함에도 불구하고 몇 마디 '경구'가 있는 심심풀이 책을 펼치게 한다. 경구는 이것이다.

"저기요, 소대장님, 우리 도대체 어디로 가는 겁니까?" 그중의 하나가 물었다.
"가자. 나도 잘 몰라."
"씨발, 죽어 버리면 그만이지, 가기는 왜 가."
"시끄럽게 굴지 마, 명령복종!"

"씨발놈의 명령!"

그런데 씨발은 씨발이고 명령은 명령이다. 가라니까 당연히 그대로 가야 한다. 4시 정각 중산로中山路는 다시 고요해지고 바람과 나뭇잎 사그락 소리만 울렸다. 달빛은 청회색의 구름바다 속으로 숨어들어 잠들고 늘 그랬듯 인류의 일에 신경 쓰지 않았다.

이렇게 해서 19로군은 서쪽을 향하여 퇴각했다.

(황전샤,『대大상하이의 훼멸』[4])

언젠가 '씨발'과 '명령'이 이렇게 따로 놀지 않을 때가 되면 위험에서 벗어날 것이다.

그렇지 않다면? 이 문제에 대답할 수 있는 경구가 또 있다.

19로군의 싸움은 우리가 공염불 말고도 잘하는 일이 있음을 알려 준다!

19로군의 승리는 구차함과 거짓안녕과 교만이라는 우리의 미몽을 증가시켜 줄 따름이다!

19로군의 죽음은 우리가 불쌍하고 재미없게 살고 있음을 경고한다!

19로군의 실패야말로 우리가 노력하지 않으면 차라리 노예가 되는 것이 낫다는 것을 알려 준다! (같은 책)

이것은 혁명이 아니면 모든 전쟁은 운명적으로 반드시 실패하기 마련임을 우리에게 경고한다. 이제 주전론에 대하여 저마다 모두 알게 되었다──이것은 1·28사변 때의 19로군[5]의 경험이다. 싸움이라면 모름지기 싸워야 하지만, 그런데 절대로 이길 수 없고 싸우다 죽는 것도 좋지 않으므로 어지간하게 적절한 방법은 패배라는 것이다. '민족영웅'의 전쟁에 대한 기도가 이렇다. 그런데 전쟁은 또한 분명 그들이 지휘하고 있고, 지휘권은 다른 사람에게 양도하지 않으려 한다. 전쟁을 감당할 수 있는 사람이 패배할 경우의 계획을 미리 예정하고 있다는 것인가? 마치 연극무대 위 화롄과 바이롄[6]의 싸움에서 누가 이기고 누가 질 것인지 미리 무대 뒤에서 약속한 것처럼 말이다. 오호라 우리의 '민족영웅이여!'

2월 25일

주)_____

1) 원제는 「對於戰爭的祈禱―讀書心得」, 1933년 2월 28일 『선바오』의 『자유담』에 발표했다. 필명은 허자간.
2) 1933년 2월 일본군은 산하이관을 함락한 뒤 이어 러허(熱河; 과거의 성省 이름, 지금의 허베이河北의 동북부 랴오닝遼寧의 서남부, 네이멍구內蒙古자치구의 동남부를 가리킨다)로 진공하여 3월 4일 성도 청더(承德)를 점령했다.
3) 상하이에서 판매되고 있던 마잔산(馬占山), 장광나이(蔣光鼐), 차이팅제(蔡廷鍇) 등 일본군에 저항한 국민당 장교의 사진을 가리킨다.
4) 황전샤(黃震遐, 1907~1974)는 광둥(廣東) 난하이(南海) 사람. 『다완바오』 기자, 항저우(杭州) 젠차오(筧橋) 공군학교 교관을 지냈다. '민족주의 문학'의 대표자. 『대상하이의 훼멸』(大上海的毁滅)은 1·28 상하이사변을 소재로 일본군의 무력을 과장하고

패배주의를 선전한 소설이다. 1932년 5월 28일 상하이의 『다완바오』에 연재하기 시작하여 같은 해 11월 다완바오출판사에서 단행본으로 출간했다.
5) 국민당의 군대. 원래 국민혁명군 제11군이었으나 1930년대 제19로군으로 재편되었다. 총지휘는 장광나이, 부총지휘 겸 군장은 차이팅제가 맡았다. 만주사변 후 상하이에 주둔했다. 1932년 1월 28일 일본군이 상하이로 진공하자 저항했으나 국민당 당국과 일본이 '상하이정전협정'을 체결하자 푸젠(福建)으로 가서 '공산 포위토벌'을 맡았다. 1933년 11월 제19로군의 지도자와 국민당의 리지선(李濟深) 등과 연합하여 푸젠에서 '중화공화국 인민혁명정부'를 세워 홍군과 더불어 항일, 반(反)장제스 협정을 맺기도 했으나, 얼마 못 가 장제스 군대의 공격으로 실패했다. 1934년 1월에 부대 번호가 취소되었다.
6) '화롄'(花臉)은 '징'(淨)이라고도 하며 성격이 외모와 일치하지 않는 남자배역을 말하고, 바이롄(白臉)은 음험하고 간사한 배역이다. 화롄과 바이롄은 일반적으로 모두 반면인물이다.

풍자에서 유머로[1]

풍자가는 위험하다.

가령 그의 풍자 대상이 문맹이고 살육되고 구금되고 억압받는 사람이라면, 그러면 아무 문제 없다. 그의 글을 읽는, 이른바 교육받은 지식인에게 해죽해죽 웃을 수 있는 거리를 마침맞게 제공함으로써 그는 자신의 용감함과 고명함을 더욱 잘 느끼게 된다. 그런데 작금의 풍자가가 풍자가인 까닭은 바로 일류의 이른바 교육받은 지식인 사회를 풍자하는 데 있다.

풍자 대상이 일류사회이기 때문에 거기에 속한 각각의 구성원들은 저마다 자신을 찌르고 있는 것처럼 느끼고 하나하나 암암리에 마중 나와 자신들의 풍자로 풍자가를 찔러 죽이고 싶어 한다.

우선 풍자가가 냉소적이라고 말하고 차츰차츰 왁자지껄 그에게 욕설, 우스개, 악랄, 학비,[2] 사오싱紹興 서기관 등등, 등등의 말을 쏟아 붓는다. 그런데 사회를 풍자하는 풍자는 오히려 종종 늘 그렇듯 '놀라 우리만치 유구하다'. 중 노릇 한 서양인[3]을 치켜세우거나 타블로이드 신문을 만들어 공격해도 효과가 없다. 따라서 어떻게 울화통 터져 죽지 않겠느뇨![4]

지도리는 여기에 있다. 풍자 대상이 사회인 경우 사회가 변하지 않으면 풍자는 더불어 존재하고, 풍자 대상이 그 사람 개인인 경우 그의 풍자가 존재하면 당신의 풍자는 허사가 되고 말기 때문이다.

따라서 이런 가증스러운 풍자가를 타도하고자 한다면 하릴없이 사회를 변화시킬 수밖에 없다.

그런데 사회풍자가는 여하튼 위험하다. 더욱이 일부 '문학가'들이 알게 모르게 '왕의 발톱과 이빨'[5]을 자처하는 시대라면 그러하다. 누가 '문자옥'의 주인공이 되기를 좋아하겠는가? 그러나 죽어 없어지지 않고서는 뱃속이 늘 답답해서 웃음이라는 장막을 빌려 허허거리며 그것을 토해 내는 것이다. 웃음은 남한테 죄 짓는 것도 아니고 최근 법률에도 국민이라면 모름지기 죽을상을 해야 한다는 규정이 아직은 없으므로 단언컨대 전혀 '위법'이 아니다.

나는 생각한다. 이야말로 작년부터 글에 '유머'가 유행하게 된 원인이다. 그런데 개중에는 물론 '웃음을 위한 웃음'도 적지 않다.

그런데 이 상황은 어쩌면 오래가지 않을 듯싶다. '유머'는 국산이 아니고[6] 중국인이 '유머'에 능한 인민도 아니며, 더구나 요즘은 그야말로 유머를 쓰기 어려운 세월이다. 따라서 유머조차도 불가피하게 모양을 바꾸게 되었다. 사회에 대한 풍자로 경도되거나 전통적인 '우스갯소리', '잇속 챙기기'로 전락했다.

3월 2일

주)_____

1) 원제는「從諷刺到幽默」, 1933년 3월 7일 『선바오』의 『자유담』에 발표했다. 필명은 허자간.
2) 학비(學匪). 당시 보수적인 학자들은 루쉰과 같은 '학계의 이단아', '반골 기질의 학자'를 '학비' 즉, '학계의 토비'라고 비난했다.
3) 트레비쉬 링컨(Ignatius Timothy Trebitsch-Lincoln, 1879~1943)을 가리키는 것 같다. 헝가리에서 태어난 유태인으로 개신교 선교사로 활동했다. 독일 우익 정치인이자 스파이로서 상하이에서 활동 당시 자오쿵(照空)이라는 법명으로 스님 행세를 했다.
4) 이 구절에서 사용하고 있는 어기사는 '也麽哥'인데, 의미가 없는 허사로서 원곡(元曲)에서 상용하는 것이다. '波哥', '也末哥'로 쓰기도 한다.
5) 원문은 '王之爪牙'. 『시경』의 「소아(小雅)·기부(祈父)」에 "저희는 왕의 발톱과 이빨인데, 어찌하여 저희를 근심하도록 내버려 두며 머물러 살 곳도 없게 하나이까"라는 말이 나온다. 당나라 공영달(孔穎達)의 소(疏)에 따르면 '발톱과 이빨'(爪牙)은 '발톱과 이빨 역할을 하는 병사'로서 왕의 '수비군'을 가리킨다. 여기서는 통치자의 졸개를 의미한다.
6) '유머'에 해당하는 중국어 '幽默'는 humour의 음역. 린위탕(林語堂)이 1924년 5월에 발표한「산문번역 모집과 '유머' 제창」(征譯散文與提倡"幽默")에서 처음으로 humour를 '幽默'로 번역했다.

유머에서 엄숙으로[1]

'유머'가 풍자로 경도되면 자신의 본령이 사라지는 것은 차치하고, 가장 두려운 것은 다시 '풍자'를 가져오고 모함을 하는 사람들이 있다는 것이다. 그런데 '우스갯소리'로 전락하면 수명이 비교적 오래가고 운수도 대체로 순탄하겠으나 국산품에 가까워질수록 종당에는 서양식 서문장[2]이 되고 말 것이다. 국산품 제창 소리 가운데 벌써부터 중국의 '자체 제작 박래품'이 광고되고 있다는 것이 바로 그 증거이다.

더구나 나는 법률에도 조만간 국민이라면 모름지기 죽을상을 해야 한다는 명문 규정이 생기지 않을까 정녕 걱정스럽다. 웃음은 애당초 '위법'일 수가 없다. 그런데 불행히도 동부의 성省들이 함락되고 온 나라가 소란스러워지자 애국지사들은 땅을 잃어버린 원인을 찾으려 애썼다. 그 결과, 원인 중의 하나가 청년의 유흥과 춤바람에 있음을 발견했다. 베이하이에서 시시덕거리며 스케이트를 타고 있을 때 거대한 폭탄이 떨어졌던 것이다.[3] 부상자는 없었지만 얼음에 거대한 구멍이 뚫려 버려 멋들어진 활강은 할 수 없게 되었다.

또다시 불행히도 위관楡關 방어선이 무너지고 러허熱河가 긴박해지자 유명한 문인학사들도 한층 더 긴박해졌다. 만가를 짓는 이도 있고 전투가를 짓는 이도 있고 문덕[4]을 말하는 이도 있다. 욕설하기는 싫거니와 빈정거림도 문명적이지 않으므로 사람들더러 엄숙한 글을 짓도록 요구했다. 엄숙한 얼굴로 '무저항주의'의 부족분을 보충하라는 것이다.

그런데 인류는 필경 이렇게 가만히 있지 못하는 법이다. 대적이 국경을 압박할 때 쇠붙이 하나 없어 적들을 죽이지 못하면 마음에는 예외 없이 분노가 일어나 적들을 대신한 대체물을 찾게 된다. 이 순간 시시덕거리던 사람은 재앙을 만나게 된다. 왜냐하면 그는 이 순간 "간도 쓸개도 없는 진숙보"[5] 같은 인간으로 불리기 때문이다. 따라서 눈치 빠른 사람은 모름지기 재앙을 모면하기 위해 죽을상을 한다. "총명한 사람이라면 빤한 손해는 보지 않는다"라는 말은 고대의 현인이 남긴 가르침이다. 이때에도 '유머'는 저세상으로 가고 '엄숙'이 남아 있는 전全 중국을 통일하게 된다.

이 대목을 이해하면 우리는 옛날에 왜 정절부인, 음부를 막론하고 사람들을 만날 때 웃지도 말하지도 말아야 했는지, 요즘은 왜 장사 지내는 여인네가 슬프거나 말거나 길에서 반드시 대성통곡해야 하는지를 알게 된다.

이것이 바로 '엄숙'이다. 말하고 보니, 그것은 바로 '악독'이다.

3월 2일

주)_____

1) 원제는 「從幽默到正經」, 1933년 3월 8일 『선바오』의 『자유담』에 발표했다. 필명은 허자간.

2) 서문장(徐文長, 1521~1593). 이름은 위(渭), 호는 청등도사(靑藤道士)이며, 저장 산인(山陰; 지금의 사오싱) 사람으로 명말의 문학가이자 서화가이다. 저서로는 『서문장집』(徐文長集), 희곡으로 『사성원』(四聲猿) 등이 있다. 저둥(浙東) 일대에 그에 관한 이야기가 많이 전해지고 있는데, 익살스럽고 신랄한 인물로 묘사되고 있다.

3) 1933년 새해 첫날 베이핑의 학생들이 중난하이(中南海) 공원에서 가장 스케이트대회를 개최하고 있었는데, 폭탄 투척 사건이 일어났다. 이 일이 발생하기 전 '한간처단구국단'(鋤奸救國團)의 명의로 남녀 학생들이 유흥에 빠져 국난을 망각해서는 안 된다고 경고한 바 있다.

4) 다이지타오(戴季陶)는 난징의 『신아세아월간』(新亞細亞月刊) 제5권 제1, 2기 합간(1933년 1월)에 발표한 「문덕과 문품」(文德與文品)에서 "입만 열면 욕설을 퍼붓고 농담을 하는 것……, 이 모든 것은 문명인이라면 해서는 안 되는 일이다"라고 했다.

5) 진숙보(陳叔寶)는 남조 진(陳)의 후주(后主)를 가리킨다. 『남사』(南史)의 「진본기」(陳本紀)에 "(진숙보는) 용서를 받고 수(隋) 문제(文帝)의 후덕을 입어 수차례 접견하기도 했으며 삼품(三品) 벼슬 대우도 받았다. 매번 연회가 있으면 상심할까 하여 오음(吳音) 연주를 못하게 했다. 후에 감독하는 자가 '숙보가 지위가 없으니 조회를 할 때면 관호(官號) 하나 얻기를 바라고 있다고 말했다'라고 상주하자, 수 문제는 '숙보는 간도 쓸개도 없다'라고 했다"는 기록이 있다.

왕도시화[1]

'인권론'[2]은 앵무새로부터 시작한다. 옛날 높이 멀리 나는 앵무새 도령이 있었다고 한다. 우연히 자신이 살던 숲을 지나가다 큰불이 난 것을 보고 날개에 물을 적셔 산에 뿌렸다. 사람들이 그렇게 적은 물로 어떻게 이렇게 큰불을 끌 수 있느냐고 말하자, 앵무새는 "여하튼 나는 여기에 산 적이 있으므로 지금 마음을 다하지 않을 수가 없다"라고 말했다는 것이다. (이야기는 『역원서영』[3]에 나오고, 후스[4]의 『인권론집』서문에서 인용하고 있다.) 앵무새가 불을 끌 수 있는 것처럼 인권으로 반동통치를 좀 미화해도 괜찮을 것이다. 여기에 보상이란 게 없을 수는 없다. 후 박사는 창사長沙에 가서 강연을 한 번 했고, 허 장군[5]은 오천 위안의 거마비를 보냈다. 돈은 적지 않은 셈이고, 이것을 실험주의[6]라고 "부른다".

그런데 이번 불은 어떤 식으로 끄는가? '인권론' 시기(1929~30년)에만 해도 잘 알 수 없었으나 한 번에 5천 위안이라는 소매가가 나온 뒤로는 달라졌다. 최근(올 2월 21일) 『쯔린시바오』[7]에 후 박사의 이야기가 실렸다.

어떤 정부건 간에 당연히 자신을 보호하고 자신을 위해하는 운동을 진압할 권리를 가진다. 물론 정치범도 기타 범인과 마찬가지로 당연히 법률의 보장과 합법적 심판을 받아야 한다.

이제야 훨씬 분명해졌다! 이것은 '정치권력'을 말하고 있는 것이 아닌가? 물론 박사의 머리는 결코 단순하지 않다. 그는 그저 "한 손에는 보검을, 다른 손에는 경전을 들자"라고 하는 무슨 주의를 말하는 지경으로 나아가지는 않았다. 그는 당연히 법률을 들고 있어야 한다고 말했던 것이다.

중국의 문인식객들은 언제나 무슨 왕도니, 인정仁政이니 하는 일련의 비결을 가지고 있었다. 맹부자孟夫子께서 얼마나 유머스러운지 보시게나. 그는 당신더러 돼지 도축장에서 멀리 떨어져 지내고 고기를 먹을 때에는 마음속에 차마 하지 못하는 마음[8]을 가지도록 가르쳤으며, 인의도덕仁義道德이라는 명분도 있었다. 남을 속일 뿐만 아니라 자신도 속였으니, 진실로 이른바 마음도 편안하고 실리도 무궁하다.

시에서 가로되,

문화두목 박사직함
인권을 포기하고 오히려 왕권을 말한다

조정은 자고로 살육이 많았고
이 도리는 작금에 실험으로 전해진다.

인권과 왕도는 두 번 뒤집어 새롭게 하니
군은君恩에 감복하여 성명聖明을 주청하고
학정도 무방하다 법률에 근거하면
풀 베듯 죽여도 아무 소리도 들리지 않는다.

선생은 성현의 책을 숙독하고
애낭조 군자의 도는 외롭지 않은 법
천고에 한마음 맹자가 있고
육식에 푸줏간을 멀리하라 가르쳤다.

수다스러운 앵무새는 뱀독에 올라
물방울의 미력한 힘 과장해서 늘어놓고
걸핏하면 고관저택에 염치를 팔아
오천을 던져 주어도 과분하다 생각 않네.

3월 5일

주)_____

1) 원제는 「王道詩話」, 1933년 3월 6일 『선바오』의 『자유담』에 발표했다. 필명은 간. 이 글과 이어지는 글인 「억울함을 호소하다」, 「곡의 해방」, 「마주보기경」, 「영혼을 파는 비결」, 「가장 예술적인 국가」, 「안과 밖」, 「바닥까지 드러내기」, 「대관원의 인재」 그리고 『남강북조집』(南腔北調集) 중 「여인에 관하여」(關於女人), 「진짜 가짜 돈키호테」(眞假堂吉訶德), 『풍월이야기』(准風月談) 중의 「중국 문장과 중국인」(中國文與中國人) 등 12편은 모두 1933년 취추바이(瞿秋白)가 상하이에 있을 때 쓴 것이다. 이 가운데 몇몇 글은 루쉰의 의견에 근거하거나 루쉰과 의견을 교환한 후에 썼다. 루쉰은 여기에 첨삭을 가하고(제목을 바꾸기도 했다) 누군가에게 베껴 쓰게 하여 자신의 필명으로 『선바오』의 『자유담』 등의 간행물에 발표했다. 후에 그것들을 자신의 잡문집에 각각 나누어 수록했다.

2) 『인권론집』(人權論集)을 가리킨다. 이 책은 후스(胡適), 뤄룽지(羅隆基), 량스추(梁實秋) 등이 1927년 『신월』(新月) 잡지에 발표한 인권문제에 관한 글들을 모은 것이다. 1930년 2월 상하이 신월서점에서 출판했으며 후스가 서문을 썼다.

3) 『역원서영』(櫟園書影)은 『인수옥서영』(因樹屋書影)을 말한다. 명말청초에 주역원(周櫟園)이 지었다. 이 책의 권2에 "옛날에 앵무새가 지퉈산(集陀山)을 날아가다 산에 큰불이 난 것을 멀리서 보고 물에 들어가 날개를 적신 후 날아가 그것을 뿌렸다. 천신(天神)이 '너는 비록 의지가 있다고는 하나 어찌하여 그것으로 충분하다고 운운하느냐'라고 말하자, 대답하여 가로되 '일찍이 이 산에서 산 적이 있으므로 차마 그냥 보고 있지는 못하는 것일 따름입니다'라고 했다. 이에 천신은 감동하여 곧 불을 진화했다"라고 했다. 원래 인도의 우화로서 중역(中譯) 불경에 자주 등장한다. 주역원(1612~1672)은 이름은 양공(亮工)이고 허난 샹푸(祥符; 지금의 카이펑開封) 사람이다.

4) 후스(胡適, 1891~1962). 자는 스즈(適之), 안후이(安徽) 지시(績溪) 사람으로 미국 컬럼비아대학에서 박사학위를 받았다. 1917년 귀국하여 베이징대학에서 교수를 역임했다. '5·4' 시기 신문화운동의 대표적 인물. 후에 국민당 정부 주미대사 등을 지냈다. 1949년 4월 타이완(臺灣)에서 병사했다.

5) 허젠(何鍵, 1887~1956)을 가리킨다. 후난(湖南) 리링(醴陵) 사람으로 국민당 군벌이었다. 당시 후난성 정부 주석을 지냈다. 1932년 12월 후스는 허젠의 요청으로 창사(長沙)에서 「우리가 가야 할 길」(我們應走的路) 등의 강연을 했는데, 후스의 일기에는 허젠이 '거마비'로 사백 위안을 주었다고 한다.

6) '실험주의'(實驗主義)는 실용주의, 도구주의라고도 하며, 근대 미국에서 유행한 철학이다. 사상이나 의식이 객관 세계의 반영이 아니라 인간이 자신의 필요에 맞게 만들어 낸 '가설'과 사용하는 '도구'라는 것이며, '교환가치'와 '유용성'이 진리이고 개인의 활동을 통하여 자신의 '가설'과 '도구'의 가치와 효용을 실험할 것을 강조했다. 대표적인 인물로는 존 듀이(John Dewey)가 있다. 후스는 듀이의 학생이었으며, 1919년 베이징에서 실험주의를 선전했다. 1921년에 쓴 「듀이 선생과 중국」(杜威先生與中國)에서 듀이의 철학 방법을 "통칭하여 '실험주의'라 부른다"라고 했다.
7) 『쯔린시바오』(字林西報, *North China Daily News*)는 영국인이 상하이에서 만든 영자신문, 쯔린양행(字林洋行)에서 출판. 1864년 7월 1일 창간, 1951년 3월 31일 정간했다.
8) 원문은 '不忍人之心'. 『맹자』 「양혜왕상」(梁惠王上)에 "군자는 금수에 대하여 산 것을 보고는 차마 죽음을 보지 못하고, 그 소리를 들으면 차마 고기를 먹지 못한다. 이런 까닭으로 군자는 푸줏간을 멀리하는 것이다"라는 말이, 「공손추상」(公孫丑上)에는 "사람은 모두 남에게 차마 하지 못하는 마음이 있다. 선왕께서는 남에게 차마 하지 못하는 마음을 가지고 있었으며, 이에 남에게 차마 하지 못하는 정치가 있었다"라는 말이 나온다.

억울함을 호소하다[1]

「리턴 보고서」[2]가 중국인 스스로가 발명한 '국제협력을 통한 중국 개발계획'을 채택한 것은 감사할 만하다. 최근 난징시 각계의 전보문에는 벌써부터 "삼가 난징시 70만 민중을 대표하여 안심의 마음을 올린다"라고 하며, 리턴은 "중국의 좋은 벗일뿐더러 세계평화와 인도적 정의의 보장인"이라고 칭했다(3월 1일 난징 중앙사[3] 발發).

그런데 리턴도 중국에 감사해야 옳다. 첫째, 중국에 '국제협력 학설'이 없었다면 리턴 경은 자신의 의사를 표현할 적당한 언어를 찾기 어려웠을 것이다. 공동관리라는 것은 학리적인 근거가 없었던 것이 아닌가? 둘째, 리턴 경은 스스로 "난징은 본래 공산주의의 조류를 막기 위하여 일본의 원조를 환영했다"라고 말했다. 따라서 그는 당연히 중국 당국의 고심 어린 조예에 대하여 진실한 경의를 표시해야 한다.

그런데 리턴 경은 최근 파리에서 한 연설에서(『로이터 통신』, 2월 20일 파리발) 두 가지 문제를 제안했다. 하나는 이것이다. "중국의 전도는 이처럼 위대한 인적 자원에 대하여 어떻게, 언제, 누가 국가의식으로 통일된 힘을 부여하는가에 달려 있는 것 같다. 제네바4)인가, 모스크바인가?" 또 다른 문제는 이것이다. "중국은 현재 제네바에 경도되어 있다. 그러나 만약 일본이 현행 정책을 견지하고 제네바가 실패한다면 중국은 바라는 바가 아니더라도 장차 자신의 경향을 바꾸게 될 것이다." 이 두 문제는 모두 중국이라는 국가의 인격을 다소 모독하고 있다. 국가라는 것은 정부이다. 리턴은 중국은 아직 '국가의식으로 통일된 힘'이 없다고 했고, 심지어는 제네바에 경도된 경향을 바꿀 것이라고까지 말했다! 이 말은 중국이라는 국가의 국제연맹에 대한 충심, 일본에 대한 고심苦心을 믿지 못하는 것이 아닌가?

중국이라는 국가의 존엄과 민족의 영광이라는 견지에서 우리가 리턴 경에게 대답을 주려고 한 지 벌써 여러 날이 지났으나, 그에 상응하는 문건이 없다. 이것은 정말 답답한 노릇이다. 그런데 오늘 별안간 신문에서 리 대인大人에게 대답할 수 있는 보배 하나를 발견했다. 그것은 바로 '한커우漢口 경부警部의 3월 1일자 공고문'이다. 여기에서 리 대인의 의심에 반박할 수 있는 '강철 같은 사실'을 찾을 수 있다.

예컨대 이 공고문은(원문은 『선바오』, 3월 1일 한커우 특별 송고에 나옴) 다음과 같이 말하고 있다.

외국 자본 아래에서 노동하는 노동자들에게 만약 노사 간에 해결할 수 없는 정당한 문제가 발생하면, 우리 주관기관이 교섭하고 해결하도록 요청해야지 절대로 직접 교섭해서는 안 된다. 위반자는 처벌한다. 혹 다른 사람에게 이용당하여 고의로 직접 교섭하는 방법으로 엄중한 사태를 만드는 자는 사형에 처한다.

이것은 외국 자본가는 "노사 간에 해결하지 못하는 정당한 문제가 발생하"면 직접 임의로 처리할 수 있으나, 노동자 측에서 이처럼 처리하는 자는…… 사형에 처하게 된다는 것이다. 이렇게 하면 우리 중국은 다만 '국가의식으로 통일된' 노동자만 남게 된다. 왜냐하면 무릇 이 '의식'을 위반하는 사람은 모두 중국이라는 '국가'를 떠나도록, 저세상으로 가도록 요구받기 때문이다. 리 대인은 설마 아직도 중국 당국이 '국가의식으로 통일된 힘'이 아니라고 말할 수 있겠는가?

두번째는 이 '통일된 힘'을 통일하는 주체는 물론 모스크바가 아니라 제네바라는 것이다. "중국은 현재 제네바에 경도되어 있다"라는 말은 리턴 경 본인의 말이다. 우리의 이런 경향성은 십이만분 확실하다. 예를 들면 이상의 공고문에서도 "만일 악한이나 건달이 꾐에 빠져 결탁하여 직접 부추김을 당하거나 명의를 빌려 질서와 안녕의 파괴를 도모하고 기타 우리 국가와 사회에 불리한 중대한 범법행위를 저지르면 가차 없이 죽인다"라고 말했다. 이것은 '제네바 경향'을 보장하는 확고한 수단으로 이른바 "유혈이라도 불사한다"라는 것이다. 게다가 '제네바'는 세계평화를 이야기하는 곳이다. 따라서 중국은 최근 2년 동안 저항을 하지 않았다. 왜냐하면 저항은 평화를 파괴하려 하기 때문이다. 1·28사변 발발 당시에도 중국은 폭탄과 총포를 제지하는 포즈를 취했을 따름이었다. 최근의 러허사변에서도 중국 측은 마찬가지로 '전선 축소'[5]에 온 힘을 다했다. 이뿐이 아니다. 중국 측은 비적 토벌에 몰두하고 있다. 일찌감치 한두 달 공산 비적을 숙청하기 위하여 '잠시' 러허는 관여하지 않겠다고 선언했던 것이다. 이 모든 것은 "일본이……중국 남방에 공산 조류가 점차 일어나는 것을 보고 우려하"[6]는 것이 불필요하고, 일본이 친히 출정하지 않아도 괜찮다는 것을 입증한다. 중국 측이 이처럼 고생스레 인내하며 일하고 있는 것은 바로 일본을 감동시키고 깨닫게 하여 원동의 영원한 평화를 이루려는 목적에 도달하기 위해서이다. 따라서 국제 자본은 이 일을 분담하여 협조해도 좋다. 그런데 리턴 경이 아직도 중국은 "자신의 경향을 바꿀"지도 모른다고 의심하는 것은 너무 억울한 노릇이다.

요컨대, "사형에 처하고, 가차 없이 죽인다"라는 것은 리턴 경의 의심에 회답하는 역사적 문건이다. 청컨대 마음 푹 놓으시고, 도움이나 주십시오.

3월 7일

주)_____
1) 원제는 「伸寃」, 1933년 3월 9일 『선바오』의 『자유담』에 발표했다. 필명은 간.
2) 리턴(Victor Alexander George Robert Bulwer-Lytton, 1876~1947)은 영국 정치가이다. 1932년 3월 국제연맹은 그를 대표로 하는 조사단을 파견했다. 이들은 중국의 동북 지방에 가서 만주사변을 조사하고, 같은 해 10월 2일 「국제연맹조사단 보고서」(일명 「리턴 보고서」)를 발표했다. 보고서는 '동삼성(東三省; 펑톈성, 지린성, 헤이룽장

성)이 중국의 일부이며' 일본이 만주사변을 일으킨 것은 결코 '합법적 자위 수단'이 아님을 확인했다. 그런데 중국의 동북지방에 일본의 '무시 못할 권리'와 '이익'이 있으며, 일본이 동북을 점령한 까닭은 중국 사회 내부의 '파행'과 중국 인민의 '외국 배척'으로 말미암아 일본이 '손해'를 입고 있었고, 소련의 '확장'과 '중국공산당의 발전'에 대한 일본의 '우려' 때문이라고 말하기도 했다. 보고서는 동삼성에 '만주자치정부'가 성립되었으며, 일본을 위주로 하고 영미 등 다수국이 참가하는 '고문회의'를 통하여 공동관리하자고 제안함으로써 중국을 분할하려는 목적을 드러냈다. 당시 국민당 정부는 이 보고서가 "분명하고 합당하다"라고 말하며 보고서의 원칙에 대한 수용 의사를 표시했다.
3) '중앙사'(中央社)는 '국민당중앙통신사'의 약칭. 1924년 4월 1일 광저우에서 만들었고 1927년 난징으로 옮겨 갔다.
4) 스위스 서부, 국제연맹 총부의 소재지. 여기서는 영국, 프랑스 등을 가리킨다.
5) 국민당이 작전 부대의 패주를 은폐하기 위해 사용한 말이다. 예컨대 『선바오』 1933년 3월 3일에 실린 기사 제목은 "적군이 러허성(熱河省)의 경계 속으로 깊이 들어와 츠펑(赤峰) 방면의 소식을 알 수가 없고, 링위안(凌原)의 우리 군대는 방어선을 축소했다"로 되어 있다.
6) 리턴이 파리에서 행한 연설에서 한 말이다.

곡의 해방[1]

'사詞의 해방'[2]에 대해서는 벌써 특집호가 나왔기 때문에 사詞에서는 어미를 걸고 욕할 수도 있고 '마작을 칠' 수도 있다.

곡曲은 왜 썩을 놈, 썩을 놈 하도록 해방시킬 수 없는가? 그런데 '곡'曲이 해방되면 자연스레 '직'直이 된다. 무대 뒤의 연극을 무대 앞으로 옮기면 시인의 온유돈후[3]의 뜻이 상실되지 않을 수 없다. 평측平仄이 조화를 잃고 성률이 괴팍해지는 것은 그다음 문제이다.

『평진회』(平津會) 잡극

성生 등장: 좋은 연극이 연속 상연되는 것은 일반적이지 않아. 외국을 물리쳐야 할 시기에 내부 안녕에 바빠서 말이야. 열탕熱湯[4]이 빨리 끓어올라 징과 북을 치기도 전에 막을 내리는 것이 한스러울 뿐이고. (노래):
[단주천정사][5] 열탕 썩을 놈——도망!

저항 포즈 —— 문제 돼?

단^旦 등장, 노래 : 중앙의 모범을 배우자

　　　—— 행장을 꾸려 서쪽을 바라보며

　　　셴양咸陽으로 달아날 의론을 하네.

성 : 당신, 당신, 당신 …… 소리 낮춰요! 우리 그 탕湯 보시게나, 그들 거기에 끼어들 마음이 없고, 우리 여기서도 변명하기 어렵소. 좋은 연극을 올려도 이처럼 엉망진창이 되어 버리고, 너무 골치가 아프오!

단 : 그게 왜요? 다시 '조사 처벌'⁶⁾ 하면 되잖아요. 우리처럼 남자 한 명 여자 한 명, 주연 한 명 조연 한 명이면 충분히 노래할 수 있어요.

성 : 옳거니! (노래) :

[전도양춘곡]⁷⁾ 공공연히 지적당한 가증스러운 장張⁸⁾

　　　한바탕 욕지거리, 무저항!

단 몰래 노래 : 정신없이 바쁜 중에 무슨 바보 같은 시시비비?

　　　그저 거짓 포즈일 뿐이지

　　　그러니 욕 좀 하면 또 뭐 어때?

처우^丑 보통이 들고 급히 등장 : 아이고, 빨리 빨리, 큰일 났습니다요!

단 처우를 안는 동작 : 이놈아, 왜 이리 수선을 떨어! 너는 앞에서 더 저지해야지, 이렇게 몇 번 더 저지해야지. 우리가 잘 수습할 수 있도록. (노래) :

[전도양춘곡] 가만히 따져 보니 불쌍한 탕

　　　한바탕 욕지거리, 공연한 저항

　　　무대 위에서 심히 황망한 꼬락서니를 보이다니?

그저 행장을 꾸리는 것에 불과한데,

그러니 기다리면 또 뭐 어때?

처우 우는 동작 : 당신들이 행장을 꾸리려 하시다니요! 제 행장도 미리 다 꾸리지 못했어요. 보시라고요. (보퉁이를 가리키는 동작)

단 : 이놈아 어서 어서 부상[9]으로 가자꾸나.

성 : 천둥같이 무섭게 바람처럼 빠르게 서둘러 조사하자.

처우 : 이런 희생은 값어치가 있어. 당당한 대장부에게 영광이 있을지니.

(모두 퇴장)

3월 9일

주)
1) 원제는「曲的解放」, 1933년 3월 12일『선바오』의『자유담』에 실렸다. 필명은 허자간.
2) 1933년 쩡진커(曾今可)는 그가 주편한『신시대』(新時代) 월간에서 이른바 "사(詞)를 해방하자"고 주장했다.『신시대』제4권 제1기(1933년 2월)는 '사 해방운동 특집호'인데, 그가 지은「화당춘」(畵堂春)이 실렸으며 내용은 다음과 같다. "일 년이 시작되니 연초가 길어, 객이 와서 나의 쓸쓸함을 위로해 준다. 어쩌다 심심풀이 하는 건 문제 될 것 없으니 마작이나 한번 놀아 보자꾸나."
3) 『예기』의「경해」(經解)에 "공자께서 가로되 '……온유돈후(溫柔敦厚)는 시의 가르침이다'라고 했다"는 말이 나온다.
4) '열탕'(熱湯)은 쌍관어(雙關語)로서 당시 러허성의 주석 탕위린(湯玉麟)을 가리킨다. 탕위린(1871~1937)은 랴오닝(遼寧) 푸신(阜新) 사람이다. 토비 출신으로 장쉰(張勳)

의 복벽에 참가했다. 1928년 러허성 정부 주석 겸 36사단 사단장을 역임했다. 1933년 2월 21일 일본군이 러허를 침략하자 서둘러 도망쳤다. 일본군은 3월 4일 겨우 100여 명의 병력으로 당시 성도인 청더(承德)를 점령했다.

5) '단주천정사'(短柱天淨紗)에서 '단주'는 사곡(詞曲) 중 한 곡조로서 한 편 전체를 통틀어 한 구절에 두 운, 혹은 두 글자에 한 운을 사용한다. '천정사'는 '월조'(越調) 중의 곡패명이다.

6) 러허가 함락되자 도망자에 대한 처벌을 위하여 1933년 3월 7일 국민당 정부 행정원은 탕위린을 "조사 처벌하여 면직"하기로 결의하고, 8일에는 다시 탕위린을 "철저하게 조사하고 체포하여 처리하라"라는 명령을 내렸다.

7) 「양춘곡」(陽春曲)은 일명 「희춘래」(喜春來)라고도 한다. '중궁조'(中宮調)의 곡패명이다. 루쉰은 「양춘곡」 앞에 '전도'(顚倒)라는 두 글자를 붙여 익살과 풍자의 의미를 더했다.

8) '장'(張)은 장쉐량(張學良)을 가리킨다. 러허 함락 후 장제스는 함락의 책임을 장쉐량에게 지웠다. 「유명무실에 대한 반박」 참고.

9) '부상'(扶桑)은 중국 고대 전설 속의 신성한 나무의 이름이다. 태양이 뜨는 곳을 의미하다가 나중에는 동방 대해의 먼 나라 이름으로 사용되기도 했다. 『남사』(南史)의 「동이전」(東夷傳)에 "부상은 대한국(大漢國) 동쪽 2만 리쯤에 있다"라고 되어 있다. 당대부터 '부상'은 일본을 가리키기 시작했다.

문학의 에누리[1]

일부 사람들을 모함하는 소설을 게재하는 것을 자랑 삼는 무료한 타블로이드가 있다. 당사자의 이름도 넌지시 알려 주며, 별안간 투고에 대하여 "개인이나 단체를 비방하는 성격이 포함된 글은 게재하지 않음을 양해해 주시기 바랍니다"[2]라고 말했다. 이 때문에 몇 가지 일들이 나도 모르게 떠올랐다.

대개 내가 만나 본 중국 문학을 연구하는 외국인들 중에 종종 중국 문장의 과장에 대하여 불만을 가진 이들이 있었다. 이들은 그야말로 중국 문학을 연구한다고 하지만 죽을 때까지 중국 문학을 이해하지 못하는 외국인인 것이다. 우리 중국인이라면, 몇백 편의 문장을 읽고 십여 명의 이른바 '문학가'의 행적을 살펴보기만 하면, 또는 막 '민간에서 나온' 우직한 청년이 아니라면, 결코 속임수에 걸려들지 않는다. 우리는 익숙해졌기 때문인데, 흡사 전당포의 점원이 수표를 보고 어느 것은 통용되고 어느 것은 에누리해야 하고 어느 것은 절대로 받아서는 안 되는 부도수표인지 아는 것과 같다.

예를 들어 보자. 귀상貴相을 칭찬할 때는 "두 귀가 어깨까지 내려온다"[3]라고 한다. 이 경우 우리는 적어도 반값으로 에누리해서 보통보다 좀 클 거라고 생각하지, 결코 그의 귀가 돼지만 할 거라고 믿지 않는다. 근심을 말할 때는 "백발이 삼천 장丈이다"[4]라고 한다. 이 경우 우리는 적어도 2만분의 1로 에누리하여 일고여덟 자쯤 될 거라고 생각하지, 결코 정수리를 대초원처럼 휘감고 있을 거라고는 믿지 않는다. 이런 수치는 조금 애매하기는 하지만 여하튼 차이가 아주 큰 정도는 아니다. 뒤집어 말하면, 우리는 적은 것을 많게도 할 수 있고 없는 것을 있게도 할 수 있다. 예컨대, 칼을 든 바싹 마른 광대 네 명이 무대에 등장하면 우리는 이들을 10만의 정예군으로 이해한다. 위엄 있는, 정말 그럴듯한 문장이 간행물에 실리면 우리는 그 이면과 행간에 보이지 않는 귀신놀음이 있는 것으로 이해한다.

다시 뒤집어 말하면, 뿐만 아니라 우리는 있는 것을 없게 할 수 있다. 예컨대, '침과대단'이라든가, '와신상담'이라든가, '진충보국'이라든가 하는 말[5]에서 우리는 금방 백지를 보아 낼 수 있다. 마치 정착되기도 전에 햇빛에 노출된 사진처럼 말이다.

그런데 우리는 가끔 아직도 이런 문장을 본다. 소동파가 황저우黃州로 좌천되고 무료함이 극치에 달하자 방문한 객에게 귀신 이야기를 해보라고 했다. 객이 없다고 하자, 동파가 말했다. "자네가 우선 아무렇게나 하나 지어 보시게나."[6] 우리가 보는 문장도 이런 생각에서 벗어나지 않는다. 그런데도 사회에 이런 게 나온 것을 알게 되면 좀 무료해진 눈을 소모하기도 한다. 사람들은 종종 마작이나 춤이 유해하다고 생각하지만 실은 이런 문장의 해독이 훨씬 더 심하다. 자칫하면 후천적인 저능아로 만들어 버릴 수 있기 때문이다.

『시경』의 「송」[7]은 알랑방귀였고 『춘추』[8]는 속임수였고, 전국시대에는 유세가들이 벌떼처럼 일어나 과격한 언어로 긴장시키거나 미사여구로 감동시켰다. 이리하여 과장, 허세, 거짓말은 한도 없이 지속되었다. 요즘 문인들은 양복으로 갈아입었지만, 그들의 골수에는 여전히 조상들이 깊이 자리하고 있다. 따라서 모름지기 취소하거나 에누리해야지만 비로소 몇 푼의 진실이라도 드러나게 된다.

'문학가'들이 과장, 허세, 거짓말 따위의 자신들의 고질병을 이미 고쳤다는 것을 구체적인 사실로 증명하지 않는다면, 설령 하늘에 맹세하며 앞으로 충분히 엄숙해질 것이오, 안 그러면 하늘과 땅이 벌할 것이오, 라고 말한다 해도 헛수고하는 것일 뿐이다. 왜냐하면 우리는 오래전부터 "왕마쯔[9] 도용은 멸문삼대"라는 금칠 간판을 써 붙여 놓은 수많은 가게에 익숙해졌기 때문이다. 하물며 그들의 작은 꼬리가 여전히 살랑살랑거리고 있음에랴!

3월 12일

주)_____

1) 원제는 「文學上的折扣」, 1933년 3월 15일 『선바오』의 『자유담』에 발표했다. 필명은 허자간.

2) 1933년 3월 『다완바오』 부간 『고추와 감람』(辣椒與橄欖)의 원고 모집 광고에 나오는 말이다. 『다완바오』에 연재한 장뤄구(張若谷)의 『파한미』(婆漢迷)는 문화계 인사를 악의로 날조한 장편소설인데, '뤄우신'(羅無心)은 루쉰을, '궈더푸'(郭得富)는 위다푸(郁達夫)를 빗댄 인물이다.

3) 원문은 '兩耳垂肩'. 전통시대 야사, 소설 등에서 비범한 인물의 모습을 형용할 때 쓰던 말이다. 『삼국연의』(三國演義) 제1회에는 "(유비는) 키가 팔 척이고 두 귀가 어깨에 닿고 두 손은 무릎을 넘는다"라는 말이 나온다.

4) 원문은 '白髮三千丈'. 당대 이백(李白)은 「추포가」(秋浦歌) 제15수에서 "백발이 삼천 장이나 되고, 인연의 근심은 몸만큼 자란 듯"이라는 말이 나온다.

5) '침과대단'(枕戈待旦)은 진(晉)나라 유곤(劉琨)의 이야기이다. 『진서』(晉書)의 「유곤전」(劉琨傳)에 "(곤은) 친구들에게 글을 써서 '나는 창을 베고 아침을 기다린다네. 용감함에 뜻을 두고 포로로 잡히지 않고자 함인데, 조상들이 나에게 채찍을 내릴까 늘 두렵다네'라고 했다"는 대목이 있다.

'와신상담'(臥薪嘗膽)에서 '상담'은 춘추시대 월왕 구천(勾踐)의 이야기이다. 『사기』의 「월왕구천세가」(越王勾踐世家)에 "(구천은) 노심초사하여 앉는 곳에 쓸개를 두고 앉거나 누울 때 쓸개를 보았으며 먹고 마실 때도 쓸개를 맛보았다"라는 말이 나온다. '와신'은 송대 소식(蘇軾)의 「손권이 조조에게 답한 글을 모방하며」(擬孫權答曹操書)에 "저는 과업을 받은 이래로 와신상담하고 있습니다"라는 말이 나오는데, 후에 월왕 구천을 이야기를 할 때 관용적으로 '와신상담'이라는 말을 사용하게 되었다.

마지막으로 '진충보국'(盡忠報國)은 송대 악비(岳飛)의 이야기이다. 『송사』의 「악비전」(岳飛傳)에 "비에 옷이 찢어져서 등이 보이니 '진충보국'이라는 네 글자가 피부 깊숙이 새겨져 있었다"라는 말이 나온다. 당시 국민당 군정의 '요인'들은 담화, 통전에서 이런 말을 자주 인용했다.

6) 소동파(蘇東坡)가 객에게 귀신 이야기를 해달라고 했다는 이야기는 송대 엽몽득(葉夢得)의 『석림피서록화』(石林避暑錄話) 권1에 나온다. "자첨(子瞻; 소동파)이 황저우와 링뱌오(嶺表)에 있을 때 매일 아침에 일어나면 객을 불러 이야기를 나누지 않고 반드시 나가서 객을 방문했다. 더불어 노는 사람을 가리지 않았고 그 사람의 신분 고하에 맞추어 이야기하고 놀아 경계를 나누지 않았다. 말재주가 없는 사람이 있으면 억지로 귀신 이야기를 하도록 하고, 없다고 사양하면 곧 '우선 아무렇게나 이야기하시오'라고 말하여 듣는 사람들 가운데 포복절도하지 않는 사람이 없었고 모두 아주 기

뻐하며 돌아갔다."
7) 「송」(頌)은 『시경』의 「주송」(周頌), 「노송」(魯頌), 「상송」(商頌)을 가리킨다. 대부분 통치자가 조상에게 제사 지내거나 신에게 보답하는 내용이다.
8) 『춘추』(春秋)는 공자가 노나라 사관의 기록에 근거하여 편찬했다고 전해지는 노나라 역사서이다. 『춘추곡량전』(春秋穀梁傳)의 '성공(成公) 9년'에 따르면, 공자가 『춘추』를 편집할 때 "존귀한 사람들을 위해서 그들의 수치를 꺼렸고, 현자를 위해서 그들의 과실을 꺼렸고, 친족을 위해서 그들의 병폐를 기록하기를 꺼려했다"고 한다.
9) '왕마쯔'(王麻子)는 오랜 역사를 가진 베이징의 대장간 이름이다. 과거에 '왕마쯔'를 도용한 가게가 많았고, 심지어는 이름을 도용한 사람이 간판에 '왕마쯔 도용은 멸문 삼대'라는 글자를 명시하기도 했다.

마주보기경[1]

중국의 현대 성경 — 마주보기경에서 가로되, "우리는 …… 마주보고 따라잡아야지 뒤를 향해 따라가지 말라."[2]

전[3]에서 가로되, 뒤쫓기라는 것은 여하튼 뒤를 향해 따라가는 것이지, 일반적으로 이른바 마주보고 뒤쫓는 것은 없다. 그러나 성경은 결코 틀릴 리가 없고 더구나 말이 안 될 리도 없고 하물며 올해는 모든 것이 수상함에 있어서랴. 따라서 따라잡기에 굳이 마주보기를 말하고, 뒤를 향해 따라가는 것은 안 된다고 말하는 것이다.

현재 통용되는 화법은 "일본군이 도착한 곳에 저항이 따른다"는 것이다. 그렇다면, 실지失地의 회복 여부는 당연히 "군사 전문가가 아니므로 상세한 계획은 알 수 없다".[4] 옳은 말이다. "일본군이 도착한 곳에 저항이 따른다"라는 말은 마주보고 따라잡는 것이 아니고 무엇이겠는가! 일본군이 도착하기만 하면 마주보고 "따라잡는다". 일본군이 선양沈陽에 도착하면 마주보고 베이핑을 따라잡고, 일본군이 자

베이閘北에 도착하면 마주보고 전루眞茹를 따라잡는다. 일본군이 산하이관에 도착하면 마주보고 탕구塘沽를 따라잡고, 일본군이 청더承德에 도착하면 마주보고 구베이커우古北口를 따라잡고…… 예전에는 임시 수도 뤄양洛陽이 있었고 지금은 제2의 수도 시안西安이 생겼고 미래에는 '한족의 발원지' 쿤룬산崑崙山——서방 극락세계가 생길 것이다. 실지의 회복을 운운하는 것에 대해서는 군사 전문가가 아니라도 알 수 있다. 따라서 경에 있으니, 가로되, "뒤를 향해 따라가지 말라"라고 했겠다. 얼마 전 상하이사변이 증거이다. 일본군이 물러나 조계지를 방어하고 있을 때면 "소속부대는 절대로 경계를 한 발자국도 넘어가지 말라고 엄명했다".[5] 이렇게 보면 이른바 '마주보고 따라잡기'와 '뒤를 향해 따라가지 말기'는 모두 경전에 나와 있을뿐더러 실험으로도 입증한 진리이다. 이상 전의 1장.

전에서 또 가로되, 마주보고 따라잡기와 뒤를 향해 따라가지 말기에는 두번째의 미언대의가 숨겨져 있다.

러허 실황보도에 가로되, "의용군[6]은 모두 아주 용감했다. 소란과 일본군에 대한 살육은 흥분하는 일로 간주하고…… 장쉐샹[7]이 의용군을 접수한다는 소식이 발표되었을 뿐, 장쉐샹은 몸소 가서 군인을 위로하지 않았고, 러탕도 의용군에 대한 휘발유 공급을 멈추고 수송을 멈추었다. 의용군의 대부분은 실망했고 심지어는 장쉐샹을 위해 세운 공적은 가치가 없다고 생각하는 사람도 있었다." "일본군이 링위안凌源에 도착할 당시 장쉐샹은 이미 거기에 없었다. 우리는 소식을 듣고 나가 러탕에서 수하물 수송을 막고 있는 것을 실제로 목격했는데, 일본군이 비행기를 보내 청더를 폭격하지 않았음을 입증하고……타협을 위해 청더를 포기했음을 잘 알 수 있다."(상하이 동북난민구제회에서 장후이충[8] 군이 한 말) 장후이충 군의 "명성이 가장 높았던 의용군 영수의 충성스러운 용맹 정신은 우리의 생각으로는 헤아릴 수 없는 것이었다"라는 말에 근거하더라도 의용군 병사는 분명 극히 용감한 어린 백성들이다. 어린 백성들은 성경을 몰랐으므로 마주보기식의 전략도 몰랐다. 따라서 어린 백성들은 자연히 마주보기의 저항에 부딪혀야 했던 것이다. 러탕이 청더를 포기하자 베이핑 군위원회 분회는 "구베이커우를 사수하고, 의용군 중에 구베이커우 안으로 들어오려는 자가 있으면 총을 쏘아 마주보고 격퇴하라"고 명령했다. 다시 말하면, 나의 '저항'은 일본군이 도착한 곳을 따를 뿐이다. 만약 당신이 태도를 바꾸어 저항하고자 한다면 나는 당신에게 저항한다. 더구나 나의 후퇴는 미리 약속된 것임에도, 당신이 타협하지 않으려 한다면, 그렇다면 "당신이 뒤를 향해 따라가지 못하게 하"고 당신으로 하여금 량산樑山을 '마주보고 따라잡'게 하는 것이 있을 뿐이다. 이상 전의 2장.

시에서 가로되, '안절부절'못하는 대군大軍은 마주보고 달아나고, '쩔쩔'매는 서민은 뒤를 향해 따라가서는 안 된다! 이것은 부[9]이다.

3월 14일

이 글은 검열관의 지적으로 수정하고서야 비로소 19일 신문에 실릴 수 있었다.

원래 글은 다음과 같았다.

세번째 단락 '현재 통용되는 화법은'에서 '당연히'까지는 원래 "민국 22년 봄 ×3월 모일,[10] 당국의 담화에서 가로되, '일본군이 도착한 곳에 저항이 따른다. …… 실지의 회복과 청더를 반격하는 것은 모름지기 군사의 진전이 어떤가를 보고 결정해야 한다. 나는'"이었다. 또한 '알 수 없다' 옆에 '(『선바오』 3월 12일 제3면)'이라고 주석을 달았다.

다섯번째 단락 '러히 일황보노……' 앞에 '민국 22년 봄 ×3월'이라는 글자가 있었다.

3월 19일 밤에 쓰다

주)_____

1) 원제는 「迎頭經」, 1933년 3월 19일 『선바오』의 『자유담』에 발표했다. 필명은 허자간.
2) 쑨중산(孫中山)의 『삼민주의』를 가리킨다. "마주보고 따라잡는다" 등의 말은 「민족주의」 제6강에 나오는데, 내용은 다음과 같다. "우리는 외국을 배워야 한다. 마주보고 따라잡아야 하며 뒤를 향해 그것을 따라가서는 안 된다. 예컨대 과학을 배우고자 한다면 마주보고 따라잡아야만 200여 년의 시간을 줄일 수 있다."
3) '전'(傳)은 경전을 해석한 글. 여기서는 "중국의 현대 성경" 해설문이라는 뜻이다.
4) 1933년 3월 12일 『선바오』에 기자의 질문에 대한 국민당 대리행정원장 쑹쯔원(宋子文)의 대답이 실렸다. "나는 무슨 일이 있더라도 끝까지 저항한다. 일본군이 도착하면

거기에 따라 저항한다." "실지의 회복과 청더를 역공하는 것은 모름지기 군사의 진전에 따라 결정되어야 한다. 나는 군사 전문가가 아니므로 상세한 계획은 알 수 없다."

5) 1·28 상하이사변 이후 국민당 정부는 일본군에게 강화를 요구하며 중국 영토를 침입한 일본군이 잠시 상하이 공공조계로 철수하는 데 동의하며 중국 군대가 경계를 넘어 전진해서는 안 된다고 "엄히 칙령을 내렸다".

6) 만주사변 후에 둥베이 삼성, 러허 일대에서 활동한 항일의용군을 가리킨다.

7) 장쭤샹(張作相, 1887~1949). 랴오닝 이현(義縣) 사람. 만주사변 당시 지린성(吉林省) 정부주석, 동북변방군 부사령장관이었다.

8) 장후이충(張慧沖, 1898~1962). 광둥 중산(中山) 사람. 영화배우이자 영화촬영인으로서 1933년 초 러허전선에서 의용군 항일 다큐「러허 혈루사」(熱河血淚史)를 찍었다. 여기에 인용된 것은 그가 러허에서 상하이로 돌아와 3월 11일에 발표한 담화의 내용으로, 3월 12일 『선바오』에 실렸다.

9) '부'(賦)는 『시경』에 쓰인 표현수법 중 하나이다. 당대 공영달(孔穎達)의 『모시주소』(毛詩注疏)에 따르면 "사건을 직설적으로 진술한다"는 뜻이다.

10) 여기에 쓴 '×'는 『춘추』의 첫째 구절 "원년, 봄, 왕정월(王正月)"이라는 상투적 표현법을 모방한 것이다. 『춘추공양전』(春秋公羊傳)에 "'왕정월'이란 무엇을 말하는 것인가? 대통일이다"라는 해석이 나오는데, 여기에 '×3월'이라고 쓴 것은 국민당 독재를 풍자하는 의미를 띠고 있다.

'광명이 도래하면……'[1]

중국의 감옥에서 고문이 자행된다는 것은 공공연한 비밀이다. 지난달 민권보장동맹[2]이 일찍이 이 문제를 제기했다.

그런데 외국인이 만드는 『쯔린시바오』 2월 15일자 '베이징통신'에 후스 박사가 친히 감옥 몇 곳을 돌아보고 '아주 친절하게' 기자에게 알려 주었다고 하며 다음과 같이 상술하고 있다.

> 그의 신중한 조사에 근거하면, 그야말로 아주 소소한 증거도 찾을 수 없었다……그들은 죄수와 아주 쉽게 대화를 할 수 있었는데, 한번은 후스 박사가 영국 말로 그들과 대화를 나눌 수도 있었다고 한다. 감옥의 상황에 대하여 그(후스 박사—간幹 주)는 만족할 수는 없지만, 하지만 그들은 아주 자유롭게(아, 아주 자유롭게—간 주) 열악하고 모욕적인 대우를 호소했으나 혹독한 형벌과 고문에 관하여 일말의 암시조차도 하지 않았다고 말했다……

나는 비록 이번 '신중한 조사'를 수행할 영광을 얻지 못했지만 10년 전에 베이징의 모범감옥을 참관한 적이 있다. 모범감옥이라고는 하나 죄수를 방문하고 대화하는 것은 아주 '자유'롭지 못했다. 유리로 나누어져 있어 피차간에 약 석 자 정도 거리가 있었고 옆에는 간수가 서 있었고 시간 제한도 있었고 대화에는 은밀한 신호도 사용할 수 없었으니 외국어는 말할 것도 없었다.

그런데 이번에 후스 박사는 "영국 말로 그들과 대화를 나눌 수 있었다"라고 하니 정말 예외적인 경우라 하겠다. 설마 중국의 감옥이 뜻밖에도 벌써 이 정도로 개량되었고, 이 정도로 '자유'로워졌다는 말인가? 아니면 간수가 '영국 말' 때문에 놀라 자빠져서 후스 박사가 리턴경과 동향이라고 생각하는, 유서 깊은 까닭 때문인가?

운 좋게도 나는 이번에 『초상국 3대 안건』[3]에 실린 후스 박사의 서문을 보았다.

> 공개적인 고발은 어두운 정치를 타도하는 유일한 무기이다. 광명이 도래하면 어둠은 저절로 사라진다.(원래 신식 표점이 없지만, 내가 외람되이 첨가했다—간 주)

이리하여 나는 철저히 깨달았다. 감옥에서 외국 말로 죄수와 대화해서는 안 되지만, 후스 박사가 도착하자마자 특별한 사례를 만들었던 것이다. '공개적인 고발'을 할 수 있고 외국인과 '아주 친절하게' 대화를 나눌 수 있었던 까닭은 그가 바로 '광명'이기 때문이다. 따라서

'광명'이 도래했으므로 '어둠'이 '저절로 사라'졌던 것이다. 이리하여 그는 외국인을 향하여 민권보장동맹을 '공개적으로 고발'했고 '어둠'은 우리 편에 있게 되었다.

그러나 이 '광명' 어르신이 댁으로 귀가한 뒤에도 이때부터 감옥에서 다른 사람들도 '영국 말'로 죄수와 대화를 나누는 게 영원히 허락될는지는 알 수가 없다.

허락되지 않는다면, 그것은 바로 '광명이 지나가면 어둠이 다시 온다'는 것일진저.

그런데 '광명' 어르신은 대학과 경자년 배상금위원회[4]의 사무로 바빠서 '어둠' 속으로 자주 들러가지 못할 것이다. 제2차 감옥에 대한 '신중한 조사'가 이루어지기 전에는 죄수들은 어쩌면 '아주 자유롭게' 다시 '영국 말'을 하는 행복을 누릴 수 없으리라. 오호라. 광명이 '광명'만을 쫓아 가 버리니 감옥 속의 광명세계는 정녕 순식간이었도다!

하지만 누구도 원망할 수 없다. 그들 스스로가 '법'을 어기는 일은 천부당만부당하기 때문이다. '좋은 사람'[5]은 단연코 '법'을 어기지 않는다. 믿지 못한다면 이 '광명'을 보시게나!

3월 15일

주)_____

1) 원제는 「"光明所到……"」, 1933년 3월 22일 『선바오』의 『자유담』에 발표했다. 필명은 허자간.

2) '민권보장동맹'(民權保障同盟)의 원래 이름은 '중국민권보장동맹'이다. 1932년 12월 쑹칭링(宋慶齡), 차이위안페이(蔡元培), 루쉰, 양취안(楊銓) 등이 발기하고 조직한 진보적 단체이다. 총회(總會)는 상하이에 있었으며 상하이, 베이핑 등에 분회가 만들어졌다. 국민당의 독재정책을 반대하고 정치범을 원조하고 집회, 결사, 언론, 출판 등의 자유를 쟁취하고자 했다. 국민당 감옥의 열악한 상태를 조사·폭로했으며, 이로 말미암아 국민당 당국의 박해를 받았다. 1933년 양취안이 암살되자 활동을 중단했다.

3) 『초상국 3대 안건』(招商局三大案)은 리구판(李孤帆)이 지은 것으로 1933년 2월 상하이 현대서국에서 출판했다. 리구판은 초상국 감독처 비서, 총관리처 외부검사관을 지냈다. 1928년 톈진, 한커우 초상국 분국의 부패 안건 조사에 참가했으며, 1930년 초상국 부설의 지위공사(積餘公司) 독립안 조사에 참가했다. 후에 이 세 가지 안건의 내용을 책으로 묶어 냈다. 초상국은 윤선초상국(輪船招商局)을 가리키는데, 과거 중국에서 가장 큰 해운기업이었다. 청 동치(同治) 11년(1872) 11월 이홍장(李鴻章)이 만들었으며 정부감독하의 민영기업이었으나, 1932년 이후에 국민당 관료자본의 산업으로 바뀌었다.

4) 1900년(경자년庚子年) 8국 연합군은 중국을 침략하여 청 정부를 압박하고 이듬해 '신축조약'(辛丑條約)을 체결했다. 각국에게 '배상금'으로 세관표준 은(銀) 4억 5천만 냥(兩)을 39년에 걸쳐 나누어 갚고, 연이율 4리(원금, 이자 총액 9억 8천만 냥)로 할 것을 규정하고 있는데, 이를 '경자년 배상금'(庚子賠款)이라 통칭한다. 후에 미, 영, 독, 일본 등은 잇달아 배상금의 일부를 '반환'하여 중국의 교육사업 등에 집행하도록 '경제적 원조'를 하였는데, 이 항목의 자금을 관리하는 기구가 만들어졌다. 후스는 중·영 경자년 배상금 고문위원회의 중국 측 위원, 미국의 경자년 배상금을 관리하는 중화교육문화기금이사회 이사 및 비서를 맡아 실권을 장악하고 있었다.

5) 1922년 5월 후스는 그가 주관하는 『노력주보』(努力週報) 제2기에서 '좋은 정부'(好政府)를 주장했다. '좋은 사람'(好人), '사회적으로 우수한 인재'가 '정치 활동에 참가'하여 '좋은 정부'를 만들면 중국은 구원될 수 있다고 했다. 1930년 전후 후스, 뤄룽지(羅隆基), 량스추 등은 『신월』 월간에서 이러한 주장을 거듭 내세웠다.

울음막이 문학[1]

3년 전 '민족주의 문학'가늘이 큰 징과 큰북을 울리던 시절, 칭기즈칸 황제의 손자 바투 원수[2]의 뒤를 좇아 '아라사'를 섬멸하는 것이 최고의 소원이라고 밝힌 「황인종의 피」[3]라는 작품이 있었다. 아라사는 지금의 소비에트 러시아이다. 당시 바투의 대군은 지금 일본의 군마이고 '서방 정복'에 앞서 모름지기 우선 중국을 정복하여 종군노예로 만들어야 한다는 말이라고 지적한 사람이 있었다.

자기 편이 정복되면 극소수를 제외하고는 아주 고통스럽다. 실례로는 동삼성東三省의 함락, 상하이의 폭격[4]이 있는데, 무릇 살아남은 사람들 중에 터럭만치도 비분에 떨지 않은 이는 아마도 아주 드물고 아주 드물 것이다. 그런데 이런 비분은 다가올 '서양 정복'에 커다란 장애물이다. 그리하여 『대大상하이의 훼멸』이 나왔다. 수치를 들어 가며 중국의 무력은 확실히 일본만 못하다는 것을 알려 주며 사람들을 안심시킨다. 게다가 삶은 죽음만 못하고("19로군의 죽음은 우리가 불쌍하고 재미없는 삶을 살고 있음을 경고한다!"), 승리는 패주만 못하다 ("19로군의 승리는 구차함과 거짓안녕과 교만이라는 우리의 미몽을 증가시켜 줄 따름이다!")고 생각한다. 요컨대, 전사戰死도 좋지만 전패戰敗가 더 낫고, 상하이전투야말로 중국의 완전한 성공이라는 것이다.

이제 두번째 걸음을 내딛기 시작했다. 중앙사의 뉴스에 따르면, 일본은 이미 만주국과 '중화연방제국 밀약' 음모에 서명했다. 그 방안의 제1조는 이러하다.

> "현재 세계는 두 종류의 국가가 있을 뿐이다. 하나는 영·미·일·이탈리아·프랑스의 자본주의이고, 다른 하나는 소비에트 러시아의 공산주의이다. 지금 소비에트 러시아를 저지하기 위해서 중·일이 연합하지 않으면 …… 성공할 수 없다"라고 운운.(자세한 것은 3월 19일 『선바오』 참고)

'연합하'기 시작했다. 이번에는 중·일 양국의 완전한 성공이며, '대상하이의 훼멸'에서 '황인종의 피'의 길로 내딛는 두번째 걸음이다.

물론 어떤 곳은 한창 폭격 중이지만, 상하이가 폭격을 당한 지는 벌써 일 년 남짓 지났다. 그런데도 일부 인민들은 '서방 정복'의 필연적 행보를 깨닫지 못하고 아직도 재작년의 비분을 말끔히 잊어버리지 못한 듯하다. 비분은 목전의 '연합'에 커다란 장애물이다. 이러한 형편에 시의적절한 것은 '고추와 감람' 문학처럼 사람들에게 상쾌함과 위안을 주는 것이다. 이것도 어쩌면 바로 고심 어린 처방약일 것이다. 왜냐? "고추는 맵지만 죽을 정도로 맵지는 않고 감람은 쓰지만 씁쓸함 속에 맛이 있"[5]기 때문이다. 이를 이해하면 쿨리[6]들이 왜 아편을 피우는지 알게 된다.

더구나 소리 없는 고민에만 해당하는 것일 따름이 아니다. 듣자 하니 고추는 '지겨운 울음소리'도 멈출 수 있다고 한다. 왕츠王慈 선생은 「고추구국 제창」이라는 명문에서 우리에게 다음과 같은 점을 알려 준다.

> ······또 북방 사람들은 어릴 적부터 어머니의 품에서 시끄럽게 울어 대면, 어머니는 매운 가지 하나를 아이에게 물렸다. 그러면 정말 영험하게도 시끄러운 울음을 멈출 수 있었다······.
> 지금의 중국은 시끄럽게 울어 대는 북방의 젖먹이와 흡사하다. 지겨운 울음소리를 멈추게 하기 위해서는 매운 가지를 넉넉하게 물리기만 하면 된다.(『다완바오』 부간, 제12호)

고추가 어린아이의 시끄러운 울음을 멈추게 한다는 것은 정녕 전무후무한 신기한 이야기이다. 진짜라면 중국인은 그야말로 남다른 특별한 '민족'인 것이다. 그런데 이 '문학'의 의도는 죽지 않을 만큼 매운 것을 주어 '지겨운 울음소리를 멈추게' 하고, 바투 원수를 조용히 기다리는 데 있다는 것은 분명해 보인다.

그런데 이 방법은 효과가 없고, 우는 즉시 '때려 죽여도 무방하다'의 영험함에는 훨씬 못 미친다. 앞으로는 '노상의 눈짓'[7]을 막으려

할 것이다. 따라서 우리는 눈가리개 문학이나 기다리고 있자꾸나.

3월 20일

[비고]
고추구국 제창[8]

왕츠

북방 친구를 따라서 톈진의 간이식당에 갔던 일을 기억하고 있다. 자리를 잡자 점원이 뛰어와 물었다.

"고향 어르신! 뭐 드시겠습니까?"

"군만두 두 접시!" 북방 친구가 순수한 북방 말투로 말했다.

군만두와 함께 들고 온 것은 고춧가루 한 종지였다.

나는 북방 친구가 군만두에 고춧가루를 듬뿍 찍어서 맛있게 입으로 넣는 것을 보고는 호기심이 발동했다. 실험 삼아 군만두에 살며시 고춧가루를 찍어서 뱃속으로 집어넣었다. 혀끝이 순간 얼얼해지고 감각이 없었다. 목구멍은 참을 수 없을 만큼 간질간질 매웠고 눈가에는 주체할 수 없는 눈물이 솟아올라 왔다. 이때 나는 크나큰 고통을 느꼈다.

북방 친구가 내 몰골을 보더니 크게 웃으면서 북방 사람들이 고추를 즐겨 먹는 것은 천성이고 '밥과 반찬은 없어도 되지만 고추는 반드시 먹어야 한다'는 생각을 가지고 있다고 말했다. 그들은 아편을 피우는 것처럼 고추에 인이 박혔다는 것이다. 뿐만 아니라 북방 사람들은 어릴 적부터 어머니의 품에서 시끄럽게 울어 대면, 어머니는 매운 가지 하나를 아이에게 물렸다. 그러면 정말 영험하게도 시끄러운 울음을 멈출 수 있었다고 했다…….

* * *

지금의 중국은 시끄럽게 울어 대는 북방의 젖먹이와 흡사하다. 그들의 지겨운 울음소리를 멈추게 하기 위해서는 매운 가지를 넉넉하게 물리기만 하면 된다.

중국 사람들은 고추를 먹지 않으면 기분이 좋아지지 않는 나의 북방 친구와 매한가지다.

3월 12일 『다완바오』 부간 『고추와 감람』

[한사코 고추로 울음을 막으려 하다]
함부로 사람을 씹지 말라[9]

왕츠

조심해서 고추를 씹어라
상하이에는 요즘 들어 몽둥이 들고 '아Q 상相'을 한 사람을 빠득빠득 찾아내어 분풀이하려는 자오趙 어르신, 자오 수재秀才 같은 사람들이 많아졌다. 이건 좋다. 그런데 이런 문인들이 색안경을 쓰고 '아Q상'이라 찍은 사람들은 공교롭게도 진짜 아Q가 아니다.

내력이 어떤지 알 수 없는 허자간이라는 사람이 나의 「고추구국 제창」(본 잡지 12호에 나옴)을 보고는 북방 아이들이 고추를 즐겨 먹는다는 것은 '전무후무'한 '신기한 이야기'라고 했다. 만약 나의 북방 친구가 나에게 알려 준 것이 허풍이라면, 그렇다면, 확실히 전무하다고 말할 수 있다. 그런데 허자간은 수천 년 전의 유백온劉伯溫도 아니면서 모 신문에 글을 써서 『추배도』[10]를 만들고 있는 것 같다. 북방 아이들이 고추를 즐겨 먹는 것이 '신기한 이야기'라고 한다면, 그렇다면 아편 피우는 부모가 낳은 젖먹이 중에 왜 또 아편 중독이 있는가?

허자간은 분풀이 대상을 찾지 못하고 헛방을 치고서는 오히려 더 자신만만하게 뭐라고 하느냐면, "진짜라면 중국인은 그야말로 남다른 특별한 '민족'인 것이다"라고 했다.

감히 허자간에게 묻겠다. 색안경을 끼고 「고추구국 제창」을 봉독할 때 '북방'이라는 두 글자를 못 보았습니까? (허자간은 이 두 글자가 있는 구절을 그의 이야기에 기록해 두고 있으므로 분명히 보았을 것이다.) 보았다면, 그렇다면, 삼가 묻건대 슈체친[11]이 모든 게르만을 대표할 수 있습니까? 애버딘[12]은 모든 영국의 군도를 대표할 수 있습니까?

여기에서 나는 진짜 의심이 생겼다. 허자간의 머리가 어찌 이리도 단순할 수 있단 말인가? 이 지경으로까지 앞뒤 모순투성이라니!

자오 어르신과 자오 수재 같은 사람들은 작당하여 사람을 함부로 씹어 대려고 한다. 내가 미리 그들에게 알려 주겠다. 나는 『고추와 감람』의 편집자와 평소에 일면식도 없다. 또한 나는 「황인종의 피」를 쓴 적도 없다. 허자간이 꼭 나를 한입 씹어 먹어야겠다면 또렷하게 보이는 안경을 다시 끼고 목표를 분명히 한 다음에 씹어 먹기를 권한다. 그렇지 않으면 고추를 씹어 먹고 울지도 웃지도 못하더라도 나는 책임지지 않겠다.

3월 28일 『다완바오』 부간 『고추와 감람』

[하지만 아무래도 아니다]
이를 일러 점입가경이라 한다[13]

자간

슈체친은 그야말로 전 게르만을 대표할 수 없고, 북방도 그야말로 전 중국을 대표할 수 없다. 그런데 고추로 북방 아이의 울음을 멈추게 할 수 없다는 것도 사실이므로 그야말로 어쩔 수 없다.

아편 피우는 부모가 낳은 젖먹이 중에 아편 중독이 있다는 것은 분명하다. 하지만 식초를 즐기는 아이 중에 식초 중독이 없는 것과 마찬가지로 고추를 즐기는 부모가 낳은 젖먹이 중에 고추 중독은 없다. 이것도 사실이고 어느 누구도 어떻게 하지 못한다.

울음막이 문학 105

무릇 사실이라는 것은 도련님이 몽니를 부린다고 해서 바뀌지 않는다. 갈릴레이[14]가 지구는 돌고 있다고 말하자 기독교도들은 그를 불태워 죽이려고 했고, 그는 죽음이 두려워 주장을 취소했다. 하지만 지구는 여전히 돌고 있다. 왜냐? 지구는 그야말로 돌고 있기 때문이다.

따라서 내가 반대 안 한다고 해도, 울고 있는 북방(!) 아이의 입속에 고추를 틀어넣으면 아이는 울음을 그치기는커녕 훨씬 더 고약하게 울어 댈 것이다.

7월 19일

주)_____

1) 원제는 「止哭文學」, 1933년 3월 24일 『선바오』의 『자유담』에 실렸다. 필명은 허자간.
2) 칭기즈칸(成吉思汗, 1162~1227). 본명은 테무친(鐵木眞). 고대 몽골족 지도자. 13세기 초 몽고족 부락을 통일하여 칸국을 건립하고 왕으로 옹립되어 칭기즈칸이라 칭해졌고, 1279년 쿠빌라이(忽必烈, 1215~1294)가 남송을 멸하고 원나라를 세운 뒤에는 원의 태조(太祖)로 추존되었다. 그의 손자 바투(拔都, 1209~1256)는 1235년에서 1244년 전후까지 군대를 이끌고 서방 정벌에 나서 러시아와 유럽 일부 나라까지 침입했다.
3) 「황인종의 피」(黃人之血)는 황전샤(黃震遐)의 시극으로 『선봉월간』(前鋒月刊) 제1권 제7기(1931년 4월)에 발표했다. 루쉰은 『이심집』의 「민족주의 문학'의 임무와 운명」에서 이를 비판했다.
4) 루쉰은 '폭격'에 해당하는 중국어 '轟炸'를 사용하지 않고 일본어인 '爆擊'을 사용하고 있다.

5) 1933년 3월 12일 『다완바오』의 『고추와 감람』(辣椒與橄欖) 중 '편집인의 말'로서 제목은 「우리의 좌우명」(我們之格言)이다.
6) '쿨리'(苦力, coolie)는 19세기 이후 제국주의자들에 의해 혹사당한 중국의 하층 노동자를 일컫는 말이다.
7) 원문은 '道路以目'. 『국어』의 「주어」(周語)에 주 여왕(厲王)이 포악무도해서 "나라 사람들이 감히 말을 하지 못하고 노상의 눈짓으로 주고받았다"라는 말이 나온다. 삼국시대 오(吳)의 위소(韋昭)의 주에는 "감히 말하지 못하고 눈으로 서로 흘낏할 뿐이다"라고 했다.
8) 원제는 「提倡辣椒救國」.
9) 원제는 「不要亂咬人」.
10) 『추배도』(推背圖)는 고대 중국의 도참설을 반영한 예언서 중의 하나이다. 당나라 때 이순풍(李淳風)과 원천강(袁天罡)이 지었다고 전해지는데, 일설에는 유백온(劉伯溫)이 지었다고 한다. 유백온(1311~1375)은 이름이 기(基)이고 자가 백온이다. 원말 명초의 전략가이자 정치가로서 제갈량(諸葛亮)에 비유되기도 했다.
11) 슈체친(Stettin)은 유럽 중부 오더 리버(Oder river) 하구에 있는 도시. 원래 폴란드에 속했으며 프러시아에 점령당하기도 했다. 1933년에 독일로 귀속되었다가 1945년에 다시 폴란드로 반환되었다. 지금 이름은 Szczecin이다.
12) 애버딘(Aberdeen)은 영국 스코틀랜드의 북해 해안에 접해 있는 도시이다.
13) 원제는 「這叫作愈出愈奇」.
14) 갈릴레이(Galileo Galilei, 1564~1642). 이탈리아의 물리학자이자 천문학자. 1632년 『두 세계 체계에 관한 대화』(*Dialogo dei due massimi sistemi del mondo*)를 발표해 교회가 믿고 있던 프톨레마이오스(Claudios Ptolemaeos)의 지구중심설을 반대하고 코페르니쿠스(Nicolaus Copernicus)의 태양중심설을 증명하고 발전시켰다. 이로 말미암아 1633년 로마 교황청의 종교재판에 회부되어 종신토록 연금생활을 했다.

'사람의 말'[1]

네덜란드 작가 반 에덴(F. Van Eeden)[2] ── 애석하게도 그는 작년에 사망했다 ──이 지은 동화 『꼬마 요하네스』에 이런 이야기가 있다. 꼬마 요하네스는 두 종류의 버섯이 다투는 소리를 곁에서 듣다가 "너희 둘은 모두 독이 있어"라고 비판하자, 버섯들이 깜짝 놀라 "너 사람이야? 이건 사람 말인데!"라고 소리쳤다는 것이다.

버섯 입장에서 보자면 확실히 놀라 소리칠 일이다. 인류는 버섯을 먹으려 하기 때문에 독의 유무부터 주의하는 것이다. 그런데 버섯에게는 독의 유무가 아무런 관계가 없고 전혀 문제가 되지 않는다.

사람들에게 과학지식을 알려 주고자 하는 책과 글이라고는 하지만 재미있게 이야기하려고 왕왕 '사람 말'이 너무 많이 들어 있다. 파브르(J. H. Fabre)[3]가 지은 그 이름도 쟁쟁한 『곤충기』(*Souvenirs Entomologiques*)에서도 이런 병폐를 피하지 못했다. 아무렇게나 베낀 글들은 말할 것도 없다. 최근 잡지에서 청년들에게 생물학적 지식을 가르쳐 주는 글[4]을 우연히 보았더니 이러한 서술이 있었다.

새똥거미…… 모양은 새똥과 흡사하고 가만히 엎드려 스스로 새똥 모양을 흉내 낼 수 있다.

동물계에는 자신의 남편을 잔인하게 먹는 것이 아주 많다. 그런데 제일 유명한 것은 앞서 말한 거미와 지금 말하고자 하는 사마귀이다…….

이것도 실로 '사람 말'을 너무 많이 한 것이다. 새똥거미는 생김새가 새똥을 닮았고, 천성적으로 잘 움직이지 않을 따름이다. 결코 작은 벌레들을 속이기 위하여 일부러 새똥 모양을 흉내 내는 것은 아니다. 사마귀 세계에는 아직 오륜설[5] 같은 것은 없다. 그것이 교미 중에 수컷을 먹어 치우는 것은 배가 고파서일 따름이다. 먹고 있는 것이 자신의 가장家長 어른이라는 것을 결코 알지 못한다. 그런데 '사람 말'을 거쳐 쓰면 목숨을 해하려는 음모를 꾸민 흉악범이 되거나 지아비를 모살한 독부가 되어 버린다. 실인즉, 누명을 뒤집어씌운 것이다.

'사람 말'에도 온갖 '사람 말'이 있다. 영국 사람 말이 있고 중국 사람 말이 있다. 중국 사람 말도 가지가지다. '고등 중국인 말'이 있고 '하등 중국인 말'이 있다. 저시浙西 지방에 촌부의 무지함을 비웃은 우스개가 있다.

무더운 날 정오 한창 고되게 일하던 농촌 아낙이 갑자기 탄식하며 말했다. "황후마마는 얼마나 즐겁게 사실까? 지금쯤 침대에서 낮잠을 주무시고 있지 않을까, 잠에서 깨면 소리치겠지. '태감, 곶감 좀 가져오게나!'"

그런데 이것은 결코 '하등 중국인 말'이 아니다. 고등 중국인이 생각하는 '하등 중국인 말'이므로 실은 '고등 중국인 말'이다. 하등 중국인 본인이라면 이 경우 이렇게 말하지 않을 것이며, 이렇게 말한다고 해도 결코 우스개로 여기지 않을 것이다.

말을 이어 가다 보니 계급문학이라는 골칫거리를 끄집어내어야 할 것 같다. "그만하자."

요즘 들어 청년이나 소년에게 부치는 편지 형식으로 책을 쓰는 사람들이 많아졌다. 물론 하는 말은 반드시 '사람 말'이다. 그런데 어떤 '사람 말'인지는 모르겠다. 왜 나이가 훨씬 많은 사람들에게는 편지를 쓰지 않는가? 나이가 많으면 가르칠 가치가 없어서인가? 아니면 청년과 소년은 비교적 순박하므로 쉽게 속일 수 있어서인가?

3월 21일

주)_____

1) 원제는「"人話"」, 1933년 3월 28일 『선바오』의 『자유담』에 발표했다. 필명은 허자간.
2) 반 에덴(Frederik van Eeden, 1860~1932). 네덜란드 작가이자 의사. 『꼬마 요하네스』 (*De kleine Johannes*)는 1885년에 발표했다. 1927년에 루쉰이 중국어로 번역하여 1928년 베이핑 웨이밍사(未名社)에서 출판했다. 버섯의 싸움에 관한 이야기는 제5장에 나온다.
3) 파브르(1823~1915)는 프랑스 곤충학자. 『곤충기』는 모두 10권. 제1권은 1879년에, 제10권은 1910년에 출판했다.
4) 1933년 3월호 『중학생』(中學生)에 실린 왕리눙(王曆農)의 「동물의 본능」(動物的本能)을 가리킨다.
5) '오륜'(五倫)은 군신, 부자, 부부, 형제, 붕우 등 다섯 종류의 관계를 일컫는 말이다. 『맹자』의 「등문공상」(滕文公上)에 이들 관계의 준칙으로 "부자 사이에는 친함이 있으며, 군신 사이에는 의리가 있으며, 부부 사이에는 분별이 있으며, 장유 사이에는 순서가 있으며, 붕우 사이에는 믿음이 있다"라고 했다.

영혼을 파는 비결[1]

몇 해 전 후스 박사는 "귀신 다섯이 중화를 어지럽힌다"[2]라는 농간을 부렸다. 그것은 바로 세계적으로 결코 이른바 제국주의 무리가 중국을 침략하고 있는 것이 아니라 도리어 중국 자체의 '빈궁', '우매'······ 등 다섯 귀신이 어지럽혀 사람들이 불안해한다는 내용이다. 요즘 후스 박사는 증오라는 여섯번째 귀신을 발견했다. 이 귀신은 중화를 어지럽힐 뿐만 아니라 그 화가 우방에까지 미치게 하여 도쿄를 어지럽히고 있다는 것이다. 이로 말미암아 나온 후스 박사의 처방약은 '일본 친구'를 향해 진술서를 올리려는 것이다.

후 박사는 "일본 군벌이 중국에서 자행한 폭행으로 인한 증오는 아직까지도 해소하기가 자못 쉽지 않"고, "일본은 결코 폭력으로 중국을 정복할 수 없다"라고 말했다(후스의 최근 담화가 실린 신문에 보인다. 하동下同). 이런 상황은 우려할 만하다. 설마 진짜로 중국을 정복할 방법이 없다는 말인가? 아니, 좋은 수는 있다. "9대째 묵은 원수가 되느냐, 백년지기가 되느냐, 하는 것은 모두 각성하느냐 못 하느냐의 고비에 달려 있다." "일본이 중국을 정복할 수 있는 유일한 방법은 낭떠러지에서 말고삐를 잡아채듯이 중국 침략을 확실하게 멈춤으로써 거꾸로 중국 민족의 마음을 정복하는 것이다."

이에 따르면 이것은 '중국을 정복하는 유일한 방법'이다. 맞다. 고대의 유교 책사는 늘 "덕으로 사람을 복종시키는 자는 왕이다. 사람들의 마음은 진심으로 복종한다"[3]라고 말했다. 후스 박사는 일본 제국주의의 책사가 되기에 손색이 없다. 그런데 중국의 어린 백성 편에서 말하자면, 이것은 영혼을 파는 유일한 비결이다. 중국의 어린 백성들은 그야말로 '우매'하고 원래부터 자신의 '민족성'을 잘 모르기 때문에 그들은 하나같이 일본을 증오한다. 만약 일본 폐하께서 대大자비를 베풀어 놀랍게도 후 박사의 진술서를 받아들인다면, 그렇다면, 이른바 '충효, 인애, 신의, 화평'이라는 중국의 고유문화가 회복될 것이다. 왜냐하면 일본이 폭력이 아니라 유연한 전략의 왕도를 사용하면 중국 민족의 증오는 더 이상 살아나지 않을 것이기 때문이며, 증오가 없으면 자연스레 가일층 저항하지 않게 되기 때문이며, 저항하지 않으면 자연스레 가일층 평화롭게 되고, 가일층 충성스럽고 효성스럽게…… 될 것이기 때문이다. 중국의 육체를 살 수 있거니와 중국의 영혼도 정복할 수 있다는 것이다.

아쉬운 점은 '유일한 방법'의 실행은 전적으로 일본 폐하의 각성에 달려 있다는 사실이다. 만약 일본 폐하가 각성하지 않는다면 어떻게 할 것인가? 후 박사의 대답은 "속수무책인 때가 되면 굴욕적인 성하지맹[4]을 정말로 받아들이"면 그만이라는 것이다. 이것은 정녕 속수무책이로다. 왜냐하면 그때는 '원귀'가 떠나려 하지 않을 것이기 때문이다. 이것은 시종여일한 중국 민족성의 오점으로서 일본을 위해서 생각해 보더라도 완전무결한 방도가 아니다.

이로 말미암아 후 박사는 태평양회의[5]에 출석하여 그의 일본 친구에게 재차 '충고'를 할 작정이다. "중국을 정복하는 좋은 수가 결코 없는 것은 아닙니다. 우리가 팔아 치운 영혼을 받아 주시기 바랍니다. 더욱이 이것은 전혀 어렵지도 않습니다. 이른바 '침략을 확실하게 멈춘다'는 것은 '공정한'「리턴 보고서」를 집행하기만 하면 됩니다. 이렇게 하면 증오는 자연스레 해소될 것입니다!"

3월 22일

주)_____

1) 원제는 「出賣靈魂的祕訣」. 1933년 3월 26일 『선바오』의 『자유담』에 발표했다. 필명은 허자간.
2) 후스는 『신월』 월간 제2권 제10기(1930년 4월)에 「우리는 어느 길을 가는가」(我們走那條路)를 발표하여 중국을 위해하는 것으로 "다섯 가지 큰 적이 있다. 첫번째 큰 적은 빈궁, 두번째 큰 적은 질병, 세번째 큰 적은 우매, 네번째 큰 적은 탐오, 다섯번째 큰 적은 소란이다. 이 다섯 가지 큰 적 가운데 자본주의는 포함되지 않으며 …… 봉건세력도 포함되지 않는다. 왜냐하면 봉건제도는 이천 년 전에 붕괴되었기 때문이다. 제국주의도 포함되지 않는데, 제국주의는 이 다섯 가지 귀신이 들어가 있지 않은 나라는 침략하지 않기 때문이다"라고 했다.

3) 『맹자』 「공손추상」(公孫丑上)에 "덕으로 인을 행하는 사람은 왕이시다. …… 힘으로 사람을 복종시키는 자는 마음으로 복종시킬 수 없다. 힘은 우러러보지 않기 때문이다. 덕으로 사람을 복종시키는 자는 마음에서부터 기뻐하고 진심으로 복종시키는 것이다. 예를 들면 70명의 제자가 공자에게 복종한 것이다"라는 말이 나온다. 루쉰은 『맹자』의 이 말을 조금 변형하여 인용하고 있다.
4) '성하지맹'(城下之盟)은 성 밑까지 육박해 들어온 적군과 맺는 굴욕적인 맹약을 뜻한다. 『춘추좌씨전』(春秋左氏傳)에 나온다.
5) 태평양학술회의('범태평양학술회의'라고도 한다)를 가리킨다. 1920년 미국 호놀룰루에서 제1차 회의가 개최된 이래 2년에 한 번씩 회의가 열렸다. 여기에서 말하는 것은 후스가 참석하려고 했던 1933년 8월 캐나다 밴쿠버에서 열린 제5차 회의이다. 후스의 "일본은 결코 폭력으로 중국을 정복할 수 없다"에 관한 말 등은 모두 3월 18일 베이핑에서 신문기자에게 말한 내용이다. 1933년 3월 22일 『선바오』에 나온다.

문인무문[1]

'다'大씨 성을 가진 신문의 부간에 '장張씨'가 "중국의 유망한 청년들이 '문인무행'[2]이라는 허울을 빌려 지탄받을 만한 악취미는 절대로 자행하지 않기를 바란다"[3]라고 했다. 그야말로 지당한 말씀이다. 그런데 '무행'의 정의 또한 빈틈없기 짝이 없다. 들자 하니, "이른바 무행이라는 것은 꼭 불규칙적이라거나 부도덕한 행위를 가리키는 것은 결코 아니다. 무릇 인지상정에 어긋나는 모든 악행도 그 속에 포함된다."

그는 계속해서 몇몇 일본 문인들의 '악취미' 사례를 거론하며 중국의 유망한 청년들에게 실패한 본보기가 된다고 했다. 그중 하나는 '미야지 가로쿠의 손톱으로 머리 긁기'[4]이고, 또 다른 하나는 '가네코 요분의 입술 핥기'[5]이다.

물론 건조한 입술과 두피 가려움증에 대해 고금의 성현들은 미덕이라고 보지 않았다. 그런데 악덕으로 배척하지도 않았던 것 같다. 어쩌다 요즘 중국 상하이에서는 긁고 핥는 것이 설령 자신의 입술과 머리라고 하더라도 "인지상정에 어긋나는 악행"이 되고 말았다. 따라서 불편하더라도 그저 참고 견디는 수밖에 없다. 유망한 일을 하고자 하는 청년이나 문인들은 정녕 하루하루 살아가기 힘들어지고 있는 것이다.

그런데 중국 문인의 '악취미'는 사실 결코 이런 게 아니다. 그가 글을 써 낼 수만 있다면 긁든지 핥든지 모두 대수롭지 않다. "인지상정에 어긋나는" 것은 '문인무행'이 아니라 '문인무문'이다.

두세 해 전 우리는 한 간행물에서 모某 시인이 시를 읊으러 시후西湖에 갔고, 모某 문호는 5만여 자짜리 소설을 쓰고 있다고 말하는 것을 보았다. 그런데 지금까지 예고조차 없었던 『자야』[6] 말고는 다른 대작이 나오지 않고 있다.

사소한 사건을 주워 모아 수필로 만든 것도 있고, 고문을 고쳐 창작인양 낸 것도 있다. 터무니없는 말을 늘어놓고 평론이라 칭하고, 몇 장짜리 정기간행물을 엮어 은근히 자신을 치켜세우는 사람도 있다. 외설을 나열하여 하류작을 쓰고, 구문舊文을 모아 평전을 찍어 내는 사람도 있다. 심지어는 외국의 문단 동향을 번역하여 세계문학사가가 되고, 문학가 사전을 모아 놓고 자신의 이름을 끼워 넣어 세계적 문인이 되는 사람도 있다. 그런데 지금 대관절 이런 사람들이 모두 중국의 황금 간판 '문인'들이다.

문인들은 실로 문文이 없고 무인들도 매한가지 무武가 없다. '침과대단'枕戈待旦이라고 하면서 한밤중에도 움직이지 않고, '죽음을 맹세하고 저항한다'고 하지만 적병 백여 명만 보아도 도주해 버린다. 통전이나 선언 따위가 변문체로 쓴 대작으로서 심상찮은 '문'일 따름이다. '무를 멈추고 문을 닦는다'[7]라는 고대의 훌륭한 가르침이 있으므로 문곡성[8]이 군영 속을 골고루 비추게 된 것이다. 이리하여 우리의 '문인'들은 하릴없이 입술을 핥지 않고 머리를 긁지 않고 인지상정을 헤아리는 것이 오로지 '하나의 행실'有行로 귀결되고 말았다.

3월 28일

[비고]
악취미[9]

뤄구若谷

'문인무행'이 보통 사람들의 지탄을 받은 지는 오래되었다.

이른바 '무행'이란 꼭 불규칙적이거나 부도덕한 행위를 가리키는 것은 결코 아니다. 무릇 인정상정에 어긋나는 모든 악행도 그 속에 포함된다.

사람이라면 누구나 불량한 습관에 물들기 쉽다. 특히 문인은 오로지 문장과 저술에 몰두하기 때문에 일상생활 측면에서는 자연스레 괴이한 행동을 보이고 만다. 게다가 어쩌면 일이 고된 까닭에 십중팔구는 불량한 기호에 물들게 된다. 가장 보편적인 것은 신경을 자극하는 흥분제의 복용을 즐기는 것으로 궐련과 커피는 현대 문인들 사이에 유행하는 기호품이 되었다.

일본의 현대 문인들은 담배 피우고 커피 마시는 것 말고도 각자 온갖 기괴한 악취미를 자행하고 있다. 마에다코 히로이치로前田河廣一郎는 목숨처럼 술을 좋아하여 취하면 쉴 새 없이 떠들고 울고, 다니자키 준이치로谷崎潤一郎는 여성의 체취를 맡고 여성의 가래와 눈물을 맛보기를 좋아한다. 가네코 요분은 입술을 자주 핥고, 호소다 겐키치細田源吉는 외설을 좋아하고 아침식사 후 두 시간 동안 숙면을 취한다. 미야지 가로쿠는 손톱으로 머리를 자주 긁고, 우노 고지宇野浩二는 술에 취하면 기생들을 모욕한다. 하야시 후사오林房雄는 간톳벽이 있고, 야마모토 유조山本有三는 진자에서 무릎 꼬고 비스듬히 앉기를 좋아하고, 가쓰모토 세이이치로勝本清一郎는 자주 엄지로 콧구멍을 파면서 이야기한다. 이런 것들은 형형색색 이루 다 손꼽기도 어렵다.

일본의 현대 문인들이 자행하는 악취미는 과거 중국의 문인 구훙밍[10]이 여인의 금련[11] 냄새를 즐겨 맡던 행위만큼이나 혐오스럽다. 나는 비단 문인뿐 아니라 현대 중국의 유망한 청년들이 모두 건전한 정신을 보존하고, '문인무행'이라는 허울을 빌려 일본 문인들과 같은 지탄받을 만한 악취미는 절대로 자행하지 않기를 바란다.

3월 9일 『다완바오』 부간 『고추와 감람』

[서늘한 말?]
제4종인[12]

저우무자이 周木齋

4월 4일 『선바오』의 『자유담』에 허자간 선생의 「문인무문」이라는 글이 실렸다. 중국의 문인에 대해 논하면서 다음과 같이 운운했다.

"인지상정에 어긋나는" 것은 '문인무행'이 아니라 '문인무문'이다. 사소한 사건을 주워 모아 수필로 만든 것도 있고, 고문을 고쳐 창작인 양 낸 것도 있다. 터무니없는 말을 늘어놓고 평론이라 칭하고, 몇 장짜리 정기간행물을 엮어 은근히 자신을 치켜세우는 사람도 있다. 외설을 나열하여 하류작을 쓰고, 구문舊文을 모아 평전을 찍어 내는 사람도 있다. 심지어는 외국의 문단 동향을 번역하여 세계문학사가가 되고, 문학가 사전을 모아 놓고 자신의 이름을 끼워 넣어 세계적 문인이 되는 사람도 있다. 그런데 지금 대관절 이런 사람들이 모두 중국의 황금 간판 '문인'들이다.

진실로 이상의 글에서 말한 바대로 "그야말로 지당한 말씀이다." 그런데 예외적인 것은 있으니, 바로 이것이다.

지금까지 예고조차 없었던 『자야』 말고는 다른 대작이 나오지 않고 있다.

'문'의 '정의'가 같은 글의 말을 빌려 표현하면 "또한 빈틈없기 짝이 없다".

이 글의 동기는 서두 몇 구절로도 알 수 있다. 직접적으로는 '다'씨 성을 가진 신문의 부간에 실린 '성이 ×씨'인 '문인무행'에 관한 말에서 비롯되었다. 이외에 듣자 하니 '허자간'은 바로 루쉰 선생의 필명이라고 한다.

그런데 의론이 '지당하'고 '문'의 '정의'가 "빈틈없기 짝이 없다"고 하더라도, 바로 이러한 까닭으로 조심성 없이 스스로 함정에 걸리고 말았다. 설령 루쉰 선생이 제4종인으로 자처한다고 하더라도 말이다.

중국 문단이 충실하고도 공허하다는 말은 터부가 될 수도 없고 터부일 필요도 없다. 그러나 난쟁이 가운데서도 어쨌거나 상대적으로 큰 키다리는 찾을 수 있다. 우리로서는 선진을 바라는 것이 아무개 한 사람을 기대하는 것보다 훨씬 더 절실하다. 황무지보다는 숙전熟田이 수확하기가 더 쉽기 때문이다. 루쉰 선생의 소양과 과거의 성취로 볼 때 중국의 금강석 간판 문인이 되기에 모자람이 없다. 그런데 최근에는 어떤가? 단순히 그 사람 개인의 발전을 가지고 말해 보아도 도중에 멈춘 처지이다. 이러한데도 지금 자책 조서를 내리기는커녕 도리어 자신은 쏙 빼놓고 서늘한 말을 내뱉고 있다. 이것이야말로 '제4종인'이다. 이름 그대로 완전무결하도다!

'인지상정에 어긋나는' 것은 물론 '문인무문'이지만, 그래도 제일 중요한 것은 '문인불행'[13]('행'은 동사)이다. "나가자, 내가 가겠다!"

4월 15일 『파도소리』濤聲 2권 14기

[바람 쐬기]

두 가지 오해와 한 가지 차이점[14]

자간

무자이 선생은 나에 대한 두 가지 오해가 있고, 의견도 나와 조금 차이가 있다.

첫째는 '문'의 정의에 관한 것이다. 나의 잡감은 『다완바오』 부간에 실린 「악취미」로 말미암아 나온 것인데, 거기서 거론하고 있는 문인은 모두 소설가이다. 이 점을 무자이 선생도 잘 알고 있음에도 지금 그것을 뒤섞어 말하고 있다. 아마도 쓰는 게 중요해서 이 점을 미처 생각하지 못했기 때문일 터이고 「제4종인」이라는 제목도 그야말로 최신식이다.

두번째는 나더러 '자책 조서'를 내리라는 것이다. 그렇다면 나는 지금 무료한 성명을 발표하겠다. "허자간은 물론 루쉰이다. 그러나 결코 황제 노릇을 한 적은 없다. 그런데 다행히도 이렇게 오해하는 사람은 결코 많지 않다."

의견의 차이점은 이것이다. 무자이 선생은 무릇 누군가를 비난하는 글에 본인이 포함되어 있으면 '서늘한 말'로 간주한다. 나는 본인이 포함되지 않는 것을 '서늘한 말'이라고 생각한다. 예를 들자면, 상하이에 있으면서 베이핑의 학생더러 국난을 구하러 나가야 하고 최소한 도망가서는 안 된다고 질책하는 따위 같은 것이다.[15]

그런데 이 한 편의 글로 나는 사실 막대한 이익을 얻었다. 바로 이것이다. 무릇 사회 전체의 응어리를 지적하는 글에 대해 논자들은 그것을 '욕설'이라고 말하는데, 예전에는 이런 태도가 너무 의아했다. 이제야 비로소 일부 사람들이 그런 글은 결코 필자 본인은 포함시키지 않았다고 생각한다는 것을 알게 되었다. 만약 필자 본인도 포함된다면 자책 조서를 내려야 하는데, 현재 조서는 없고 공격만 있다는 사실에서 비난 대상이 모두 다른 사람이라는 것을 족히 알 수 있다는 것이다. 이리하여 그들은 그것을 '욕설'이라고 부른다. 더욱이 그리하여 떼거지로 욕을 해대며 필자로 하여금 그가 지적한 모든 응어리를 짊어지고 심연 속으로 가라앉도록 한다. 그리고 천하는 이리하여 태평이다.

7월 19일

주)_____

1) 원제는 「文人無文」. 1933년 4월 4일 『선바오』의 『자유담』에 발표했다. 필명은 허자간.
2) '문인무행'(文人無行)은 문인들의 행실은 종종 단정하지 않다는 의미의 사자성어이다. 이 글의 제목인 '문인무문'은 루쉰의 언어유희라고 할 법한데, 문인들이 글다운 글을 쓰지 못한다는 뜻으로 사용하고 있다.
3) 『다완바오』의 『고추와 감람』에 실린 장뤄구(張若谷)의 「악취미」(惡癖)를 가리킨다. 장뤄구(1905~1960)는 장쑤 난후이(南匯; 지금의 상하이에 속한다) 사람으로 『다완바오』, 『선바오』의 부간에 글을 자주 실었다.
4) 미야지 가로쿠(宮地嘉六, 1884~1958). 일본의 소설가. 노동자 출신으로 노동운동에 참여했다. 작품으로는 『매연의 악취』(煤煙の臭ひ), 『노동자의 수기』(或る職工の手記)

등이 있다.
5) 가네코 요분(金子洋文, 1894~1985)은 일본 소설가이자 극작가. 청년 시절 프롤레타리아 문학운동에 참가했다. 작품으로는 소설 『지옥』(地獄)과 희곡 『창화』(槍火)가 있다.
6) 『자야』(子夜)는 마오둔(茅盾)의 장편소설이다. 1933년 1월 상하이 카이밍서점(開明書店) 출판.
7) 원문은 '偃武修文'. 『상서』의 「무성」(武成)에 주 무왕이 상(尙)을 멸한 뒤 "왕께서 상에서 출발하여 펑(豊)에 도착하였다. 이에 무력을 멈추고 글을 닦았다"라는 말이 나온다.
8) '문곡성'(文曲星)은 문창성(文昌星)이라고도 하는데, 문단을 주재하는 별로 전해진다.
9) 원제는 「惡癖」.
10) 구훙밍(辜鴻鳴, 1857~1928). 원래는 구훙밍(辜鴻銘)이다. 자는 탕성(湯生). 중국 근현대의 걸출한 한학자이자 영어, 프랑스어, 독일어, 라틴어 등 9개 언어와 서방문화에 정통한 인물로서 '청말의 괴걸(怪傑)'로 칭해졌다. 저서로 『중국인의 정신』(中國人的精神)이 유명하다.
11) '금련'(金蓮)은 전통시대 중국에서 전족한 여인의 아름다운 발을 묘사하는 말이다.
12) 원제는 「第四種人」.
13) 원문은 '文人不行'. 저우무자이는 루쉰이 제대로 된 글을 쓰는 실천을 하지 않고 있음을 풍자하며 '문인이 실천하지 않는다'라는 뜻으로 쓰고 있다.
14) 원제는 「兩誤一不同」.
15) 저우무자이가 난리를 피해 도망가는 학생들을 나무라는 말은 앞의 「도망에 대한 변호」 참고.

가장 예술적인 국가[1]

우리 중국에서 가장 위대하고 가장 오래되었을 뿐만 아니라 가장 보편적인 '예술'은 여장남자이다. 이 예술의 소중함은 쌍방 모두를 빛나게 해준다는 데 있으며, 그것을 일러 '중용'이라고도 한다—남자들은 '분장한 여자'를 보고, 여자는 '남자의 분장'을 본다. 표면적으로는 중성이지만 뼛속은 당연히 남자이다. 그런데 분장하지 않고도 예술이 될 수 있는가? 예컨대, 중국의 고유문화로는 과거제도와 기부금족[2] 따위가 포함된다. 애당초 이것들은 민권에도 너무 맞지 않고 시대조류에도 부합하지 않는다고 말하며 중화민국으로 분장했다. 그런데 민국이 된 이래 오랫동안 꾸미지 않아서 화단[3] 얼굴의 연지분처럼 간판마저도 이미 거의 모두 벗겨졌다. 그런데 동 시기 우직한 민중들은 진짜로 정권을 세워 과거시험 출신과 기부금족 출신의 참정권을 잘라내려 하고 있다. 이러한 생각은 민족에 대한 불충이자 조상에 대한 불효이므로 실은 반동의 극치에 속한다.

지금은 벌써 고유문화의 회복이라는 '시대조류'로 회귀했으므로 어찌 이러한 불충과 불효를 방임할 수 있겠는가? 따라서 다시 한번 새롭게 분장하지 않을 수 없으므로[4] 다음과 같은 초안[5]이 나왔다. 첫째, 누가 국민을 대표할 자격이 있는지는 모름지기 시험으로 결정한다. 둘째, 거인擧人을 합격시킨 뒤에 다시 한번 뽑는데, 이를 일러 '선거인'(선選은 동사)이라고 말한다. 그리고 뽑힌 거인은 물론 '피선거인'被選擧人이다. 문법적으로 보면, 이러한 국민대회에서 말하는 '선거인'은 '거인을 뽑는 사람'이라고 칭해야 하고, '피선거인'은 '피선된 거인'이라고 칭해야 한다.[6] 그런데 분장하지 않아도 예술이 될 수 있는가? 따라서 그들은 실질적으로는 여전히 수재와 거인임에도 불구하고 그들은 헌정국가[7]에서 선거하는 사람과 피선거인으로 분장한 것이다. 민중들로 하여금 민권을 보게끔 하고, 민족과 조상들이 보는 것은 충효이다——과거제도를 가진 민족에 대해 충성하고, 과거제도를 만든 조상에 대해 효도한다. 이 밖에 상하이에서 벌써 실현된 민권은 납세자만이 선거와 피선의 권리를 갖도록 하여 대大상하이에 4,465명의 대大시민들만 남게 되었다.[8] 기부금족——돈 있는 사람이 위주이다——이면서도 반드시 거인에 합격하고 심지어는 재시험을 보지 않아도 동진사 출신을 하사받을 수 있다.[9] 왜냐하면 서양 나리 슬하의 모범이므로 마땅히 그러해야 한다. 하물며 이것은 한편으로는 고유문화에 위배되지 않고 다른 한편으로는 헌정 민권과 아주 흡사하게 분장한 것이 아닌가? 이것이 그 첫번째이다.

둘째, 한편으로는 교섭하고 다른 한편으로는 저항한다는 것이다.[10] 이편에서 보면 저항이지만 저편에서 보면 실은 교섭이다. 셋째, 한편으로는 실업가, 은행가이지만 다른 한편으로는 자칭 '소빈小貧일 따름이다'라고 하는 것이다.[11] 넷째, 한편으로는 일제의 판로의 부흥이지만 다른 한편으로는 사람들에게 '국산품의 해'[12]라고 말하는 것이다……. 이러한 예는 이루 다 꼽을 수가 없다. 대부분이 기가 막히게 분장을 하고 있어 쌍방 모두가 반질반질거린다.

아, 중국은 정녕 가장 예술적인 국가, 가장 중용적인 민족이다.

그런데도 어린 백성들은 불만스러워하고 있다. 오호라, 군자는 중용을 지키고, 소인은 중용을 반대한다고 했던가![13]

3월 30일

주)_____

1) 원제는 「最藝術的國家」. 1933년 4월 2일 『선바오』의 『자유담』에 발표했다. 필명은 허자간.
2) 원문은 '捐班'. 과거시험을 거치지 않고 돈이나 재물로 관직이나 관리가 될 수 있는 자격을 사는 것을 가리킨다. 청대에는 정해진 가격으로 관리를 사는 제도가 있었다. 베이징의 관리는 낭중(郞中) 이하, 지방관은 도부(道府) 이하는 모두 살 수 있었다.
3) '화단'(花旦)은 중국 전통극에서 성격이 활발하고 젊은 말괄량이 여자 역을 가리킨다.
4) 1933년 봄 장제스가 제안한 '제정헌법초안'과 '국민대회 소집'을 가리킨다. 1931년 5월 국민당 정부는 한 차례 '국민회의'를 열어 소위 '훈정시기약법'(訓政時期約法)을 공포한 적이 있으므로 여기서 '새롭게 한 차례 분장하지 않을 수 없다'고 한 것이다.
5) 1933년 3월 24일 국민당 정부의 헌법초안기초위원회가 기초한 '국민대회조직'에 관

한 초안을 가리킨다. 이 초안의 제3조는 이와 같다. "중화민국의 국민 가운데 만 20세가 된 자는 선거대표권을 가지며, 만 30세가 되어 시험에 합격하면 피선거대표권을 가진다."

6) '이를 일러'부터 '칭해야 한다'까지 원문에는 작은따옴표(' ')가 없다. 순조로운 읽기를 위해서 옮긴이가 작은따옴표를 사용했음을 밝혀 둔다.

7) 쑨중산(孫中山)이 쓴 『건국대강』(建國大綱)에는 '건국'의 순서를 '군정', '훈정', '헌정'의 세 시기로 나누고 헌정 시기에는 국민대회를 소집하여 헌법을 반포하고 민선정부를 수립한다고 주장했다. 장제스를 수장으로 하는 국민당 당국은 쑨중산의 '군정', '훈정'을 이용하여 전제독재와 국민의 자유를 박탈하는 구실로 삼았다. 1933년 그들은 '훈정을 완결'하고 헌정 실시를 준비한다고 선언했으나 실제로는 국민당의 통치를 여전히 이어 가고 있었다.

8) 여기서 말하는 상하이는 상하이의 공동조계지를 가리킨다. 상하이 공동조계지는 1928년부터 '고등 중국인'이 조직한 '납세화인회'(納稅華人會)가 중국인 이사 3인(1930년부터는 5인), 중국인 위원 6인을 선출하여 조계지의 행정기관인 공부국(工部局)에 참여할 수 있게 했다. '납세화인회'는 아래의 자격이 있어야 회원이 되고 선거권을 가질 수 있었다. 1. 소유한 산업의 지가가 500냥(은냥) 이상인 자, 2. 매년 납부하는 부동산세가 10냥 이상인 자, 3. 매년 부동산 임대료가 500냥 이상이고 납부하는 자(상하이 공동조계지는 임대 부동산의 세금은 임차인이 부담하도록 규정하고 있었다). 또한 공동조계지에 5년 이상 거주한 자 가운데 1. 연 부동산세가 50냥 이상인 자, 2. 연 부동산 임대료가 연 1200냥 이상이며 납부하는 자는 '납세화인회' 대표대회의 대표로 선출될 수 있고 공부국의 중국인 이상, 중국인 위원으로 선출될 수 있다.

본문에서 말하고 있는 '4,465명의 대(大)시민'은 1933년 3월 27일 '납세화인회'의 시민 조직이 제12차 선거를 할 때 상술한 조건에 따라 통계 낸 회원 수이다. 이 중 선거권을 가진 자는 2,175명이고, 피선거권을 가진 자는 2,290명이다.

9) 명·청의 과거제도는 거인(擧人)이 회시(會試)에 합격하고, 이어 전시(殿試)에 합격하면 세 종류의 갑(甲)으로 나누었다. 일갑(一甲)은 '진사 급제'(進士及第), 이갑(二甲)은 '진사 출신'(進士出身), 삼갑(三甲)은 '동진사 출신'(同進士出身)을 하사했다.

10) 1932년 1·28사변이 발발하자 국민당 정부 행정원장 왕징웨이(汪精衛)는 2월 13일 대일본 방침에 관한 담화를 발표하면서 "한편으로는 저항하고 한편으로는 교섭한다"라고 하면서 "싸울 수 없으므로 저항하고, 강화할 수 없으므로 교섭한다. 이런 까

닭으로 저항과 교섭을 병행한다"라고 했다.
11) '소빈'(小貧)은 쑨중산의 『삼민주의』 중 「민생주의」 제3강에 나오는 말이다. 쑨중산은 "중국인은 이른바 빈부가 균등하지 않고, 가난한 계급은 대빈(大貧)과 소빈(小貧)으로 나누어진다. 사실 중국의 거대 자본가는 외국 자본가에 비하면 소빈에 지나지 않는다"라고 했다. 쑨중산은 중국의 민족자본주의가 외국자본주의의 배척과 타격으로 발전하는 데 어려움이 있다는 것을 설명하고자 했다. 그런데 중국의 일부 자본가들은 이 말을 이용하여 프롤레타리아와 부르주아의 구분을 부인하기도 했다.
12) 상하이 공상업계는 1933년을 '국산품의 해'로 정하고 이 해 정월 초하루에는 시위대회를 열었다.
13) 『예기』의 「중용」에 "중니께서 가로되, 군자는 중용을 지키고 소인은 중용을 반대한다"라는 말이 나온다.

현대사[1]

내가 기억을 할 수 있는 시절부터 지금까지, 무릇 내가 가 본 공터에서는 언제나 '요술', 혹은 '마술'이라는 것을 보았다.

마술은 대개 두 종류가 있을 따름이다.

하나는 원숭이에게 가면을 씌우고 옷을 입혀 무기놀이를 하게 하거나 양을 타고 몇 바퀴 돌게 하는 것이다. 또 흰죽으로 키워 피륙이 상접한 흑곰이 재주를 부리기도 한다. 마지막에는 사람들에게 돈을 요구한다.

다른 하나는 돌덩이를 빈 상자에 넣고 수건으로 왼쪽을 가렸다 오른쪽을 가렸다 하다가 흰 비둘기로 변해 나오는 것이다. 종이를 입에 틀어넣고 불을 붙이면 입가와 콧구멍에서 연기와 불덩이를 내뿜는 것도 있다. 그다음에는 사람들에게 돈을 요구한다. 돈을 달라고 한 뒤 한 사람은 적다고 불평하고 거드름을 피우며 마술 부리기를 안 하려 하고, 다른 한 사람은 그를 달래면서 사람들에게 다섯 푼을 더 달라고 한다. 아니나 다를까 누군가 돈을 던지면, 다시 네 푼, 세 푼…….

던져진 돈이 충분하면 마술은 다시 시작된다. 이번에는 어린아이를 입이 작은 항아리 속으로 작은 변발만 남기고 집어넣고는 다시 빠져나오게 한다면서 또 돈을 요구한다. 충분히 거두어지면 무슨 영문인지 어른은 예리한 칼로 아이를 찔러 죽이고 뻣뻣하게 누운 아이에게 이불을 덮어 주고는 그를 살린다고 하면서 또 돈을 요구한다.

"집에서는 부모에게 의지하고 집 나오면 친구에게 의지한다네…… Huazaa! Huazza!"[2] 마술쟁이는 돈을 뿌리는 손짓으로 엄숙하고도 슬프게 말한다.

다른 아이가 가까이 다가가 자세히 보려고 하면 그는 욕을 할 것이고, 재차 듣지 않으면 때리기도 할 것이다.

아니나 다를까 많은 사람들이 Huazza한다. 숫자가 예상과 엇비슷해지면 그들은 돈을 줍기 시작하면서 도구를 수습하고 죽은 아이는 스스로 일어나 함께 도망친다.

구경꾼들도 얼이 빠진 듯 흩어진다.

이 공터에 순간 적막이 흐른다. 얼마 지나면 또 이런 놀이가 시작된다. "마술은 누구나 할 줄 알고 저마다 색다른 요령이 있다"라는 속담이 있다. 사실 이렇게 여러 해 늘 같은 놀이임에도 늘 보는 사람이 있고 늘 Huazaa하는 사람이 있다. 그런데 모름지기 그 사이에는 적막한 며칠이 지나야 한다.

내가 할 말은 다 했고 내용도 시시하다. 사람들에게 한바탕 Huazaa Huazaa한 뒤 며칠 조용히 지내다가 다시 이 놀음을 하는 것에 불과하다.

여기까지 와서야 나는 비로소 제목을 잘못 붙였다는 생각이 들었다. 이 글은 정녕 '죽은 것도 아니고 산 것도 아닌' 놈이 되고 말았다.

4월 1일

주)_____
1) 원제는 「現代史」. 1933년 4월 8일 『선바오』의 『자유담』에 발표했다. 필명은 허자간.
2) 돈 뿌리는 소리를 형용한 말이다.

추배도[1]

내가 여기에서 사용하는 '추배'推背의 의미는 배면背面으로 미래의 상황을 추측한다는 것이다.

지난달 『자유담』에는 「정면문장 거꾸로 읽는 법」[2]이 실렸다. 이것은 모골이 송연한 글이다. 왜냐하면 이 결론을 얻기 앞서 반드시 수많은 고통스러운 경험을 하고 수많은 불쌍한 희생들을 보았을 것이기 때문이다. 본초가[3]가 붓을 들어 '비상砒霜, 대독大毒'이라고 썼다. 네 글자에 불과하지만 그는 확실히 비상이 몇몇 생명을 독사시켰음을 알고 있었던 것이다.

항간에 이런 우스개가 있다. 갑甲이라는 자가 은 30냥을 땅에 파묻고는 사람들이 알아챌까 봐 그 위에 "이곳에는 은 30냥이 없다"라고 쓴 나무판을 세웠다. 이웃에 사는 아얼阿二이 이것을 파내고는 발각될까 봐 나무판의 한쪽에 "이웃 아얼이 훔치지 않았다"라고 써 넣었다. 이것은 바로 '정면문장 거꾸로 읽는 법'을 가르쳐 주고 있는 것이다.

추배도 133

그런데 우리가 날마다 보는 문장은 이렇게 단순하지 않다. 하겠다고 분명히 말하는 것은 사실 하지 않겠다는 것이고, 하지 않겠다고 분명히 말하는 것은 사실 하겠다는 것이다. 이렇게 하겠다고 분명히 말하는 것은 사실 저렇게 하겠다는 것이고, 사실 본인이 이렇게 하겠다고 하는 것은 다른 사람들이 이렇게 해야 한다고 말하는 것이다. 아무런 소리도 나지 않았다면 사실 이미 저지른 것이다. 그럼에도 불구하고 말한 대로 그대로 하는 경우도 있다. 난점은 바로 여기에 있다.

요 며칠 신문에 실린 주요 뉴스를 예로 들어 보자.

1. ××군 ××혈투에서 적××××인을 사살했다.
2. ××담화: 결코 일본과 직접 교섭하지 않는다. 변함없이 초심을 바꾸지 않고 끝까지 저항한다.
3. 요시자와의 중국 방문[4]은 소식통에 따르면 개인 사정이라고 한다.
4. 공산당이 일본과 연합, 위僞중앙은 이미 간부 ××를 일본으로 파견하여 교섭했다.[5]
5. ××××……

만약 이 모든 것을 배면문장으로 본다면 정말 놀라 자빠질 것이다. 그런데 신문지상에는 '모간산로莫干山路에서 띠짚배 100여 척에 큰 화재 발생', '×××× 단 4일간 염가판매' 등, 대개 '추배'할 필요가 없는 기사도 있다. 이리하여 우리는 다시 헷갈리기 시작한다.

듣자 하니 『추배도』[6]는 애당초 영험했으나 아무개 황조, 아무개 황제는 그것이 인심을 미혹시킬까 가짜로 만든 것을 안에 끼워 넣었다고 한다. 이로 말미암아 예지 능력을 상실하게 되어 반드시 사실로 입증되고 나서야 사람들이 비로소 불현듯 상황을 알아차리게 된 것이다.

우리도 사실이 확인될 때까지 기다리는 수밖에 없다. 다행인 것은 그다지 오래 걸리지 않을 것이라는 점이다. 여하튼 간에 올해는 넘기지 않을 것이다.

4월 2일

주)_____

1) 원제는 「推背圖」. 1933년 4월 6일 『선바오』의 『자유담』에 발표했다. 필명은 허자간.
2) 「정면문장 거꾸로 읽는 법」(正面文章反看法)은 천쯔잔(陳子展)이 1933년 3월 13일 『선바오』의 『자유담』에 발표한 글이다. 당시 '항공구국' 주장은 감히 일본군을 공격하지는 못하고 '토비'(홍군)를 공격하는 것이며, '장기 저항'은 장기 무저항과 마찬가지이고 '실지의 회수'는 실지의 불(不)회수와 마찬가지라고 했다.
3) '본초가'(本草家)는 중약(中藥) 약물학자이다. 한대 신농(神農)의 이름에 가탁하여 지은 약물학서 『본초』에는 한약 365가지가 실려 있다. 후에 본초는 중약에 대한 통칭이 되었다. 북송 일화자(日華子)의 『일화제가본초』(日華諸家本草)와 서승(徐承)의 『본초별설』(本草別說), 명대 이시진(李時珍)의 『본초강목』(本草綱目) 등에는 비상이 '유독'(有毒), '유대독'(有大毒)하다고 기록되어 있다.
4) 1933년 3월 31일 일본 주중공사, 외무대신을 역임한 요시자와 겐키치(芳澤謙吉, 1874~1965)가 상하이에 와서 대외적으로 개인 '유람'이며 "결코 외교와 정치 등의 사명을 포함하고 있지 않다"(4월 1일 『선바오』 중앙사 뉴스로 실렸다)라고 선전하고

다니면서 중국에 온 목적을 은폐했다.
5) 국민당 당국이 퍼뜨린 유언비어로 1933년 4월 2일 『선바오』의 '국내통신'(國內電訊)에 실렸다.
6) 『추배도』(推背圖)는 참위설(讖緯說)에 기반한 그림책이다. 『송사』의 「예문지」(藝文志)에는 편찬자의 이름 없이 오행가(五行家)의 저서로 열거하고 있다. 남송 악가(岳珂)의 『정사』(桯史)에는 당대 이순풍(李淳風)이 지었다고 했다. 현존하는 판본은 1권 60도(圖)로 되어 있다. 59번째 그림까지는 후대 역사의 흥망과 변란을 예측한 것이며, 60번째 그림은 이순풍이 계속 예측하는 것을 막기 위하여 당대 원천강(袁天綱)이 이순풍의 등을 떠미는 동작이 그려져 있다. 이런 까닭으로 이순풍과 원천강의 합작으로 보기도 한다. 『정사』 권1의 「예조금참서」(藝祖禁讖書)에는 다음과 같은 기록이 있다. "당 이순풍이 『추배도』를 지었다. 오대(五代)의 난리로 왕과 제후들이 굴기(崛起)하자 사람들은 요행을 바라는 마음을 가지게 되었다. 따라서 참위에 관한 학설이 맹렬하게 일어나고 걸핏하면 참위서를 뒤져 오월(吳越)에서는 그 자식의 이름을 짓기에 이르렀다. …… 송 왕조가 흥하자 명을 받은 부절(符節)로서 더욱 유명해졌다. 예조(藝祖; 송 태조)가 즉위하여 참위서를 금하는 조서를 내렸다. 그것이 백성의 마음을 미혹시킬까 두려워하여 여러 가지 형벌로 다스렸다. 그런데 『추배도』가 전해진 지 수백 년이 되었고 민간에서도 많이 소유하고 있었기 때문에 회수하기가 어려워 관리들이 걱정했다. 하루는 조(趙) 한왕(韓王)이 카이펑의 감옥 사정에 대해 상주하면서 '범죄자가 너무 많아서 이루 다 죽일 수가 없습니다'라고 했다. 이에 상께서 '지나치게 금지할 필요는 없다. 그것을 혼란스럽게 만들면 된다'라고 하였다. 이에 구본(舊本)을 가져오게 명령한 뒤 입증된 것을 제외하고 모두 순서를 바꾸어 놓고 뒤섞어 써서 백 가지 판본으로 만들어 원래 책과 함께 병존하게 했다. 이에 전하는 사람은 그것의 선후, 진위를 알 수 없게 되었다. 간간이 구본을 가지고 있는 사람도 있었으나 더 이상 영험하지 않아 보관하지 않고 버렸다."

「사람을 잘못 죽였다」에 대한 이의[1]

치오쉬런[2] 선생의 「사람을 잘못 죽였다」를 보고 아주 통쾌했다. 그런데 돌이켜 생각해 보니 아무래도 격분에서 나온 말에 지나지 않는다는 생각이 들어서 몇 마디 이의를 달기로 마음먹었다.

위안스카이[3]는 신해혁명 후 당원들을 대대적으로 학살했다. 위안스카이 측에서 보면 조금도 잘못 죽인 것이 아니다. 왜냐하면 그가 바로 거짓 혁명을 한 반(反)혁명가이기 때문이다.

잘못이라면 혁명가가 속임수에 걸려들어 위안스카이가 진실로 공중회전하여 베이양 대신에서 혁명가로 변신했다고 생각하고 동조자를 끌어들여 많은 사람들의 피를 흘리게 하고 그를 총통의 보위에 올렸다는 것이다. 2차혁명[4] 당시 표면적으로 그는 다시 한번 공중회전하여 '국민의 공복'[5]에서 흡혈귀로 변신한 것처럼 보였다. 실은 그게 아니라 그의 참모습을 드러낸 것일 따름이었다.

이리하여 죽이고, 죽이고, 죽였다. 베이징성에 있는 음식점, 여인

숙은 모두 스파이로 득시글거렸다. 또 '군정집법처'[6]를 두고 혐의만으로 체포된 청년들이 그곳으로 들여보내졌다. 또 있다. 『정부공보』政府公報에는 날마다 당원들의 탈당광고가 실렸다. 지난날 친구들에게 끌려가 잘못 입당했으며 지금은 어리석었음을 알게 되었으므로 앞으로 여기서 벗어나 개과천선하여 좋은 사람이 되고자 한다는 내용이다.

머지않아 위안스카이의 살인이 잘못 죽인 것이 아니었음이 입증되었다. 그는 황제가 되고자 했던 것이다.

이러한 일들이 일어난 지 어느덧 벌써 20년이 지났다. 지금 스무 살 남짓한 청년들은 당시에는 젖을 빨고 있었을 터이므로 세월은 정말 쏜살같다.

그런데 위안스카이는 자신이 황제가 되고자 했음에도 불구하고 왜 그의 진정한 적수인 구舊황제[7]를 남겨 두었던 것일까? 이것에 대해서는 이러쿵저러쿵 할 필요 없이 최근에 벌어지고 있는 군벌의 혼전을 보면 알 수 있다. 그들은 불구대천의 원수처럼 너 죽고 나 살자고 싸움을 벌이다가도 나중에 한쪽이 '하야'하기만 하면 곧바로 정중해진다. 그런데 혁명가에 대해서는 어떠한가. 설령 서로 싸운 적이 없더라도 결코 한 사람도 가만두려 하지 않는다. 그들은 너무나 똑똑하게 알고 있는 것이다.

따라서 중국의 혁명이 이 꼴이 된 것은 결코 그들이 '사람을 잘못 죽여'서가 아니라 우리가 사람을 잘못 보았기 때문이라고 나는 생각한다.

마지막으로 "중년을 넘긴 사람을 더 많이 죽여야 한다"는 주장에 대해서도 나는 조금 이의가 있다. 하지만 나 자신이 '중년을 넘긴' 지가 이미 한참 되었으므로 혐의를 피하기 위해서라도 그저 땅이나 바라보고 있어야겠다.

4월 10일

원고의 '정중해진다'라는 말 다음에 "어쩌면 외국을 나갈 때 환송회를 크게 열지도 모른다"라는 의미의 구절이 있었으나 삭제되었다.

4월 12일에 쓰다

[비고]
사람을 잘못 죽였다[8]

차오쥐런

요전 날 모某 신문에 창춘에서 돌아온 사람의 이야기에 대한 모某 군의 글이 실렸는데, 일본인들이 괴뢰국에서 이미 '아편전매'와 '화폐통일'이라는 양대 정책을 완성했다는 내용이었다. 이 두 가지 제도는 과거 장씨 부자[9]의 시대에는 정리할 수 없다고 여긴 것들이나, 지금 일본인들이 일거에 처리하여 두서를 갖춘 것이다. 따라서 모 군은 탄식하면서 말했다.

소생은 동북 인사들과 화폐제도의 혼란으로 인한 해악을 논의한 적이 있는데, 모두들 적폐가 심하여 되돌리기 어렵고 처리하기 곤란하다는 핑계를 댔다. 그런데 어찌하여 일본인들은 찰나에 이 일을 끝낼 수 있었던 것인가? "할 수 없었던 게 아니라 하지 않았던 것이다." 이야말로 나라 사람들의 심각한 고질병이로다!

어찌 '고질병'일 따름이겠는가! 중화민족의 멸망과 중화민국의 전복도 이 폐결핵 때문이다. 한 사회, 한 민족이 노년기로 접어들면 누구라도 "적폐가 심하여 되돌리기 어렵"기 때문에 '혁명'하지 않으면 안 된다. 혁명은 사회가 돌변하는 과정이다. 이 과정에서 좋은 사람, 나쁜 사람이 좋지도 나쁘지도 않은 사람과 더불어 언제나 약간은 죽게 마련이다. 약간을 죽이는 행위가 결코 보답이 없는 것은 아니다. 사회에 격리 작용이 일어나 구사회와 신사회가 확연히 두 토막으로 나누어지고, 악의 세력은 새로운 조직 속으로 전염되지 않는다. 따라서 혁명적 살인에는 표준이 있어야 하는데, 중년을 넘긴 사람을 더 많이 죽이고 구세력을 대표하는 사람을 더 많이 죽여야 한다. 프랑스 대혁명이 성공한 것은 대공황 시기에 구세력을 소탕했기 때문이다.

그런데 중국에는 혁명이 일어날 때마다 언제나 정상적인 형식을 뒤집었다. 많은 청년들이 혁명운동에 참여했다는 이유로 희생되었다. 혁명의 진행 중에 구세력은 한동안 숨어 있었으므로 그들 중에 약간도 제거하지 못했다. 혁명이 성공하자 구세력은 다시 솟아나와 청년들을 희생으로 삼아 대대적인 살인을 했다. 쑨중산 선생은 힘겹게 10여 년 혁명에 투신했으나 신해혁명이 성공하자 위안스카이가 대권을 잡고 날마다 당원들을 죽였다. 심지어는 15, 6세의 아이들도 모두 죽였다. 이런 혁명은 격리 작용을 일으키기는커녕 그야말로 구세력을 위한 호위병으로 전락했다. 이로 말미암아 민국 이래로 생기 없는 무기력만이 감돌았고 어떠한 사업에도 개혁을 거론할 필요가 없게 되었다. 개혁을 거론하기만 하면 꼭 "적폐가 심하여 되돌리기 어려우며 처리가 곤란하다는 핑계"가 돌아왔다. 악의 세력은 지금까지도 계속해서 주입되고 있다.

이러한 비정상적인 상태를 이름하여 나는 "사람을 잘못 죽였다"라고 말하고자 한다. 나는 늘 친구들에게 이렇게 말한다.

피를 흘리지 않는 혁명은 없다. 그러나 '피를 흘린다'는 것이 엉뚱한 사람의 피를 잘못 흘리는 일이어서는 안 된다. 하루빨리 푸이를 죽이고, 정샤오쉬鄭孝胥 무리를 더 많이 죽여야 바야흐로 나라의 큰 행복이 된다. 25세 이하의 청년을 함부로 죽이는 것은 시대의 흐름에 역행하는 것이다. 사회의 원기를 꺾어 버리면 '망국과 종멸'이라는 '눈앞의 보복'을 받게 될 것이다.

『자유담』, 4월 10일

주)_____

1) 원제는「『殺錯了人』異義」. 1933년 4월 12일 『선바오』의 『자유담』에 발표했다. 필명은 허자간.
2) 차오쥐런(曹聚仁, 1900~1972). 저장 푸장(浦江) 사람. 당시 지난(暨南)대학 교수와 『파도소리』(濤聲) 주간의 주편을 맡고 있었다.
3) 위안스카이(袁世凱, 1859~1916). 자는 웨이팅(慰亭). 허난 샹청(項城) 사람. 청조의 즈리(直隸) 총독 겸 베이양(北洋) 대신과 내각총리대신을 역임했다. 신해혁명이 발발하자 1912, 1913년에 각각 중화민국 임시대총통, 정식 대총통의 직위에 올랐다. 1916년 1월에 복벽을 시도하여 '홍헌'(洪憲) 황제라고 자칭했다. 같은 해 3월 국민들의 저항으로 제제(帝制)를 취소하고 6월에 병사했다.
4) 위안스카이는 복벽을 시도하고 '중화민국임시약법'을 파괴하며 국민당 대리이사장 쑹자오런(宋敎仁) 등 혁명당원을 살해했다. 1913년 7월 쑨중산은 위안스카이 토벌전쟁을 시작하면서 '2차혁명'이라고 일컬었다. 9월 중순 각지의 위안스카이 토벌군이 모두 패배했다. 2차혁명이 실패하자 위안스카이는 혁명당원들을 체포·살해하는 광풍을 일으키고, '부화뇌동 자수' 특사령을 반포하여 혁명의 힘을 분산시켰다.
5) 위안스카이는 중화민국 총통에 즉위하고 자신을 '국민의 한 사람'이라고 자칭하며 "총통은 늘 공복(公僕)으로 불렸다"라는 등의 말을 했다.
6) '군정집법처'(軍政執法處)는 위안스카이가 1913년 5월에 만든 것으로 혁명가와 애국인사의 체포를 위해 만든 특무기관이다.
7) 청조의 선통(宣統) 황제, 푸이(溥儀, 1906~1967)를 가리킨다. 신해혁명 후 난징 임시정부와 청 조정은 담판을 통하여 퇴위한 청 황제에게 특별대우를 하고 황제 칭호를 유지하도록 의결했다. 위안스카이는 복벽을 시도하면서 "청 황실에 대한 우대조건은 영원히 바뀌지 않음을 언명한다"라고 했다.
8) 원제는「殺錯了人」.
9) 장쭤린(張作霖), 장쉐량(張學良) 부자를 가리킨다.

중국인의 목숨 자리[1]

"땅강아지와 개미도 목숨을 부지하고자 한다"[2]라는 말이 있고, 중국의 백성들은 예로부터 '의민'蟻民[3]으로 자칭했다. 나는 나의 목숨을 잠시라도 보전하기 위하여 늘 비교적 안전한 처소를 염두에 두고 있는데, 영웅호걸 말고는 나를 꼭 비웃지는 않을 것이라고 생각한다.

그런데 나는 기록의 문면 그대로는 그다지 믿지 않는 편으로 종종 다른 독법을 사용하곤 한다. 예를 들어 보자. 신문에서 베이핑에 방공防空 체계를 갖추고 있다고 하면, 나는 결코 그 소식이 믿을 만하다고 생각하지 않는다. 그런데 고대유물을 남쪽으로 운반한다[4]는 기사가 실려 있으면 즉각 고성孤城의 위기를 감지할 뿐만 아니라 이 고대유물의 행방으로부터 중국의 파라다이스를 추측한다.

지금 한 무더기 한 무더기의 고대유물이 모두 상하이로 집중되고 있는 데서 가장 안전한 곳이란 결국은 상하이의 조계지임을 알 수 있다.

그런데 집세가 반드시 비싸질 것이다.

이것은 '의민'에게는 커다란 타격이므로 다른 곳을 생각해 보아야 할 것이다.

이런저런 생각 끝에 '목숨 자리'가 생각났다. 이것은 바로 '내지'도 아니고 '변경'도 아닌[5] 이 양자 사이에 끼어 있는 곳이다. 하나의 고리, 하나의 동그라미 같은 곳에서 어쩌면 'x세에 목숨을 구차하게라도 부지'[6]할 수 있을지도 모르겠다.

'변경'에는 비행기에서 폭탄이 투하된다. 일본 신문에 따르면 '군대와 비적'을 소탕하고 있다고 하고, 중국 신문에 따르면 인민을 도륙하여 촌락과 시전을 잿더미로 만들고 있다고 한다. '내지'에도 비행기에서 폭탄이 투하된다. 상하이의 신문에 따르면 '공비'를 소탕하고 있고 그들은 폭격으로 곤죽이 되었다고 하는데, '공비'의 신문에서는 어떻게 말하고 있는지 우리는 알 수가 없다. 그러나 요컨대 변경에도 폭격, 폭격, 폭격이고, 내지에도 폭격, 폭격, 폭격이라는 것이다. 한쪽에서는 남이 포격하고 다른 한쪽에는 우리가 폭격하고 있다. 폭격하는 사람은 다르지만 폭격을 당하는 사람은 똑같다. 이 두 곳 사이에 있는 사람들만이 폭탄이 잘못 떨어지지만 않는다면 '피범벅'을 면할 희망을 가질 수 있다. 따라서 나는 그곳을 이름하여 '중국인의 목숨 자리'라고 이름 붙이기로 한다.

다시 바깥으로부터 폭격해 들어온다면 이 '목숨 자리'는 '목숨 줄'로 축소된다. 다시 더 폭격해 들어오면 사람들은 모두 폭격이 끝난 '내지'로 도망쳐 들어가고, 결국 이 '목숨 자리'는 '목숨○'로 완결된다.

사실 모든 사람들이 이런 예감을 하고 있다. 요 일 년 새 "우리 중국은 땅이 넓고 물산이 풍부하며 인구가 아주 많다"라는 상투어가 있는 문장이 그다지 안 보인다는 것이 바로 증거이다. 그리고 중국인은 '약소민족'이라고 스스로 연설하는 선생도 있다.

그런데 부자들은 이런 말들이 그럴싸하다고 생각하지 않는다. 그들은 비행기를 가지고 있을 뿐만 아니라 그들의 '외국'도 있기 때문이다!

4월 10일

주)_____

1) 원제는 「中國人的生命圈」. 1933년 4월 14일 『선바오』의 『자유담』에 발표했다. 필명은 허자간.
2) 원대 마치원(馬致遠)의 『천신비』(薦神碑) 제3절에 "땅강아지와 개미도 목숨을 부지하고자 하는데, 사람이 어찌 목숨이 아깝지 않겠는가"라는 말이 나온다.
3) '의민'(蟻民)은 '개미 같은 백성'이라는 뜻으로 백성들이 스스로를 낮추어 사용한 말이다.
4) 1933년 2월에서 4월까지의 신문에는 국민당 정부가 베이핑 고궁박물원, 역사언어연구소 등에서 소장하고 있던 고대유물 2만 상자를 상하이로 운반하여 조계지 창고에 보관했다는 기사가 실렸다.
5) '내지'는 장시(江西) 등지의 노동자, 농민, 홍군의 근거지를 가리킨다. 1933년 2월에서 4월까지 장제스는 제4차 반(反)혁명 '포위토벌' 말기에 50만 병력으로 혁명 근거지를 공격하고 비행기를 출동시켜 마구잡이로 폭격했다.
'변경'은 당시의 러허 일대를 가리킨다. 1933년 3월 청더(承德)를 점령한 일본군은 링커우(冷口), 구베이커우(古北口), 시펑커우(喜峰口) 등지에 비행기로 마구잡이로 폭격을 가하여 사상자가 허다하게 발생했다.
6) 원문은 '苟延性命於×世'. 제갈량(諸葛亮)의 「전출사표」(前出師表)에 "난세에는 구차하게라도 목숨을 온전히 보존하지(苟全性命於亂世), 제후들에게 영달을 구하지는 않는다"라는 말이 나온다.

안과 밖[1]

옛사람들은 안과 밖에는 구분이 있고 각각의 도리가 같지 않다고 말했다. 남편을 '바깥사람'이라고 하고 아내를 '못난 안사람'이라고 불렀다. 부상병은 병원 안에 있고 위문품은 병원 밖에 있는데, 확실한 조사를 거치지 않으면 위문품을 수령해서는 안 된다. 대외적으로는 안녕을 추구하고 대내적으로는 배척하거나 고함지른다.

허샹닝[2] 선생은 탄식했다. "그 해는 다만 그들이 봉기하지 않는다고 걱정하더니, 지금은 다만 그들이 죽지 않는다고 걱정한다." 그런데 죽는 도리도 안과 밖이 같지 않다.

장자 가로되, "슬픔 가운데 마음이 죽는 것보다 더한 것은 없고, 몸이 죽는 것은 그다음이다"[3]라고 했다. 그다음이라는 것은 두 가지 안 좋은 것 가운데 정도가 가벼운 것을 말한다. 따라서 외면의 신체가 죽으려 해도 내면의 마음은 살게끔 한다. 혹은 그 마음이 살도록 하기 위해서 신체를 죽음으로부터 다스리는 것이다. 이를 일러 마음을 다스린다고 한다.

마음을 다스리는 도리는 아주 현묘玄妙하다. 마음은 물론 살아야 하거니와 지나치게 살아서는 안 된다.

마음이 죽으면 분명 저항하지 않게 된다. 그 결과는, 도리어 사람들로 하여금 진정할 수 없도록 만든다. 마음이 지나치게 살게 되면 쓸데없는 생각을 하게 되어 진짜로 저항하기 마련이다. 이런 사람은 "절대로 항일을 말해서는 안 된다".[4]

사람들을 진정시키기 위하여 마음이 죽은 사람은 해외로 나가야 한다.[5] 유학은 외국에서 마음을 치료하는 방법이다.

마음이 지나치게 살아 있는 사람은 죄를 짓는 것이므로 마땅히 엄중히 처벌해야 한다. 이것이야말로 국내에서 마음을 다스리는 방법이다.

허샹닝 선생은 "누가 죄인이 되는가는 아주 중요한 문제이다"라고 생각했다. 이것이야말로 그녀가 안과 밖에는 구분이 있다는 도리를 모르는 데서 나온 것이다.

4월 11일

주)_____

1) 원제는 「內外」, 1933년 4월 17일 『선바오』의 『자유담』에 발표했다. 필명은 허자간.
2) 허샹닝(何香凝, 1878~1972). 광둥 난하이 사람. 랴오중카이(廖仲愷)의 부인. 청년 시절 쑨중산이 이끄는 동맹회에 참가하고 혁명에 종사했다. 국민당 중앙집행위원 역임. 1927년 장제스의 쿠데타 이후에도 진보적 입장을 견지하고 비타협적으로 투쟁했다. 1933년 3월 국민당 중앙의 각 위원에게 전국의 정치범 대사면을 건의하는 편지를 보내고, 북상(北上)하면서 항일군 구호 작업을 했으나 국민당은 아랑곳하지 않았다. 본문에 인용한 것은 그녀가 3월 18일에 이 일에 대하여 일일사(日日社) 기자에게 한 말로서 다음 날 상하이의 각 신문에 실렸다.
3) 원문은 '哀莫大於心死, 而身死次之'. 『장자』의 「전자방」(田子方)에 "중니가 가로되 '어찌 살피지 않느냐? 대저 슬픔 가운데 마음이 죽는 것보다 더한 것은 없고, 사람이 죽는 것은 또한 그다음이다'(哀莫大於心死, 而人死亦次之)라고 했다"는 말이 나온다.
4) 1933년 봄, 장제스는 제4차 '포위토벌'에 실패하자 4월 10일 난창(南昌)에서 국민당 장교들에게 다음과 같이 연설했다. "항일하기 전에 반드시 먼저 비적을 소탕해야 한다. 역대의 흥망을 살펴보면, 안이 안녕해야 외적을 물리칠 수 있었다. 비적이 완전히 소탕되기 전에 절대로 항일을 말해서는 안 된다. 위반자에 대해서는 가장 엄중히 처벌한다. …… 비적 소탕 요령의 첫번째는 마음을 다스리는 것이다. 왕양명(王陽明)이 궁(贛)에서 토비를 소탕할 때 성공한 방법은 바로 여기에서 나온 것이다. 슬픔은 마음이 죽는 것보다 더한 것이 없다. 내우외환은 모두 두려워할 만하지 않고 오로지 불행히도 나라 사람의 마음이 죽어 버릴까 이것이 걱정이다. 구국은 모름지기 마음을 다스리는 것에서 시작해야 한다. 우리는 거듭 경의를 표한다."
5) 장쉐량(張學良)을 가리킨다. 「유명무실에 대한 반박」 참고.

바닥까지 드러내기[1]

범사에 철저한 것은 좋은 일이다. 그런데 '바닥까지 드러내기'는 꼭 고명하다고 할 수 없다. 왜냐하면 계속해서 왼쪽으로 돌다 보면 결국은 오른쪽으로 도는 친구와 부딪히게 되고, 그럴 경우 피차간에 알겠다는 듯이 고개를 끄덕이더라도 얼굴은 얼얼해지기 때문이다. 자유를 요구하던 사람이 별안간 복벽을 보장할 자유나 대중을 도살할 자유를 요구한다. 바닥까지 드러내기이기는 하다. 하지만 자유 자체마저도 구멍을 내 버리고 기껏 바닥 없는 독만 남기고 마는 형국이다.[2]

예컨대 팔고[3] 반대는 지극히 당연한 것이다. 팔고는 애당초 어리석음의 산물이다. 첫째는 시험관이 성가신 일을 싫어해서이다. 그들 머리의 십중팔구는 매목埋木[4]으로 만든 것이다──성현을 대신하여 말을 한다느니, 기승전결이니, 문장기운文章氣韻이니 하는 것들은 모두 정해진 표준이 없어서 파악하기가 어렵다. 따라서 한 고股, 한 고 규정하고 이를 임용규정[5]에 합당한 격식으로 간주하고 이러한 격식으로

'문장을 저울질하여' 한눈에 경중을 보아 낼 수 있도록 한 것이다. 둘째는 응시자도 품이 덜 들고 손이 덜 간다고 느낀다. 이런 팔고라면 신구를 막론하고 모두 소탕해야 한다. 그런데 이것은 총명해지기 위해서이지 더 어리석어지기 위해서가 아니다.

그런데 어리석음을 보존하고자 하는 사람도 전략을 가지고 있다. 그들은 말한다. "나는 안 돼, 그리고 그 사람도 나와 마찬가지고." 모두가 살 수 없다면 그만두는 것이 대길大吉이다! 그런데 '그'가 그만두면 예전의 어리석은 '나'는 살그머니 일어선다. 실속은 어리석은 자가 챙기는 것이다. 마치 이런 것에 비길 수 있다. 우상을 타도하려 하는데, 다급해진 우상이 살아 있는 모든 사람을 가리키며 "저들도 모두 나를 닮았습니다"라고 말하자 우상을 닮은 살아 있는 사람들에게 달려가 모조리 타도해 버리는 것이다. 그런데 돌아오면 우상은 우상 타도를 말하면서 '타도'를 타도한 것은 확실히 바닥까지 드러내기의 극치라고 한바탕 찬사를 늘어놓는다. 사실 이쯤 되면 가일층 거대한 어리석음이 전 세계를 뒤덮게 된다.

입만 열면 『시경』에서 운운, 공자 왈 하는 것은 노老팔고이다. 그런데 '다윈이 말하길, 플레하노프가 가로되' 하는 것을 신新팔고로 간주한 사람이 있다.[6] 따라서 지구가 둥글다는 것을 알고자 한다면 저마다 모두 스스로 지구를 한 바퀴 돌아 봐야 하고, 증기기관을 생산하려면 우선 보온병 앞에 앉아 격물[7]부터 해보아야 하고……. 이것은 물론 바닥까지 드러내기의 극치이다. 사실 예전에 위도衛道문학을 반대하면서 그런 식인의 '도'는 위호해서는 안 된다고 했다. 그런데 바닥까지 드러내야 한다면서 어떤 도라도 위호해서는 안 된다고 말하는 사람이 있다. "어떤 도든지 위호하지 않는다"라는 것도 역시 일종의 '도'가 아닌가? 따라서 진정으로 가장 바닥까지 드러낸 것은 아래에 나오는 이야기이다.

옛날 어떤 나라에 혁명이 일어났다. 구 정부가 무너지고 신 정부가 들어섰다. 옆 사람이 말했다. "당신들 혁명당은 애당초 유(有)정부주의를 반대해 놓고 어째서 스스로 정부를 만드십니까?" 그 혁명당은 즉시 검을 빼들고 자신의 머리를 잘랐다. 그런데 그의 육체는 결코 고꾸라지지 않고 강시로 변한 채 꼿꼿이 서 있었고 목구멍으로 우물우물 흡사 이와 같은 말을 했다. "이 주의의 실현은 애당초 3천 년은 기다려야 했다."[8]

4월 11일

[보내온 편지]
자간 선생님께

어제 대작 「바닥까지 드러내기」라는 글을 읽었습니다. 일전에 발표한 「'신팔고'를 논하다」에서 인용한 것이 있어서 아주 기뻤습니다. 다만 '예컨대' 운운한 것은 정말 오해에서 비롯된 것입니다. 소위 신팔고에 대한 저의 생각은 충실한 내용이 없고 다만 유행하는 간판만 걸고 있거나 혹은 새로운 스타일로 낡은 가죽 몸뚱이를 포장한 글을 가리킨 것입니다. 탕만 바꾸고 약은 바꾸지 않았기 때문에 '이 공허한 우주'라는 표현은 여전히 '대저 천지지간'과 팔고라는 점에서 동일하다는 것입니다. 양머리를 걸어놓고 개고기를 팔기 때문에 '다윈이 말하길', '플레하노프가 말하길'은 여전히 '공자 왈', 『시경』에서 운운과 터럭만치도 차이가 없습니다. 이런 고로 '다윈이 말하길', '플레하노프가 말하길'과 '이 우주'라는 표현 그 자체가 아니라(사실 '공자 왈', 『시경』에서 운운'이라는 표현은 중국 문학사를 쓰려면 여전히 인용해야 하므로 결코 소위 팔고는 아닌 거지요) 이를 이용하여 신팔고의 형식으로 만든 것을 공격한 것입니다. 선생께서 열거한 '지구', '기계'의 사례, '바닥까지 드러내기'와 '위도'의 이치는 삼척동자라도 그것이 그르다는 것을 알 수 있는 것입니다. 그런데 이것으로 비유하시니 너무 곡해가 심하다고 느껴집니다.

오늘날의 문단은 비록 새로운 기운이 만발하나 모두가 여우나 쥐새끼의 도깨비짓이고 여전히 얼굴만 바꾼 채 비단옷을 입고 소요하는 형국입니다. 마치 토요일파니 금요일파니 하는 부류들이 낡은 물건에다 새로운 포장을 하여 출현한 것처럼, 새로운 가죽에 낡은 골수 그대로인 팔고에 대하여 선생님께서 청소해야 할 부류로 여기는 것인지 아직 잘 모르겠습니다.

시대의 간판을 빌려서 혁명의 학설을 왜곡하는 사람도 있습니다. 입으로는 아미타불을 염하면서 마음은 망상에 사로잡혀 있는 자입니다. 타인의 차림새를 빌려 자신의 냄새나는 발을 가리는 신팔고 역시 선생께서 청소해야 할 부류로 여기고 있는지 아직 잘 모르겠습니다.

'바닥까지 드러내'고 말하면, '예컨대' 예전의 황제는 오늘날의 주석과 실질적으로 크게 구분된다는 것은 잘 알고 있으면서도 여전히 오늘날의 주석이 예전의 황제와 똑같다고 하는 것은 어떤 의미에서 보면 주석을 비난하려는 의도가 자명하다고 하겠습니다. 가령 서캐 잡기를 의도한 것이 아니라면 설마 두 눈을 똑바로 안 뜨고 있는 것은 아니겠지요.

저는 선생님보다 늦게 태어나 지식도 없고 능력도 없습니다. 그러나 '철저'한 총명함은 없다고 하더라도 마찬가지로 '바닥까지 드러낼' 정도로 어리석지는 않습니다. 혹 말한 것들이 '드러냄'透에 이르지 못하여 오해를 샀다면 용서하시기 바랍니다. 또한 '바닥'底까지 가르침을 주시면 바닥까지 '드러낼' 정도로 감사하고, '드러낼' 정도로 감사히 여기겠습니다!⁹⁾

주슈샤¹⁰⁾ 올림

[답신]
슈샤 선생께

당신의 편지를 받고서 당신이 말한 신팔고가 금, 토요일파 부류¹¹⁾라는 것을 알게 되었습니다. 사실 금, 토요일파의 고질병이 결코 전적으로 그들의 팔고적 성격에만 있는 것은 아닙니다.

팔고는 신구를 막론하고 모두 청소해야 하는 예에 속한다는 것은 내가 이미 말했습니다. 금, 토요일파에도 신팔고적 성격이 있고, 나머지 사람들에게도 신팔고적 성격이 있을 수 있습니다. 예컨대 '욕설 퍼붓기', '으름장 놓기', 심하게는 '판결 내리기'나 할 줄 알고,[12] 구체적으로 적절하게 과학적으로 얻은 공식을 운용하여 날마다 생겨나는 새로운 사실과 새로운 현상을 해석하려 하지 않고 나만 공식이나 베껴서 모든 사실에다 함부로 끼워 맞추는 것, 이것 역시 팔고입니다. 설령 분명히 당신의 이치가 옳다고 하더라도, 독자들은 당신을 공허하다고 의심하고 당신이 대답을 못 한다고 의심하고 그저 '나라욕'[13]만 먹게 될 것입니다.

'혁명의 학설을 왜곡'하는 사람이 '플레하노프 가로되' 등으로 자신의 냄새나는 발을 가린다고 한 것에 대해서는, 그렇다면 그들의 잘못이 설마 그들이 '플⋯⋯ 가로되' 등등이라고 말했기 때문이라고 생각하는 것입니까? 우리는 이런 사람들이 어떤 잘못을 했고 왜 잘못했는지를 구체적으로 증명해야 합니다. 단순하게 '플레하노프 가로되' 등등을 『시경』에서 운운, 공자 왈'과 동등하게 간주한다면, 그것은 반드시 필연적으로 오해를 불러일으키게 될 것입니다. 선생의 편지는 이 점을 인정하고 있는 것으로 보입니다. 이것이 바로 내가 「바닥까지 드러내기」에서 지적하고자 한 까닭입니다.

마지막으로 나의 그 글은 허무주의적인 일반적 경향들을 반대한 것입니다. 당신의 「'신팔고'를 논하다」 중에서 인용한 구절은 여러 사례 중의 하나에 불과하므로, 이것은 반드시 풀어야 할 '오해'입니다. 그리고 나의 글은 결코 전적으로 그 사례 때문에 쓴 것이 아닙니다.

자간

주)_____

1) 원제는 「透底」, 1933년 4월 19일 『선바오』의 『자유담』에 발표했다. 필명은 허자간.
2) 중국어에서 '透'는 '통과하다', '투과하다'라는 뜻이고, '底'는 '바닥'이라는 뜻으로 '透底'라고 하면 문자 그대로는 '바닥까지 드러내다', '바닥까지 파헤치다'라는 뜻이 되고, 이것이 확장되어 '진상을 알리다', '내막을 폭로하다'라는 뜻으로 사용된다. 루쉰은 여기에서 바닥까지 투명하게 한다는 명분으로 결국은 독의 바닥에 구멍을 내 버리는 형국을 비판하고 있다.
3) '팔고'(八股)는 '팔고문'(八股文). 명청시대 과거제도가 규정한 공식화된 문체이다. 매 편마다 파제(破題), 승제(承題), 기강(起講), 입수(入手), 기고(起股), 중고(中股), 후고(後股), 속고(束股)라는 여덟 부분으로 구성된다. 뒤의 네 부분이 중심을 이루고 두 고(股)씩 서로 대우를 이루어야 한다. 모두 팔고로 이루어지므로 팔고문이라고 한다.
4) 원문은 '陰沈木'. 일명 '陰梣'라고도 함. 땅 속에 오랫동안 묻혀 있어 재질이 딱딱해진 나무를 가리키는데, 과거에는 관을 만드는 귀중한 목재로 쓰였다. 여기서는 사상이 완고하고 경화된 것을 비유한다.
5) 원문은 '功令'. 과거 학자를 심사하고 등용하는 것에 관한 법령과 규정을 가리킨다. 정부법령을 두루 가리키는 말로 쓰이기도 한다.
6) 주슈샤(祝秀俠)가 1933년 4월 4일 『선바오』의 『자유담』에 발표한 「'신팔고'를 논하다」(論"新八股")를 가리킨다. 이 글에는 '신구 팔고의 대비'가 다음과 같이 열거되어 있다. "(구) 공자 왈 …… 맹자 왈 …… 『시경』에서 운운하지 않았던가? …… 진실하도다, 옳은 말이로고, (신) 칸트가 말하길 …… 플레하노프가 말하길 …… 『삼민주의』에서 말하지 않았던가? …… 이것은 정말 맞다."
7) '격물'(格物)은 사물의 도리를 규명하는 것을 말한다. 『예기』의 「대학」에서 "앎에 이르

는 것은 격물에 있다"라고 했다.
8) 여기서는 국민당의 주요 인사 우즈후이(吳稚暉)를 가리킨다. 그는 1926년 2월 4일에 쓴 「이른바 적화문제―샤오퍄오핑에게」(所謂赤化問題―致邵飄萍)에서 다음과 같이 말했다. "적화 곧, 이른바 공산은 사실 3백 년 이후의 일이다. 이것에 비교해 더욱 진보된 듯한 것도 있는데 그것을 일러 무정부라고 한다. 그것은 3천 년 이후의 일이다."
9) '혹 말한 것들이'부터 끝까지의 내용은 필자인 주슈샤가 루쉰이 쓴 글의 제목 '바닥까지 드러내기'(透底)에 대해 패러디한 것이라고 할 수 있다. 특히 마지막 구절은 '감사합니다'(感謝)라고 해야 할 부분에 '철저하게 느끼다', '바닥까지 느끼다'를 뜻하는 '感透'라고 비아냥거리고 있다.
10) 주슈샤(祝秀俠, 1907~1986). 광둥 판위(番禺) 사람. '좌련'에 참가한 적이 있고, 당시 『현대문화』(現代文化) 월간의 편집을 맡았다. 후에 국민당 후보중앙감찰위원을 역임했다.
11) '토요일파'(禮拜六派)는 '원앙호접파'라고도 한다. 청밀민초에 생겨났다. 문언문으로 소시민의 기호에 영합하는 재자가인(才子佳人) 이야기를 썼다. 1914년에서 1923년까지 『토요일』(禮拜六) 주간을 출판했기 때문에 '토요일파'라고 불렸다. '금요일파'(禮拜五派)라는 말은 진보적 문예계에서 통속적인 작가와 작품에 대해서 풍자한 말이다. 1933년 3월 9일 루쉰, 마오둔(茅盾), 위다푸(郁達夫), 훙선(洪深) 등이 모인 자리에서 마오둔이 "일군의 이른바 문인들이 토요일파의 후안무치함을 가지고 있으면서 글은 토요일파보다도 못하다. 그 파를 지칭하는 이름이 없으니 우선 '금요일'이라고 합시다"라고 말하자 모두들 크게 웃으면서 동의했다고 한다. 1933년 3월 22일 『예술신문』(藝術新聞) 주간 참고.
12) 루쉰은 1932년 12월에 발표한 「욕설 퍼붓기와 으름장 놓기는 결코 전투가 아니다」(辱罵與恐嚇決不是戰鬪; 나중에 『남강북조집』에 수록)에서 당시 좌익문예계 일부의 잘못된 경향에 대하여 비판을 했다. 글이 발표되자 주슈샤는 '서우자'(首甲)라는 필명으로 다른 사람들과 연합하여 『현대문화』 제1권 제2기(1933년 2월)에 루쉰의 비판을 받은 잘못된 경향에 대해 변호하는 글을 발표했다.
13) '타마더'(他媽的)는 '십새끼', '씨팔' 등으로 번역될 수 있는데, 루쉰은 『무덤』 「'타마더'에 대하여」에서 모든 국민이 일상적으로 사용한다는 의미로 '나라욕'이라고 말한 바 있다.

'이이제이'[1]

나는 아직까지 기억하고 있다. 작년 중국의 많은 사람들이 무턱대고 국제연맹에 하소연하자 당시 일본 신문에서는 이를 수시로 비웃으면서 중국의 조상들이 전해 준 '이이제이'[2]라는 유서 깊은 수단이라고 말했다. 얼핏 보면 좀 닮은 듯하지만, 그러나, 사실 그렇지 않다. 당시 중국의 많은 사람들은 확실히 국제연맹을 '청천靑天 큰 어르신'으로 간주했다. 마음속에 어찌 조금이라도 '오랑캐'夷라는 글자의 그림자라도 품고 있었겠는가?

오히려 정반대로 '청천 큰 어르신'들이 항상 '이화제화'以華制華의 방법을 사용하고 있었다.

예를 들어 보자. 그들이 심히 증오하는 제국주의를 반대하는 '죄인'에 대하여 그들은 직접 악인 노릇을 하지 않고 시원스럽게 화인華人들에게 넘겨주며 당신들이 죽이라고 했다. 그들이 원통해하는 내지의 '공비'들에 대하여 그들은 결코 직접 의견을 분명하게 표현하지 않고 다만 비행기에서 투하하는 폭탄을 화인에게 팔면서 당신들이 처리하라고 했다. 하등 화인을 처리하는 사람으로는 황제 자손인 조계지 경찰과 서양인의 졸개가 있고, 지식계급을 처리하는 사람으로는 '고등화인'인 학자와 박사가 있다.

우리는 '큰칼부대'[3]가 절대로 제압되지 않을 것처럼 오랫동안 자랑했다. 그런데 4월 15일자 『××바오』에는 헤드라인으로 인쇄된 「아군이 적군 200명을 베다」라는 제목의 기사가 실렸다. 얼핏 보면 승리했다고 느끼게 만든다. 그런데 다시 본문을 찬찬히 살펴보기로 하자.

(본보 급인 베이핑발) 이제 시녕커우의 우군은 예나 다름없이 롼양청灤陽城 동쪽 각지에서 쟁탈전을 계속해서 벌이고 있었다. 적군 가운데 출현한 큰칼부대 1천 명은 새로 출동한 자들로서 우리의 큰칼부대와 항전을 벌였다. 그들의 칼은 특히 길었으나 적군의 사용은 굼떴다. 우리 군이 칼을 휘둘러 베어 내자 적군은 버텨 내지 못했고 칼과 팔뚝이 서로 달라붙는 지경이 되었다. 우리 군에 의해 베여 쓰러진 자가 온 천지에 가득했고, 우리 군의 사상 또한 2백여 명에 달했다.……

그렇다면 실은 '적군이 아군 2백 명을 베었다'는 것이다. 중국 문장은 참으로 '국보'國步[4]처럼 나날이 어려워지고 있다. 그런데 내가 지적하고자 하는 것은 결코 이것이 아니다.

내가 지적하려는 것은 '큰칼부대'는 중국인들이 오랫동안 자랑해 온 장기이고, 일본인들에게는 펜싱이 있지만 큰칼은 익숙하지 않다는 것이다. 그런데 지금 여기서 '출현'했다고 하므로 망설일 것도 없이 그들은 반드시 만주국의 군대일 것이다. 만주는 명말 이래 매해 즈리直隸와 산둥山東 사람들이 대거 이주하여 수 세대 지나면서 정착한 곳이다. 만주국 군대라고 해도 대다수는 사실 화인이라는 것도 결코 의심의 여지가 없다. 지금 벌써 서로의 장기인 큰칼을 가지고 롼양의 동쪽에서 서로 죽이기 시작하고 있는 것이다. 한편으로는 '칼과 팔뚝이 서로 달라붙는 지경이 되어 죽은 자가 온 천지에 가득하'지만 다른 한편으로는 '사상 또한 2백여 명에 달'하여 지극히 현저한 '이화제화'의 일막을 공연했던 것이다.

이른바 중국적인 수단이라고 하는 것은, 내가 보기에, 응당 있다고 해야 하겠지만, 그것은 결코 '이이제이'가 아니라 '이이제화'以夷制華하려는 것이다. 그런데 그렇게 멍청한 '오랑캐'가 어디에 있겠는가? 오히려 그들은 먼저 '이화제화'를 보여 주고 있는 것이다.

이런 사례는 중국 역사에서 늘 일어나던 일이다. 후대의 사관은 새로운 조정을 위해 송가를 지으며 이런 사람들의 행위를 가리켜 이렇게 말했다. "왕을 위해 선구가 된다!"[5)]

최근 전쟁 보도는 너무 괴이하다. 같은 날 같은 신문에 렁커우泠口의 함락을 운운하면서 "10일 이후에 렁커우 방면의 전투는 대단히 격렬하며 화군華軍은 …… 완강하게 저항하여 미증유의 대격전을 계속하고 있다", 그런데 미야자키宮崎 부대는 10여 명의 병사로 인간 계단을 만들어 앞에서 넘어지면 뒤에서 이어 주어 "마침내 창청長城을 넘었다. 이로 말미암아 미야자키 부대는 23명이나 희생이 있었다고 한다". 험준한 요충지를 넘으면서 일본군은 겨우 23명 죽었을 따름인데도 '이나'라고 운운하고 있다. 뿐만 아니라 '미증유의 대격전'이라고 한 것 역시 이해하기 힘들다. 따라서 큰칼부대의 전쟁은 아마도 내가 추측한 것과는 다른 것 같다. 하지만 이미 써 둔 것이므로 갖추어 말하기 위해 우선 남겨 두기로 한다.

4월 17일

[펄쩍 뛰다]
'이화제화'[6]

리자쭤 李家作

신문은 안 볼 수가 없다. 신문에는 아미타불을 염하는 것처럼 경건히 공덕을 닦는 내용도 볼 수 있고, 추녀와 벽을 나는 듯이 넘나드는 유의 '좋은' 글 모집과 같은 국사國士를 선발하는 내용도 볼 수 있다. 또한 수시로 많은 견문을 넓힐 수도 있다. 살인을 예로 들어 말해 보면, 예전에는 머리 베기, 목매달기 정도 알고 있었을 뿐이나 이제는 인육 먹기도 있고, 게다가 '이이제이', '이화제화' 등등의 구별이 있다는 것도 알게 되었다. 통찰력이 있는 사람이 한 말인지라 생각할수록 맞는 말인 것 같다.

더욱이 '이화제화'의 수단은 실로 생각할수록 많은 것 같다. 원인은 사람이 지나치게 많아서 화인이 화인에게 결코 친절하지 않기 때문이다. 게다가 자신의 이해관계를 위해 큰 교의交椅에 앉으려면 반드시 다른 사람들을 제거하지 않으면 안 된다. 따라서 '제압'制이라는 것은 어떤 이유를 막론하고 '제압'해야 하는 것이다. 다른 사람을 제압하여 이점을 얻거나 혹은 다른 사람을 제압하여 상사의 환심을 살 수 있다면 물론 더욱 기운이 솟을 것이다. 오랑캐는 이런 심리를 이용하는 데 아주 능하다. 영토 침략에서부터 비누 판매까지 모두 '화인'이 '화인을 제압하는' 데 능한 장점을 이용한 것이다. 그런데 화인이 화인에 대해서도 실은 이런 방법을 아주 잘 이용할 줄 알뿐더러 대단히 교묘하기까지 하다. 쌍방은 터놓고 말할 필요도 없이 이심전심으로 각자 잇속을 챙기고 제삼자에게는 어떤 흔적도 남기지 않는다. 듣자 하니 이용되는 사람을 발바리 즉, 주구라고들 한다. 그런데 자세히 감별해 보면 결코 발바리만이 아니라 이외에 경찰견도 있다.

발바리 노릇을 하고 경찰견 노릇을 하는 것은 물론 '이화제화'이다. 그런데 그 속에도 구분이 없는 것은 아니다. 발바리는 주인의 분부만 따르고 원수에게는 꼬리를 흔들며 얼마간 미친 듯이 짖어 대기도 한다. 그는 자신이 어떤 신분인지 알고 있다. 경찰견은 그렇지 않다. 세상물정에 노련한 사람들이 왕왕 이렇다. 그는 자신을 호한, 권위자, 대의의 집행을 위하여 천하를 바로잡는 사람으로 굳게 믿는다. 사방 한 치의 뜨락에서 자신만이 방황하고, 방황하고, 외치고, 외칠 수 있다고 생각한다. 그의 위풍 앞에 누구도 감히 무례를 범하지 못한다. 발바리와 비교해 보면 발바리는 정말이지 불쌍할 정도로 천박하다. 그런데 어째서 똑같이 '이화제화'라고 하는가? 세상물정에 노련하다고는 하지만 역시 허점의 노출을 피할 수 없기 때문이다. 허점이란 이것이다. 엄격한 그는 악을 원수처럼 미워한다. 평소에는 바닥에 쪼그리고 앉아 싸늘한 눈으로 방관하다가 '죽여도 좋을' 것 같은 상황을 보면 바로 앞으로 쫓아가 사납게 한입 물어뜯는다. 그러나 그는 결코 함부로 물어뜯지 않는다. 그는 벌써 잘 살펴봐 두었다. 무릇 자신이 의탁한 동네(그도 의탁하는 곳이 없을 수 없다)에서는 결코 상해를 입히지 않는다. 물어뜯어야 할 상황이 있다고 하더라도 '불편'한 일을 만들지 않기 위해 안 본 것으로 치부한다. 그가 물어뜯는 것은 바깥동네 사람, 특히 바깥동네에서 제일 눈에 거슬리는 원수이다. 이것이 곧 용감함이고, 이것이 곧 대의의 집행이다. 이와 동시에 자신의 권위를 드러내고 주인의 환심을 두루 살 수 있게 된다. 왜냐하면 그가 물어뜯는 대상이 왕왕 그와 그의 물주의 공통의 적이기 때문이다. 주인은 분통해하는 사람에게 결코 자신의 의견을 분명하게 드러내지 않고 먹여 주고 지위를 주면서 물어뜯게 만든다. 이런 까닭으로 연거푸 용기를 내고 생트집으로 기회를 찾는다. 방외인들은 뭐가 뭔지 모르고 원한이 너무 깊다고 생각할 뿐이다. 이것이 바로 세상물정에 노련한 사람의 처세 방법, 이른바 악한 사회를 향한 '육박전', '공방전'이라는 것을 알지 못한다. 그런 속셈이라니, 정녕 너무도 고달프리라!

민망한 것은 하늘을 대신해 도를 행한다는 큰 깃발 아래 몸부림치기 위하여, 뜻밖에도 원외부군[7]이 거둬 먹여 주는 것을 부끄러워하지도 않고, 깃발은 장원의 문루門樓 곁에 비스듬히 걸어 두고 한동안 "강호는 한 사발 물로 흔들리지 않는다"라는 벽보를 만들고 있다는 것이다. 여기에서 중국인 노릇을 하기란 쉽지가 않고, '이화제화'의 노고는 현자도 피할 수 없음을 알 수 있도다.

민국 22년 4월 21일

4월 22일 『다완바오』 부간 『횃불』

[술렁거림]
허물이 있더라도 고칠 수 있다[8)]

푸훙랴오傅紅蓼

예전 공부자孔夫子 어른께서는 그렇게 많은 문하생들을 가르치며 말씀하셨다. "허물이 있더라도 고칠 수 있으면 이보다 더 큰 선함은 없도다!" 잘못은 저마다 저지르기 마련이지만 뉘우치기만 하면 된다는 뜻이다. 나는 공부자 어른의 이 말씀에는 아직 미진한 구석이 있다고 생각한다. 예를 들자면 "허물이 있더라도 고칠 수 있으면 이보다 더 큰 선함은 없도다"라는 말 뒤에 한 마디 더 보태어 "허물을 알고도 고치지 않으면 죄과가 엄중하다"라고 해야 천의무봉이라고 생각된다.

예를 들어 말하자면, 현재 전방에서의 전투는 낙화유수와 같다. 그런데 나라를 위한 희생이 잔혹하고 무료하다고 느끼고 싸우지 말 것을 주장할 뿐만 아니라 강화하지 말 것을 주장하면서 차라리 머리를 숨기고 50년을 기다리자고 말하는 사람이 있다. "10년 동안 인구를 늘리고 10년 동안 교훈을 가르친다"[9]라는 속담이 있는데, 보아하니 50년 동안 교훈을 준다고 하니 무엇을 가르치더라도 충분할 것이다. 범사는 잘못이 있어야 교훈이 있다고 했듯이 중국인이 아직은 처방약을 가지고 있음을 알 수 있다. 국사國事를 이렇듯 시커먼 연기와 독한 기운으로 망쳐 놓자 의외로 사람들은 모두 자신들의 내부 조직의 3대 불건전함에 대해 불현듯 대오각성하고 더 나아가 무기의 부족을 발견하게 되었다. 앞으로 몇십 년 동안 준비를 해야 한다. 여기까지 말하고 보니 러허에서 이어진 롼둥灤東까지의 함락에 대하여 우리는 크게 억울하지 않다고 생각해야 할 것 같다. 우리 당(차용하자면)의 건설에서 오늘날에 이르기까지, 군사에서 헌정에 이르기까지 아직 잘못을 기꺼이 인정하는 사람이 없었기 때문이다. 따라서 지금 국토 몇 곳의 상실은 천재로 자부하는 국가의 동량으로 중서中西를 꿰뚫고 있는 명유名儒로 하여금 놀랍게도 모두가 기꺼이 잘못을 인정하도록 하는 것이다. 이른바 "허물이 있더라도 고칠 수 있으면 이보다 더 큰 선함은 없도다"라고 했으므로 새옹이 말을 잃어버린 것이 어찌 복이 아님을 알겠느냐고 잠시 스스로 위안하며, 하릴없이 눈을 감고 두어 차례 소리를 지른다. 그러나 가령 앞으로 "허물을 알고도 여전히 고치지 않으면 죄과가 엄중하다"고 한다면, 부고문에 쓴 글보다도 어쩌면 사람들의 주목을 더욱 끌 수 있을 것이다.

4월 22일 일본의 간행물에 실린 리자쥐의 「'이화제화'」에서 말한 경찰견을 예로 들어 다시 말해 보기로 하자. 경찰견은 사람을 물어뜯는다. 바닥에 쪼그리고 앉아 싸늘한 눈으로 곁에서 바라보다 죽여도 좋을 때가 되면 단번에 앞으로 뛰어나가 맹렬하게 한입 물어뜯는다. 그런데 가끔, 사람들이 몽둥이를 들고 머리를 향해 내리치면 전문적으로 사람을 물어뜯는 경찰견도 머리를 숨기며 혀를 빼물고 어둠 속에서 초초해한다. 이러한 초조함 역시 아마도 이른바 '허물'일 것이다. 경찰견은 야수의 성질을 가지고 있지만 간혹 몽둥이로 머리를 내리쳐서 그의 잘못을 끄집어낼 수도 있을 것이다. 이리하여 "허물이 있어도 고칠 수 있는" 경찰견은 어둠 속에서 초초해하면서 참회할 것이다. 만약 개과천선을 잘 못하는 경찰견이라면 어둠 속에서 초초해하다가 기회를 봐서 다시 물어뜯기를 시도하려고 할 것이다. 이런 개는 아마도 '죄과가 엄중할' 것이다.

중국인들은 허물이 있어도 고칠 수 있으면 그보다 더 큰 선함은 없다고만 알고 있지, 애석하게도 그 뒤에 이어지는 구절은 모두가 잊어버리고 말았다.

4월 26일 『다완바오』 부간 『햇불』

[딱 몇 마디만]
부연 설명[10]

자간

이상 두 편은 일주일 새 『다완바오』의 부간 『햇불』에 실린 글로서 나의 「'이이제이'」 때문에 발표된 것으로 '이화제화'의 흑막을 파헤치고 있다. 뜻밖에 그들이 이처럼 극도의 미움과 질시를 가지고 있었다니, 혹 정녕 이들의 마음을 너무 상하게 한 것은 아닐까?

그런데 꼭 그런 것은 아니다. 대개는 내가 예로 인용한 『××바오』가 실은 『다완바오』였기 때문에 그들로 하여금 이렇게 펄쩍 뛰고 술렁거리게 했던 것이다. 하지만 아무리 펄쩍 뛰고 술렁거리더라도 인용한 기사는 존재하고, 이전의 『다완바오』도 여전히 존재하므로 결국은 애당초 꽉 끼워진 굴레를 벗어나지는 못한다.

이 밖에 여러 말은 필요 없겠다. 그저 이 두 편을 옮겨 실어 두는 것만으로도 이미 그들 스스로 『횃불』의 영광을 십분 설명하는 것이고, 그들의 진실한 몰골을 드러내는 것이기 때문이다.

7월 19일

주)_____

1) 원제는 「"以夷制夷"」, 1933년 4월 21일 『선바오』의 「자유담」에 발표했다. 필명은 허자간.
2) '이이제이'(以夷制夷)는 오랑캐를 이용하여 오랑캐를 제압한다는 뜻이다. 중국의 역대 통치자들이 소수민족에 대해 사용한 전략이다. 『명사』(明史)의 「장우전」(張祐傳)에 "오랑캐를 오랑캐로 다스리면 군대를 번거롭게 하지 않고도 복종시킬 수 있다"라는 말이 나온다. 아편전쟁이 일어나자 청 조정은 서양에 대해 이 전략을 사용하여 자신을 보호하고자 했으나 실패로 끝났다.
3) '큰칼부대'(大刀隊)는 쑹저위안(宋哲元)의 소속부대로 제29군을 가리킨다. 1933년 3월 일본군이 시펑커우(喜峰口)를 공격하자 일본군과 격전을 벌였다.

4) 『시경』의 「대아(大雅)·상유(桑柔)」에 "오오 슬프도다, 국보가 위험하도다(國步斯頻)"라는 말이 나온다. '국보'(國步)는 국가의 전도와 발전이라는 뜻이다.
5) 원문은 '爲王前驅'. 『시경』의 「위풍(衛風)·백혜(伯兮)」에 "내 님은 용감하도다, 나라의 호걸. 내 님은 긴 칼을 들고 왕을 위해 선봉을 서네"라는 말이 나온다. 주 왕실의 정복 전쟁을 위해서 선봉으로 나선다는 뜻이다.
6) 원제는 「"以華制華"」.
7) '원외'(員外)는 '원외랑'(員外郎)이라고도 하며 '정원'(定員) 이외에 배치한 낭관(郎官)을 의미한다. '부군'(府君)은 벼슬아치에 대한 존칭이다.
8) 원제는 「過而能改」.
9) 『좌전』의 '애공 원년'(哀公元年)에 "(오자서伍子胥가) 물러나며 사람들에게 말하길 '월(越)이 10년 동안 인구를 늘리고 10년 동안 교육하면, 20년이 지나면 오(吳)는 소택(沼澤)이 되고 말 것이로다!'라고 말했다"라는 기록이 있다. 이후 "10년 동안 인구를 늘리고 10년 동안 교훈을 가르친다"라는 말은 군인과 민간인이 합심하여 설욕한다는 의미로 사용되었다.
10) 원제는 「按語」.

언론 자유의 한계[1]

『홍루몽』[2]을 보고서 가賈씨댁은 언론이 퍽이나 자유롭지 않은 곳이라고 느꼈다. 종의 신분인 초대焦大는 술기운을 빌려 주인부터 시작해서 다른 모든 종들한테까지 욕을 퍼붓고는 이 집안에서 두 마리 돌사자[3]만 깨끗하다고 말했다. 결과는 어떻게 되었을까? 결과는 주인도 증오하고 종들도 질시하여 그의 입안 가득 말똥을 쑤셔 넣었다는 것이다.

사실 초대가 욕을 한 것은 가씨댁을 타도하려 해서가 아니라 가씨댁이 잘 되기를 바라고 주인과 종들이 이래 가지고는 가씨댁이 유지될 수 없다고 말한 것에 불과하다. 그런데 돌아온 보답은 말똥이었다. 따라서 초대는 진정 가씨댁의 굴원[4]이었던 것이다. 그가 글을 쓸 줄 알았다면 내 생각에는 아마 「이소」 같은 글을 쓰지 않았을까 한다.

3년 전 신월사[5]의 제諸 군자들은 불행히도 초대와 유사한 처지가 되었다. 그들은 경전을 인용하여 당국[6]에 대하여 완곡한 비판을 했다. 대체로 영국 경전을 인용했지만, 조금이라도 당국을 불리하게 할 악의는 없었다. 그저 "어르신, 저 사람들의 옷은 얼마나 깨끗합니까? 그런데 어르신 옷은 좀 지저분하니까 그것을 씻어 내야 합니다"라고 말한 것에 불과하다. 그런데 뜻밖에도 "임금님께서는 나의 심중을 헤아리지 못하"[7]고 입 안 가득 말똥을 쑤셔 박았던 것이다. 나라 안의 신문들은 한목소리로 성토했고 『신월』 잡지도 봉변을 당했다. 그런데 신월사는 필경 문인학사들의 단체인지라 이 순간에도 삼민주의三民主義를 한 보따리 인용하고 본마음을 분명히 밝히는 '이소경'을 들고 나왔다. 이제는 좋아졌다. 말똥을 뱉어 내고 단것으로 채웠다. 고문도 되고 교수도 되고 비서도 되고 대학원장도 되었다. 『신월』에게는 언론 자유라는 것도 이른바 '문예를 위한 문예'였던 것이다.

이것이 바로 문인학사들이 필경 문맹의 종보다 총명하고, 당국이 필경 가씨댁보다 고명하고, 지금이 필경 건륭乾隆시대보다 더 광명한 세상이라고 하는 삼명주의三明主義이다.

그런데 아직도 언론 자유를 요구하며 소리치는 사람들이 있다. 세상에는 단것이 그리 많지 않다는 것이, 내 생각에는 확실하다. 그런데 이런 오해는 아마도 현재의 언론 자유가 주인의 넓은 아량을 족히 드러낼 수 있는, "어르신, 당신의 옷이……"라고 말하는 것에 제한됨을 깨닫지 못하고 말을 더 계속하려고 하는 데서 비롯된다.

이것은 절대로 안 된다. 그런데 『신월』의 수난 시절과 달리, 지금은 언론 자유를 요구하며 소리치는 사람들이 이미 생겨난 것 같다. 이 『자유담』이 증거이다. 비록 아직도 가끔 말똥을 들고 다가와 두리번

거리는 영웅들이 있기는 하지만 말이다. 말을 더 계속해서 하려고 하는 것은 바로 언론 자유를 파괴하는 보장이 되기에 족하다. 지금이 예전보다 광명하다고 하더라도 예전보다 더 매섭다는 것도 알아야 한다. 더 계속해서 말하다가는 목숨조차도 내주어야만 한다. 언론 자유에 관한 법령이 있다고는 하지만 절대로 방심해서는 안 된다. '노인티를 내는 것'이 아니라 이런 일은 내 눈으로 수차례 목격했다. 종노릇하고 있는지도 모르는 군자께서는 잘 생각해 보시고 귀감이 되시기를 바라옵나이다.

4월 17일

주)_____

1) 원제는 「言論自由的界限」, 1933년 4월 22일 『선바오』의 『자유담』에 발표했다. 필명은 허자간.

2) 『홍루몽』(紅樓夢). 청대 조설근(曹雪芹)이 지은 장편소설이다. 통용되는 판본은 120회인데, 후반부 40회는 고악(高鶚)의 속작으로 알려져 있다. 초대(焦大)는 소설 속 가씨 집안의 충실한 종이다. 그가 술에 취해 욕하자 사람들이 말똥으로 입을 틀어막은 이야기는 제7회에 나온다. 두 돌사자만 깨끗하다는 말은 제66회에 나오는데 초대가 아니라 류상연(柳湘蓮)이 한 말이다.

3) 두 마리 돌사자(兩個石獅子). 중국 고대 건축물에서 자주 사용하는 돌로 만든 사자 모양의 장식물이다. 주로 대문의 좌우 양쪽에 배치한다.

4) 굴원(屈原, 약 B.C. 340~약 278). 이름은 평(平), 자는 원(原) 혹은 영균(靈均). 초(楚)나라 잉(郢; 지금의 후베이湖北 장링江陵) 사람. 전국시대 후기 시인이다. 초나라 회왕(懷王) 때 관직이 좌도(左徒)에 이르렀는데, 그의 정치적 입장이 귀족 집단과 맞지 않았

다. 후에 경양왕(頃襄王)에 의해 환(浣), 상(湘) 유역으로 추방되었다. 이에 장시「이소」(離騷)를 써서 분노의 심정과 이상을 추구하고자 하는 결심을 드러냈다.
5) '신월사'(新月社)는 문학적, 정치적 성격의 단체로 1923년 3월경 베이징에서 결성되었다. 동인으로는 후스, 쉬즈모(徐志摩), 천위안(陳源), 량스추, 뤄룽지 등이 있다. 신월사는 인도 시인 타고르(Rabindranath Tagore)의 『초승달』(*The Crescent Moon*)에서 이름을 따왔다('신월'新月은 '초승달'에 대한 번역어이다). 신월사 명의로 1926년 여름 베이징 『천바오 부간』(晨報副刊)에서 『시간』(詩刊; 주간)을 내었다. 1927년 상하이에 신월서점을 세우고, 1928년 3월에 종합지 성격의 『신월』 월간을 출판했다. 1929년 『신월』은 인권, 약법(約法) 등의 문제에 관한 글을 발표하여 국민당 '독재'를 비판하고 영미의 법규를 인용하여 중국의 정치문제 해결에 관한 의견을 제시했다. 이에 국민당 기관지는 연이어 그들의 "언론은 실은 반동에 속한다"라고 공격하는 글을 발표했다. 국민당 중앙은 교육부의 의결을 거쳐 후스에게 '경고'를 하고, 『신월』 월간 제2권 제4기를 압수했다. 이에 그들은 '국민당의 경전'을 연구하고 '당의 뜻'에 근거하여 본의를 해명함으로써 마침내 장제스의 찬사를 받았다.
6) '당국'(黨國)은 국민당 통치 시기 국민당과 국민당의 통치권을 가리키는 말이다.
7) 굴원의 「이소」에 "임금께서는 나의 심중을 헤아리지 못하시고 도리어 참언을 믿고 분노하신다"라는 말이 나온다.

대관원의 인재[1]

몇 해 전 대관원의 피날레[2]는 유 할멈의 산문山門 욕하기였다.[3] 라오단[4]이 무대에 등장하여 거들먹거리는 노티를 내며 바지 뒤에 구멍이 뚫릴 때까지 방귀를 '빵' 하고 뀌는 장면이다.[5] 이때 수중에 쇠붙이 하나 없거나 이미 무장해제당한 사람들을 가리키며 "죽여, 죽여, 죽여!"[6]라고 크게 소리친다. 그 소리는 얼마나 웅장했던가. 따라서 그—노파로 분장한 남자—역시 한 명의 인재라고 할 수 있다.

그런데 요즘 세상이 아주 달라졌다. 손에는 칼을 들고 입으로는 '자유, 자유, 자유', '개방××'[7]이 필요하다고 운운한다. 피날레를 바꾸어야 할 것 같다.

따라서 인재의 배출에는 저마다 다른 요령이 있다. 무대에 등장하는 인물은 라오단이 아니라 화단[8]이 되었다. 뿐만 아니라 평범한 화단이 아니라 상하이파 연극 광고에서 말하는 '완샤오단'[9]이다. 그(그녀)는 비위 맞출 줄도 알고 생떼 쓸 줄도 알고 가볍게 희롱할 줄도 알고 방정맞게 지껄일 줄도 안다. 요컨대 화단과 샤오처우小丑를 합해 놓은 배역이다. 시절이 영웅('미인'이라고 하는 게 더 타당하겠다)을 만들었는지, 아니면 미인이 다년간 굴러먹은 결과인지 모르겠다.

미인으로서 '다년간'의 경력을 말하자면 당연히 사교에 능했던 서낭[10]을 들 수 있겠다. 그녀는 기생에서 시작하여 기생어미로 올라갔지만 그녀의 우아함은 여전했다. 비록 사람들을 파는 처지에 있었지만 자신도 팔았다. 자신을 파는 것은 쉬우나 다른 사람을 파는 일은 좀 어렵다. 지금은 수중에 쇠붙이 하나 없는 사람뿐만 아니라 가지고 있는 사람마저도…… 항차 너무 노골적으로 강간을 당한다. 이런 비상한 변고에 대처하려면 비상한 재주가 있지 않으면 안 된다. 생각해 보라. 요즘의 피날레는 전쟁하는 듯 강화하는 듯, 전쟁하면서 강화하고, 항복하지도 않고 방어하지도 않고, 항복하면서 방어하는 것이다![11] 이것은 얼마나 하기 어려운 연극인가. 못 이기는 척하거나 순진한 척하는 재주가 없다면 못 하는 일이다. 맹부자께서는 "천하를 다른 사람에게 주기는 쉽다"[12]라고 하셨다. 사실 간단하게 두 손으로 '천하'를 받쳐 들고 '다른 사람에게 주어 버릴 수 있으'면 오히려 어렵지 않게 된다. 문제는 이렇게 할 수 없다는 데 있다. 따라서 눈물 쭉, 콧물 쭉, 울고불고, 그리고 능글맞고 천박하게 호소하면서 말한다. "내가 불구덩이에 들어가지 않으면[13] 누가 불구덩이에 들어가겠는가."

그런데 기생은 그녀 스스로 불구덩이에 들어갔어도 사람들이 구해 주기를 바란다고 말한다. 그러나 기생어미는 불구덩이를 호소해도 그녀를 믿어 줄 사람이 없다. 하물며 그녀는 자신의 품을 열어젖혀 모든 사람들을 불구덩이로 끌어들일 준비가 되어 있다고 이미 똑똑히 천명했음에랴. 그렇다고 하더라도 이 신선한 피날레의 우스개는 오히려 나쁘지 않았다. 비상한 재주가 있지 않으면, 설령 갖은 궁리를 짜낸다고 하더라도 못 생각해 내는 것이다.

라오단이 객석으로 들어오자 완샤오단이 무대에 등장했다. 대관의 인재는 참으로 적지 않도다!

4월 24일

주)_____

1) 원제는 「大觀園的人才」, 1933년 4월 26일 『선바오』의 『자유담』에 실렸다. 필명은 간.
2) 원문은 '壓軸戲'. '압대희'(壓臺戲)라고도 한다. 연극 공연에서 가장 나중에 나오는 프로그램이다. 질적 수준이 가장 높고 연기도 가장 정채로워서 무대 전체를 압도한다.
3) '대관원'(大觀園)은 『홍루몽』에 나오는 가쎄댁의 화원으로 여기서는 국민당 정부를 비유한다. 유(劉) 할멈은 『홍루몽』의 등장인물로 여기서는 국민당의 '원로'를 자처하는 우즈후이(吳稚暉; 그를 '우 할멈'이라 불렀다)를 가리킨다. 우즈후이에 관해서는 뒤에 나오는 「신약」 참고.
4) '라오단'(老旦)은 경극에서 노부인 역을 하는 배우나 그 역할을 가리키는 말이다.
5) 우즈후이의 언설에는 "방귀를 뀐다"라는 등의 글자가 자주 나온다. 예를 들면, 그의 「약자의 결어」(弱者之結語)에는 "전체적으로 말하면, 묶어서 말하면 다만 안건을 제안하고 방귀를 뀔 수 있을 따름이다. …… 나는 오늘 다시 한번 방귀를 뀌어 뱃속을 비워 내는 것으로 완결을 짓고자 한다"라고 했다. 장타이옌(章太炎)은 「우징헝에게 다시 답하는 편지」(再復吳敬恒書)에서 우즈후이의 말을 비난하면서 "입에 재갈을 잘 물려 악창을 빨지 않도록 하고 바지를 잘 기워 뒤에 구멍이 생기지 않도록 하시오"라

고 했다.

6) 1927년 4월 우즈후이는 장제스의 '당내 숙청'(淸黨) 정책에 따라 공산당원과 혁명적 군중에 대한 '타도'와 '엄벌'을 주장했다.

7) 원래 원고에는 '개방정권'(開放政權)으로 되어 있었다. 1933년 2월 23일 국민당 중앙당상무회의는 '국민참정회조직법'(國民參政會組織法)을 통과시키고, '개방정권'이 되자고 선전했다.

8) '화단'(花旦)은 경극에서 말괄량이 여자 배역을 가리킨다.

9) '완샤오단'(玩笑旦)은 경극의 '화단'에서 나온 것으로 희극(喜劇) 혹은 소극(笑劇)에서 우스개를 잘하고 소란을 잘 피우는 인물이다.

10) 『남사』「후비전」(后妃傳)의 양(梁) 원제(元帝)의 비 서소패(徐昭佩)에 대한 기록에 "서낭(徐娘)은 나이가 많아도 여전히 다정했다"라는 말이 나온다. 후에 "서낭은 중늙은이임에도 우아함이 남아 있다"라는 고사가 나왔다. 여기서는 왕징웨이(汪精衛)를 가리킨다.

11) 왕징웨이 등을 풍자하는 말. 1933년 4월 14일 왕징웨이는 상하이에서 기자들에게 답변하면서 "국난이 이렇듯 엄중한 때 전쟁을 말하면 군대를 잃고 땅을 잃는 우를 범할 수 있고, 강화를 말하면 권리를 잃고 국가를 욕보이는 우를 범할 수 있고, 강화하지도 않고 전쟁하지도 않는다고 말하면 두 가지 모두의 우를 범할 수 있다"라고 말했다.

12) 『맹자』의 「등문공상」(滕文公上)에 "천하를 다른 사람에게 주기는 쉽지만 천하를 위해서 사람을 얻는 것은 어렵다"라는 말이 나온다.

13) 왕징웨이는 1933년 4월 14일 상하이에서 기자들에게 대답하면서 "현재 난징 정부에 몸을 둔 사람들의 마음은 초조하기가 불구덩이에 몸을 던진 것과 다르지 않다. 우리는 함께 국난을 구하자는 결심으로 몸을 솟구쳐 불구덩이에 뛰어들었다. 동시에 …… 동지들이 함께 불구덩이에 뛰어들기를 성의를 다해 기다린다"라고 말했다.

글과 화제[1]

한 가지 화제로 이리서리 쓰다가 글이 끝나려는 참에 다시 새로 수작을 부리면 독자들은 사람의 말이 아니라고 느낀다. 그런데 한 걸음 한 걸음 해나가고 날마다 식객들이 변죽을 울려 익숙하게 만들어 버리기만 하면 그래도 될 뿐만 아니라 먹히기까지 한다.

예컨대 요사이 제일 주된 화제는 '안을 안정시키는 것과 바깥을 물리치는 것'[2]이고, 이에 관해 쓰는 사람도 참으로 적지 않다. 안을 안정시키려면 반드시 먼저 바깥을 물리쳐야 한다고도 하고, 안을 안정시키는 것과 동시에 바깥을 물리쳐야 한다고도 하고, 바깥을 물리치지 않으면 안을 안정시킬 수 없다고도 하고, 바깥을 물리치는 것은 바로 안을 안정시키기 위한 것이라고도 하고, 안을 안정시키는 것은 바로 바깥을 물리치기 위한 것이라고도 하고, 안을 안정시키는 것이 바깥을 물리치는 것보다 시급하다고도 한다.

이렇게까지 되고 보면 글은 이미 더 이상 뒤집을 수 없을 것 같다. 보아하니 대략 절정에 이른 셈이다.

따라서 다시 새로 수작을 부리려고 하면 사람들은 사람의 말이 아니라고 느끼게 된다. 요즘 가장 유행하는 명명법으로 말하면 '한간' 漢奸이라는 혐의를 받을 가능성이 크다. 왜 그런가? 새로운 수작을 부려 지을 수 있는 글로는 '안을 안정시키면 꼭 바깥을 물리칠 필요는 없다', '바깥을 영접하여 안을 안정시키는 것이 낫다', '바깥이 곧 안이므로 애당초 물리칠 것이 없다'라는 이 세 가지 종류만이 남아 있기 때문이다.

이 세 가지 생각으로 글을 쓰면 너무 이상할 것 같지만 실은 그런 글들이 있다. 뿐만 아니라 멀리 진晉, 송宋으로 거슬러 올라갈 필요도 없이 명조明朝를 살펴보는 것만으로도 충분하다. 만주족이 벌써부터 기회를 엿보고 있는데도 국내에서는 백성들의 목숨을 풀 베듯이 하고 청류淸流들을 실육한 것은[3] 첫번째에 해당한다. 이자성[4]이 베이징을 진공하자 권세가들은 아랫사람에게 황제 자리를 내어 주는 것을 달가워하지 않았으므로 차라리 '대大청나라 군대'에게 그를 물리치도록 요청했는데, 이는 두번째에 해당한다. 세번째에 대해서는 나는 『청사』[5]를 본 적이 없기 때문에 알 수 없다. 그러나 선례에 비춰 보면 아이신조로[6]씨의 선조는 원래 헌원[7] 황제의 몇째 아들의 후예로서 북방에서 피해 살다가 은혜가 두텁고 심히 인자했던 까닭으로 마침내 천하를 가지게 되었으며, 요컨대 우리는 애당초 한집안이었다고 운운했을 것이다.

물론 후대의 역사평론가들은 그것의 그릇됨을 강력히 비난했고,

요즘의 명인들도 만주 도적을 통절하게 증오하고 있다. 그런데 후대와 요즘에 이랬다는 말이지 당시에는 절대로 그렇지 않았다. 앞잡이들이 득시글거리고 양아들이라고 자청하는 이들이 장악하고 있었다. 위충현[8]은 살아서도 공자묘에서 제사상을 받지 않았던가? 당시에는 그들의 행태에 대해 뭐든지 지당하다고 말하는 사람이 있었던 것이다.

청말 만주족이 혁명의 진압에 사력을 다할 당시 "우방에게 줄지언정 집종에게 주지는 않겠다"[9]라는 구호가 있었다. 한족들은 이를 알고 더욱 이를 갈며 증오했다. 사실 한족이라고 해서 달랐던 적이 있었던가? 오삼계[10]가 청나라 군대에게 산하이관山海關으로 들어오라고 한 것은 자신의 이해에 부딪히던 바로 '사람 마음은 똑같아진다'라는 것의 실례이다……

4월 29일

부기.

원래 제목은 「안을 안정시키는 것과 바깥을 물리치는 것」이었다.

5월 5일

주)_____

1) 원제는 「文章與題目」, 1933년 5월 5일 『선바오』의 『자유담』에 실렸다. 필명은 허자간.
2) 원문은 '安內與攘外'. 1931년 11월 30일 장제스는 국민당 외교부장 구웨이쥔(顧維鈞)의 취임회의 '친서훈사'(親書訓詞)에서 "바깥을 물리치기 위해서는 반드시 먼저 안을

안정시켜야 한다"라는 방침을 제안했다. 1933년 4월 10일, 장제스는 난창(南昌)에서 국민당 장교를 대상으로 한 연설에서 또 "항일을 하기 위해서는 반드시 먼저 공산당을 토벌해야 한다. 안을 안정시켜야만 비로소 바깥을 물리칠 수 있다. 비적을 깨끗이 소탕하기 전에 절대로 항일을 말해서는 안 된다. 위반한 사람은 엄격하게 처벌한다"라고 했다. 당시 간행물에는 '안을 안정시키는 것과 바깥을 물리치는 것'에 관한 문제를 다룬 글이 많이 실렸다.

3) 명말 천계(天啓) 연간에 희종(熹宗)이 환관 위충현(魏忠賢) 등을 임용하여 특무기구인 동창(東廠), 금의위(錦衣衛), 진무사(鎭撫司)를 통하여 백성들을 억압, 착취, 살해한 것을 가리킨다. 위충현 엄당(閹黨)은 그들을 반대하는 동림당(東林黨)의 수많은 사대부들을 '천감록'(天鑒錄), '점장록'(點將錄) 등의 명부에 올려 살해했다. 당시 중국의 동부에서는 만주족을 통일한 누르하치(청 태조)가 명 만력(萬曆) 44년(1616)에 칸의 지위에 올라 명을 공격하고 있었다.

4) 이자성(李自成, 1606~1645)은 산시(陝西) 미즈(米脂) 사람으로 명말 농민봉기 지도자이다. 숭정(崇禎) 2년(1629)에 봉기했다. 숭정 17년 1월 시안에서 황제라고 칭하고 국호를 대순(大順)이라 했다. 같은 해 3월 베이징을 공격하여 명나라를 무너뜨렸다. 후에 산하이관을 지키던 명의 장군 오삼계(吳三桂)는 청의 군대로 하여금 산하이관 안으로 들어오게 하여 봉기군을 진압했다. 이에 이자성 부대는 패배하고 베이징에서 물러났다. 청 순치(順治) 2년(1645) 9월 후베이 퉁산현(通山縣) 주궁산(九宮山)에서 지주들에 의해 살해되었다.

5) 1914년에 『청사』(淸史)를 편찬하기 시작했다. 자오얼쉰(趙爾巽)이 주편하여 1927년에 대부분 완성했다. 편찬자들 가운데 청(淸)의 인물이 많았기 때문에 민국의 입장에 부합하지 않는 내용이 있고, 편찬 체제와 역사적 사실도 타당하지 않은 부분이 있다. 미완성 원고였으므로 『청사고』(淸史稿)라 개칭했다.

6) 아이신조로(愛新覺羅)는 청나라 황실의 성. 만주어에서 금(金)을 '아이신'(愛新)이라고 하고 종족을 '조로'(覺羅)라고 한다.

7) 헌원(軒轅)은 전설에 등장하는 한족의 시조. 『사기』의 「오제본기」(五帝本紀)에 "황제(黃帝)는 소전(少典)의 아들로 성은 공손(公孫)이고 이름은 헌원이다"라고 했다.

8) 위충현(魏忠賢, 1568~1627). 허젠(河間) 쑤닝(肅寧; 지금의 허베이(河北)에 속한다) 사람. 명말 천계 연간에 권력을 장악한 환관이다. 사례병필태감(司禮秉筆太監)까지 올랐다. 특무기관인 동창을 장악하여 잔인무도하게 많은 사람들을 죽였다. 『명사』의 「위충현

전』에는 "뭇소인들이 더욱 아첨했다", "서로 다투어 충현 편에 서려고 했으며 양아들이라 자칭했다", "감생(監生) 육만령(陸萬齡)은 충현을 공자와 같은 지위로 할 것을 청하기까지 했다"라는 등의 기록이 있다.

9) 강의(剛毅, 1834~1900)의 말이다. 강의는 만주족 양람기인(鑲藍旗人)이다. 청 조정의 왕공대신 가운데 완고한 인물로 알려져 있으며 군기대신 등을 지냈다. 청말 유신변법운동 시기 그는 사람들에게 "우리 집의 재산을 차라리 벗들에게 줄지언정 뭇 집종들에게 주지는 않겠다"(량치차오梁啓超의 『무술정변기』戊戌政變記 권4에 보인다)라고 했다. 그가 말한 '벗'이란 제국주의 국가를 가리킨다.

10) 오삼계(吳三桂, 1612~1678). 명대 가오유(高郵; 지금의 장쑤에 속한다) 사람. 숭정 때 랴오둥총병(遼東總兵), 주방산하이관(駐防山海關)을 맡았다. 숭정 17년(1644)에 이자성이 베이징을 공격할 당시 청나라 병사를 산하이관 안으로 들어오게 한 공을 인정받아 후에 평서왕(平西王)에 봉해졌다.

신약[1]

 말하려고 보니 정말이지, 9·18 만주사변 이후로는 우즈라오[2]의 경구를 다시 들은 적이 없다. 병이 났다고도 한다. 지금 막 난창발 특별 송고에서 어떤 소리가 날아들었다.[3] 그런데 안면을 바꾼 사람들도, 9·18 이후 숨죽인 민족주의 문학가들도 차가운 비웃음을 보냈다.

 왜 그런가? 9·18 때문이다.

 생각해 보니 우즈라오의 붓과 혀는 아주 중요한 임무를 다 수행했다. 청말 때, 5·4 때, 북벌 때, 당원 숙청 때, 당원 숙청 이후에도 뭔가 말끔하지 않다고 일을 벌일 때. 그런데 그가 지금 입을 벌리자 요리조리 피해 다니는 인물들마저도 냉소를 보내고 있다. 9·18 이래로 비행기가 정말로 이 당국黨國의 원로인 우 선생을 폭격했거나 아니면 요리조리 피해 다니는 인물들의 작은 간담을 크게 만들어 버린 것이다.

 9·18 이후 상황은 이렇게 달라졌다.

 옛날 책에 이런 우화가 있다. 모某 조정 모 황제 시절 다수의 궁녀들이 병에 걸렸는데 아무리 해도 치료가 되지 않았다. 마지막으로 명의가 와서 '건장한 남자 약간 명'이라는 비방을 내렸다. 황제는 하릴없이 그의 처방에 따라 처리했다. 며칠 지나 몸소 가서 살펴보니 궁녀들은 과연 하나하나 화색이 돌기 시작했다. 그런데 사람 같지 않게 말라 비틀어진 채로 땅에 엎드려 있는 남자들이 많았다. 황제는 깜짝 놀라 이것이 무엇이냐고 물었다. 궁녀들이 머뭇거리며 대답했다. "약 찌끼입니다."[4]

며칠 전 신문에 실린 사정에 비춰 보면 우 선생은 흡사 약 찌끼처럼 어쩌면 개새끼한테도 짓밟힐 것 같았다. 그런데 그는 총명하고 아주 담박한 사람으로 결코 다른 사람들을 위해 수분을 다 빼는 지경이 되도록 자신을 방치하지는 않았다. 그러나 9·18 이후 상황은 이미 달라졌기 때문에 팔아먹을 신약이 필요하다는 것은 확실했던 것이다. 그에 대한 냉소는 알고 보면 신약의 작용이었던 것이다.

신약의 맛은 아주 자극적이고도 부드러워야 한다. 글에 비유하자면 우선 열사의 순국에 대해서 말하고 다시 미인의 순정에 대해서도 서술해야 한다. 한편으로는 히틀러의 조각組閣을 찬성하고 다른 한편으로는 소련의 성공을 칭송해야 하고, 군가를 부른 다음에 연가가 따라 나와야 하고, 도덕을 말하고는 기방을 거론해야 한다. 국치일로 말미암아 수양버들을 보고 슬퍼하고 노동절을 맞이하여 장미를 기억해야 하고, 주인의 적을 공격하면서 자신의 주인에게도 불만이 있는 것처럼 해야 하고…… 결론적으로 말하면 예전에 사용하던 것이 단방약單方藥이라면 앞으로 팔아먹을 약은 복약復藥인 것이다.

복약은 만병에 효과가 있는 것 같지만 흔히 한 가지 효과도 보지 못한다. 치료해도 치료가 안 되는데, 다시 말하면 죽지 않을 만큼 독이 된다. 그런데 이 약을 잘못 먹은 환자는 좋은 약을 다시 구해 보지도 않고 증상을 악화시켜 영문도 모른 채 죽음에 이를 수 있다.

4월 29일

주)_____

1) 원제는 「新藥」, 1933년 5월 7일 『선바오』의 『자유담』에 발표했다. 필명은 딩멍(丁萌).
2) 우즈라오(吳稚老)는 우즈후이(吳稚暉, 1865~1953)를 가리킨다. 이름은 징헝(敬恒)이고 장쑤 우진 사람이다. 청년 시절 일본과 영국에서 유학했다. 1905년 동맹회에 참가했으며, 일찍이 장타이옌(章太炎), 쩌우룽(鄒容)을 밀고하기도 했다. 1924년 이후에는 국민당 중앙감찰위원, 중앙집행위원회 상임위원, 중앙정치회 위원 등을 맡았다. 1927년 봄 국민당 중앙에 「당국에 모반을 꾀하는 공산당원 규찰안」(糾察共産黨員謀叛黨國案), 「공산분자의 모반 조사건의안」(請查辦共産分子謀叛案)을 제출하고, 공산당 제거를 위한 장제스의 '당원 숙청'(淸黨)을 충실히 이행했다.
3) 우즈후이가 난창(南昌)에서 신문업계와 한 인터뷰를 가리킨다. 1933년 4월 29일 『선바오』에 실린 '난창발 특별 송고'는 다음과 같다. "우즈후이는 포악한 일본의 중국 침략이 전국을 대상으로 한 계획이므로 우리가 양보한다고 해서 부드러워지거나 저항한다고 해서 강경해지는 것은 아니므로 우리는 생사를 돌보지 말고 필사적으로 저항해야 한다고 말했다." 국민당 정부는 무저항정책을 쓰고 있었는데, 이때 친일인사 황푸(黃郛)를 파견하여 화베이(華北)를 침범한 일본군과 타협을 시도했다. 따라서 『다완바오』의 '일요장제스'(星期談屑)에는 「우즈후이의 항일」(吳稚暉抗日)이라는 글을 실어 우의 담화에 조소를 보내며 "9·18 이후, 1·28 이후, 우리는 오랫동안 우즈후이 선생의 유쾌한 논의를 들어 보지 못했다. 그런데 최근에 선바오의 난창통신에 우즈

라오 선생의 담화가 실렸"는데, "곧 우즈라오 선생의 입으로는 나라를 구원할 수가 없다", "우즈라오 선생의 유쾌한 논의"는 그저 "'백발의 필부'가 내키는 대로 말해 본 것에 불과하다!"고 했다.

4) 청대 저인획(褚人獲)이 지은 『견호병집』(堅瓠丙集)의 「약사」(藥渣)에 다음과 같은 내용이 있다. "명나라 때 우군(吾郡)에 사는 육천지(陸天池)는 박학하고 글을 잘 지었고 음률에 재주가 있었다. 이런 우화가 있다. 모(某) 황제 때 궁녀들이 모두 회춘(懷春)을 앓고 있었다. 의사가 '수십 명의 소년을 약으로 써야 합니다'라고 하자 황제가 그 말대로 했다. 수일이 흐르자 궁녀들은 모두 화색이 돌고 살이 올라 황제를 배알하고 '약을 내리시어 병을 치료했습니다. 감사합니다'라고 말했다. 뒤에는 여러 명의 소년들이 엎드려 누워 있었는데 말라비틀어진 것이 더 이상 사람의 몰골이 아니었다. 황제가 무슨 물건인가를 묻자 대답하여 가로되 '약 찌끼입니다'라고 했다." 여기서 '회춘'은 성숙한 여성이 이성을 마음에 품는다는 뜻이다.

'다난한 달'[1]

지난달 말 신문에서 수차례 5월은 '다난多難한 달'이라고 했다. 예전에는 이런 말을 본 적이 없다. 이제 '다난한 달'이 이미 닥쳤다. 지난날로 따져 보니, 맞다, 5월 1일은 '노동절'이므로 '다난하다'고 할 수 있고, 5월 3일도 지난참사[2] 기념일이므로 물론 '다난'한 것 중 하나에 속한다. 그러나 5월 4일은 신문화운동이 떨쳐 일어난 날이고, 5월 5일은 혁명정부가 성립[3]된 좋은 날임에도 불구하고 왜 모두 '어렵다'難라는 말의 더미 속에 포함시키는 것인가? 이것은 실로 이상하고 괴상하다!

그런데 이 '어려움'이란 말을 국민이 '어려움을 당하다'의 '어려움'으로 해석하지 않고 사람들을 '어렵게 만들다'의 '어려움'으로 해석하면 모든 의혹이 얼음 녹듯 풀린다.

시국이란 것도 정말이지 나는 듯이 빨리 변하기 때문에 옛날에는 좋았던 날이 훗날에는 난관이 되기도 한다. 예전에는 대중을 따라 공터에서 회의가 열렸지만 지금은 "기회를 틈타 소란 피우는 것"을 방지하려고 하릴없이 대표들에게 양옥에 모이도록 서한을 보내고 또 군경에게 질서유지를 요청한다.[4] 예전에는 주요 인사들이 나타나면 '청도'淸道(속칭 '거리 정화')라는 것을 했지만 그래도 그들은 땅 위를 걸어 다녔다. 그런데 지금은 '반역 도모'를 더욱 방지해야 한다. 반드시 비행기를 타야 하고, 해외에 나가야 할 때 비로소 마음놓고 친구에게 비행기를 선물한다.[5] 명인들의 골동품 상점 구경도 예전에는 신기한 일로 치지 않았는데, 지금은 '미복',[6] '미복'이라고 귀가 멍하도록 질러 대서 하릴없이 명산에 오르거나 고찰古刹에 들어가야 야단법석으로부터 조금이라도 자유로워질 수 있게 되었다. 결론적으로 말하지면, 믿을 만한 나라의 기둥들 대부분은 이미 공중에 떠 있거나 적어도 높은 누각이나 험준한 고개로 올라가 버리고, 지상에는 일부 의심스러운 백성만 남아서 실로 '하민'下民 노릇을 하고 있다. 뿐만 아니라 백성과 비적의 구분이 어렵기 때문에 국가의 경조사가 있을 때마다 끝내 "가명으로 소란을 피운다"라는 혐의에서 벗어나지 못했다. 여태까지 '중서中西 당국이 엄히 예방'했기 때문에 무슨 커다란 혼란이 일어난 적은 없지만, 어쨌거나 평소에 비해 힘이 들었다. 이것이 바로 사람들을 어렵게 만든 것이다. 그리고 5월은 '다난한 달'이 되었고, 좋은 일 기념이든지 나쁜 일 기념이든지, 슬픈 날이든지 기쁜 날이든지 간에 모두 입에 올리지 않게 되었다.

그저 세계적으로 큰 사건이 늘어나지 않기를 바랄 뿐이고, 그저 중국에서 참사가 더 이상 일어나지 않기를 바랄 뿐이고, 그저 더 이상 무슨 정부라는 게 세워지지 않기를 바랄 뿐이고, 그저 더 이상 위인의 생일과 기일이 늘어나지 않기를 바랄 뿐이다. 그렇지 않으면 시간이 갈수록 늘어나서 미구에는 '다난한 해'가 되어 중서 당국은 일상적으로 어려움에 처하게 될 것이다. 땅 위를 걸어 다니는 우리 같은 어린 백성마저도 하릴없이 영원토록 '혐의'를 단 채 계엄과 함께할 수밖에 없다. 오호라 슬프다, 숨도 못 쉬게 될 판이로다.

5월 5일

주)

1) 원제는 「"多難之月"」, 1933년 5월 8일 『선바오』의 『자유담』에 발표했다. 필명은 딩멍.
2) '지난참사'(濟南慘案)는 1928년 5월 3일 지난을 점령한 일본이 중국 군인과 민간인 5천여 명을 사상한 5·3 참사를 가리킨다.
3) 1921년 쑨중산(쑨원)이 베이징의 베이양 군벌정부에 대항하기 위하여 광저우의 군정부를 해산하고 5월 5일 광저우에서 중화민국 정부를 정식으로 세우고 비상대총통으로 취임한 것을 가리킨다.
4) 1933년 5월 5일 국민당 상하이시당부(黨部)는 '혁명정부 수립 12주년 기념' 대회를 거행했다. 사전에 각계에 "이날 오전 9시 본당부 3층 대강당에서 각계 대표를 소집하여 기념대회를 거행한다"라고 통지하고 기념 방법 아홉 가지를 정했다. 마지막 항목은 "사령부 지시(曁市) 공안국에 서신으로 경비를 요청하여 반동분자가 기회를 틈타 소란을 피우는 것에 엄격히 대비한다. 또한 군경 약간 명을 파견하여 회의장의 질서를 유지한다"라는 것이었다.
5) 장쉐량은 1933년 2월 전용 포드비행기를 쑹쯔원에게 보냈고, 4월에 사직하고 출국할 때 또 다른 포드비행기 한 대를 장제스에게 선물했다.
6) 전통시대에는 고관들이 외출할 때 사람들이 알아보지 못하도록 평범한 옷으로 갈아입었는데, 이를 '미복'(微服)이라 한다. 1933년 4월 4일 국민당 정부 주석 린썬(林森)이 단징의 공자 사당 문물점에서 골동품을 구매하자 신문은 요란스럽게 이 일을 선전했다. 이튿날 『선바오』의 '난징발 통신'에서는 "린 주석이 오늘 미복으로 고서점에 들러 고서적 몇 권과 골동품 몇 점을 샀다"라고 했다.

무책임한 탱크[1]

처근 신문지상에 상시上海 사람들이 처음으로 탱크를 보았다고 보도했다. 물론 장시 사람들은 눈요기를 잘 즐겼다. 그런데 안절부절못하며 또 허리춤에서 돈을 끄집어내어 탱크에 기부를 해야 하는지 우려하기도 했다. 나는 공연히 다른 한 가지 일이 떠올랐다.

자칭 '장'씨라는 사람[2]이 말했다.

나는 언론의 부자유를 옹호하는 사람이다……. 언론이 자유롭지 않아야 비로소 좋은 글이 나온다. 이른바 냉소, 풍자, 유머 그리고 기타 형형색색의 감히 언론의 책임을 지지 않는 문체는 억압과 견제 아래에서 이에 호응하여 탄생된다.

이른바 무책임한 문체가 탱크에 비하면 어떤지 모르겠다.
풍자 등이 왜 무책임하다는 것인지, 나는 정말 모르겠다. 그런데

'비아냥'이 왜 안 되고, '암전'이 어떻게 천재를 사살하는지에 대한 논의를 들은 지는 벌써 여러 해 되었다. 여러 해 되다 보니 이치에 잘 맞는 말일 성싶기도 하다. 대체로 욕쟁이는 감히 호한에 끼지 못하는 겁쟁이다. 사실 두꺼운 철판 탱크 속에 숨어 땅땅 펑펑거리며 폭격하는 것은 대담하다고는 할 수 없을 것 같아도 그야말로 아주 통쾌한 일임에는 틀림없다.

고등인高等人들은 원래부터 두꺼운 물건 뒤에 숨어서 살인하는 데 능수능란하다. 옛날에는 비적과 떠돌이를 대비하기 위한 두꺼운 성벽이 있었다. 지금은 철갑옷, 장갑차, 탱크가 있다. '민국'과 사유재산을 보장하는 법률도 하나같이 두꺼운 커다란 책이다. 심지어는 천자부터 경대부까지 그들의 관재棺材조차도 서민보다 두꺼워야 한다. 얼굴 가죽의 두께도 고례古禮에 부합한다.

그런데 유독 하등인이 이런 대비를 하면 '무책임하다'라는 등의 조소를 받게 된다.

"당신 나와! 나오라고! 등 뒤에 숨어서 비아냥거리다니 호한은 아니로군!"

그런데 만약 당신이 그의 속임수에 걸려들어 정말로 웃통을 벗어젖히고 전선으로 달려 나와 허저[3] 같은 호한에 끼려고 한다면, 그쪽에서는 즉각 사정없이 당신에게 창을 던지고 나서 『삼국연의』에 주석을 단 김성탄의 필법[4]을 따라 "누가 당신더러 웃통을 벗으라고 했느냐", 싸다 싸, 라며 욕을 퍼부을 것이다. 요컨대 살아도 죄, 죽어도 죄다. 따라서 사람 노릇을 하기란 그야말로 어렵고, 탱크 되기가 훨씬 쉽다는 것을 알 수 있다.

5월 6일

주)_____

1) 원제는 「不負責任的坦克車」, 1933년 5월 9일 『선바오』의 『자유담』에 발표했다. 필명은 허자간.
2) 장뤄구(張若谷)를 가리킨다. 「문인무문」 참고. 인용한 말은 1933년 3월 3일 『다완바오』의 『고추와 감람』에 발표한 「옹호」(擁護)에 나온다.
3) 허저(許褚)는 삼국시대 조조(曹操) 휘하의 명장. 웃통을 벗고 전쟁터에 나간 이야기는 『삼국연의』(三國演義) 제59회 「허저가 옷을 벗고 마초와 싸우다」(許褚裸衣鬪馬超)에 나온다.
4) 김성탄(金聖嘆, 1608~1661)은 우현(吳縣; 지금의 쑤저우) 사람으로 명말청초의 문인이다. 『수호』(水滸), 『서상기』(西廂記) 등에 주석을 달았다. 그가 붙인 서문과 독법, 비평문 등을 일컬어 '성탄외서'(聖嘆外書)라고 한다. 『삼국연의』는 원말명초 나관중(羅貫中)이 지은 것으로 청대 모종강(毛宗崗)이 개편했다. 권1에 김성탄을 가탁하여 지은 서문이 있고 '성탄외서'라는 글자도 있다. 매회 앞에는 비평이 있는데, 일반적으로 김성탄이 지은 것으로 보고 있다.

성쉬안화이와 이치에 맞는 억압[1]

성盛씨의 조상은 아주 많은 덕을 쌓았고, 그들의 자손은 '실지 수복'이라는 성대한 의식을 두 차례 거행했다. 한 번은 위안스카이의 민국정부 치하에서, 다른 한 번은 지금의 민국정부 치하에서이다.

민국 원년 시절 성쉬안화이[2]는 일등 매국의 역적으로 지목되고 그의 가산은 몰수당했다. 미구에 2차혁명이 끝난 뒤쯤에 되돌려 주었다. 이 일은 그리 이상할 것도 없다. '만물은 동종의 불행을 슬퍼한다'라고 했듯이 위안스카이 본인 역시 매국노이기 때문이다. 해마다 5월 7일과 5월 9일[3]을 기념하고 있지 않은가? 위안스카이는 21개조에 서명했으므로 매국이라고 한 말은 확실한 증거에 근거한 말이다.

최근에 또 신문에서 한 뉴스를 보았는데, 대체적인 내용은 이렇다. "성씨의 가산은 이미 명령을 받들어 반환했다. 쑤저우의 유원,[4] 장인과 우시의 전당포 등은 지금 반환수속을 밟고 있는 중이다." 이것은 나를 깜짝 놀라게 했다. 알아보았더니 민국 16년 국민혁명군이 상하이와 난징에 갓 도착했을 때 성씨의 가산을 다시 한 차례 몰수했다고 했다. 이때의 죄명은 대충 '토호열신'土豪劣紳이었다. 신사紳士이면서 '비열'하고 게다가 과거의 매국죄까지 더하여 당연히 몰수해야 했던 것이다. 그런데 왜 또 반환한 것인가?

첫째, 지금은 매국의 역적이 있다고 의심해서는 안 된다는 것이다. 결코 확실한 증거가 없기 때문인데, 지금 권좌에 있는 사람들은 일찌감치 굴욕적인 조약에 서명하지 않겠다고 맹세했으므로[5] 그들은 성쉬안화이나 위안스카이와 다르다. 둘째, 지금 항공의연금을 모금하고 있는 데서[6] 정부재정이 결코 넉넉하지 않음을 알 수 있다. 그렇다면 왜인가?

학리적인 연구 결과는 이렇다. 억압에는 본래 두 가지 종류가 있다. 하나는 이치에 맞을 뿐만 아니라 앞으로도 영구히 이치에 맞는 것이고, 다른 하나는 이치에 맞지 않는 것이다. 이치에 맞는 억압은 어린 백성들을 핍박하여 고리대를 받거나 소작료를 내게 하는 것과 같은 것이다. 이러한 억압의 '이치'는 "채무의 반환은 중외中外 공통의 정해진 이치이고, 소작료의 납부는 천고불변의 법칙이다"라고 쓴 공고문에 있다. 이치에 맞지 않는 억압은 바로 성쉬안화이의 가산 몰수 등등이다. 거신巨紳을 '억압'하는 이런 수법은 당시에는 이치에 맞았을지 모르지만 지금은 이치에 맞지 않는 것으로 변한 지 오래되었다는 것이다.

신문에 실린 「5월 1일 노동자 벗에게 알리는 글」[7]에서 "우리나라 자본가의 이치에 맞지 않는 억압에 반항하라"라는 말을 금방 보았을 때는 나도 깜짝 놀랐다. 이것은 계급투쟁을 제창하는 것이 아니던가? 나중에 곰곰이 생각해 보고 영문을 알 수 있었다. 이것은 바로 이치에 맞지 않는 억압에는 반대해야 하지만 이치에 맞는 억압은 예외로 해야 한다는 말이다. 어떤 것이 이치에 맞는 것인가에 대해서는 계속 읽어 내려가면 알게 된다. 이어지는 문장은 이렇다. "모름지기 고생이 되더라도 생산에 박차를 가해야 하고…… 특히 시국의 어려움을 다 함께 견디며 노사 간의 진실한 협조를 힘써 도모하고 노사 간의 모든 분규를 해소해야 한다." 또 이런 말도 있다. "중국 노동자는 외국 노동자만큼 고생스럽지 않다"[8] 등등.

다행히도 별것 아닌 일에 화들짝 놀라 소리치지는 않았다. 나는 내심 세상일이란 언제나 까닭이 있는 것처럼 일체의 억압 역시 이러하다고 생각했다. 하물며 성쉬안화이 등에게 대처할 이유는 아주 적다고 하더라도, 노동자에게 대처해야 할 이유가 없을 리 만무함에 있어서랴.

5월 6일

주)_____

1) 원제는 「從盛宣懷說到有理的壓迫」, 1933년 5월 10일 『선바오』의 『자유담』에 발표했다. 필명은 딩멍.
2) 성쉬안화이(盛宣懷, 1844~1916). 자는 싱쑨(杏蓀), 장쑤 우진 사람. 청말 대관료자본

가. 일찍이 윤선초상국(輪船招商局), 전보국, 상하이 기기직포국(機器織布局), 한예핑 공사(漢冶萍公司) 등을 만들어 당대 유수의 부호가 되었다. 1911년 우전부(郵電部) 대신을 맡아 제국주의 각국에 철로와 광산 등의 권리를 팔아넘겼고, 외채를 빌려와 위기에 몰린 청 조정의 통치를 유지시켰다. 그의 재산은 신해혁명 후 두 차례에 걸쳐서 몰수되었다. 첫번째는 민국 원년이었고, 1912년 12월 당시 장쑤도독 청더취안(程德全)의 명령으로 되돌려 받았다. 두번째는 1928, 29년 사이에 국민당 정부 행정원이 쑤저우, 창저우(常州), 항저우, 우시(無錫), 장인(江陰), 창수(常熟) 등지의 현 정부에 명하여 성씨의 가산을 몰수했으나, 1933년 4월 다시 반환을 명령했다.

3) 1915년 1월 18일 일본 정부는 위안스카이 정부를 향해 중국을 자신의 독점적 식민지로 만들기 위한 '21조'의 요구를 제시하고, 5월 7일 48시간 안에 '만족할 만한 답변'을 하라고 최후통첩을 했다. 국민들의 반대에도 불구하고 위안스카이 정부는 5월 9일 '21조'를 수용했다. 이후 여론계는 매년 5월 7일과 9일을 국치기념일로 삼았다.

4) 유원. 중국의 유명한 정원 중 하나. 장쑤성 쑤저우시에 있다. 명나라의 태부소경(太仆少卿) 서시태(徐時泰)는 아름다운 정원, 즉 동원(東園)과 서원(西園)을 지었다. 청나라 가경(嘉慶) 5년(1800) 유서(劉恕)는 동원을 개축하여 '유원'(劉園)이라 불렀다. 청나라 말기 다시 성씨에게 귀속되면서 '유'(劉)를 '유'(留)로 바꾸어 '유원'(留園)이라 불렀다.

5) 1931년 9월 29일 장제스는 난징에서 청원하는 각지의 청년대표들에게 "국민정부는 결코 군벌시대의 매국정부가 아니다. …… 결코 국권을 상실하는 치욕적인 조약에 서명하지 않는다"라고 했다. 1932년 4월 4일 행정원장 왕징웨이는 상하이에서 담화를 발표하면서 마찬가지로 "국민정부는 단호히 국권을 상실하는 치욕적인 조약에 서명하지 않는다"라고 말했다.

6) 「항공구국의 세 가지 소원」 참고.

7) 국민당에 협조하던 상하이시 총공회(總工會)에서 1933년 5월 1일 노동절에 발표한 「시 노동자 벗에게 알리는 글」(告全市工友書)을 가리킨다.

8) 1933년 국민당이 주관한 상하이의 노동절 기념회의에서 상하이시 총공회 대표 리융샹(李永祥)은 "중국은 자본주의 세력이 아직 지극히 미미하다. 지금 중국의 노동자들이 받고 있는 자본가의 억압은 당시 구미 노동자들이 받은 심각한 억압에 미치지 않는다"라고 말했다.

왕의 교화[1]

지금 중국에서 왕의 교화는 진정 "빛이 사방을 뒤덮고 천지 상하에 이르"[2]고 있을 정도이다.

푸이의 제수씨가 3만여 위안을 거머쥐고 요리사를 따라 도망갔다.[3] 이에 중국의 법정은 그녀를 체포하여 사건을 종결하고 "남편에게 넘겨 단속하도록 한다"라는 판결을 내렸다. 만주국은 '가짜'(僞)지만 부권은 '가짜'가 아니었던 것이다.

신장의 회족이 소란을 피우자,[4] 이에 선위사를 파견했다.

몽고의 왕족들이 떠돌아다니자, 이에 특별히 '몽고 왕족 구제위원회'[5]를 조직했다.

시짱에 대한 회유책으로[6] 판첸 라마를 초청하여 경전을 외도록 했다.

그런데 가장 인자한 왕의 교화정책은 광시에서 요족을 다루는 방법이라고 할 수 있다.[7] 『다완바오』의 기사에 따르면, '인자한 정책'

이란 3만 요족 중에 3천 명을 살해하고, 비행기 세 대를 요족 마을에 보내 '알을 낳'[8]게 하여 그들로 하여금 '깜짝 놀라 천신天神, 천장天將으로 여기도록 하여 싸우지도 않고 항복하'게 만드는 것이었다. 그다음에는 요족 대표를 선발하여 대도시 관광으로 상국[9]의 문화를 구경하도록 했다. 예컨대 거리에서 볼 수 있는 붉은 머리 아싼[10]의 위풍 같은 것 말이다.

그런데 붉은 머리 아싼의 말은 이것이다. "쑐라쑐라거리지 마!"

귀화한 지 오래된 이런 '이적'夷狄들이 요즘 들어 자주 '쑐라쑐라'거린다. 그 까닭은 모두가 원망을 품고 있기 때문이다. 왕의 교화가 성행하던 시절에는 "동쪽을 바라보며 정벌하면 서이西夷가 원망하고, 남쪽을 바라보고 정벌하면 북적北狄이 원망했다".[11] 따라서 '쑐라쑐라거림'은 애당초 당연하다고 하겠다.

그러나 우리는 여전히 결코 나태함이 없이 동분서주, 남정북벌하고 있다. 좀 고되기는 하기만 '정신적인 승리'는 우리의 것이다.

'가짜' 만주국의 부권이 보장되고 몽고의 왕족들이 구제되고 라마의 독경이 끝나고 회족이 진심으로 위안을 받고 요족이 '싸우지도 않고 항복'하게 되면, 더 이상 무슨 할 수 있는 일이 있을까? 물론 문덕文德을 닦아서 '멀리 있는 사람'[12] 즉 일본을 설득하는 일만이 남게 된다. 이때는 우리의 인도 아싼 식의 책임을 다한 셈이다.

오호라, 초야의 서민들은 태평성세를 만나 멀리서 들려오는 환호소리에 고무가 될 따름이로다![13]

5월 7일

이 글은 신문검열처新聞檢查處에서 삭제하여 게재되지 못했다. 다행히도 요족도 아닐뿐더러 조계지에 살고 있어서 국산품 비행기가 와서 '알을 낳'는 처지는 면하게 되었다. 그럼에도 불구하고 '쐴라쐴라 거리지 마'라는 것은 일률적으로 적용되므로 '환호'조차도 허락되지 않는다. 따라서 숨소리도 내지 않고 쥐 죽은 듯 구국에나 힘쓸 따름이로다!

15일 저녁에 쓰다[14]

주)_____

1) 원제는 「王化」. 이 글은 『선바오』의 『자유담』에 투고했으나 국민당 신문검열처(新聞檢查處)에 의해 금지되었다가 1933년 6월 1일 『논어』(論語) 반월간 제18기에 발표했다. 필명은 허간.
2) 원문은 '光被四表格於上下'. 『상서』의 「요전」(堯典)에 나오는 말로서 요의 공덕을 서술한 송사(頌詞)이다. 빛이 상하사방에 미치지 않는 곳이 없다는 뜻이다.
3) 1933년 5월 1일 『선바오』에 '푸이(溥儀) 제수씨의 간통사건' 뉴스가 실렸다. 푸이의 사촌 제수씨가 요리사와 함께 돈을 훔쳐 창춘에서 옌타이(烟臺)로 도망가다 옌타이 공안국에 발각되어 요리사는 1년 징역을 살고 여자 측은 시집이 데리고 가 단속하기로 했다는 내용이다.
4) 1933년 신장(新疆)의 위구르족(당시 신문에서는 '회족'이라고 했다)의 항거를 가리킨다. 1931년 4월 위구르족은 신장성 주석이자 군벌인 진수런(金樹仁)의 폭정에 항거하다가 잔혹하게 진압되었다. 1933년 초에 다시 대규모로 저항하자 진수런은 하미(哈密) 등지를 포기했고, 성도인 디화(迪化; 지금의 우루무치)도 포위되었다. 4월 진수런은 권좌에서 쫓겨나 도망갔으며, 그의 참모인 성스차이(盛世才)가 이것을 기회로 신장의 통치권을 장악했다. 4월 말 난징 국민당 정부는 참모본부차장 황무쑹(黃慕松)을 '선위사'(宣慰使)로 파견하여 이 일을 처리하게 했다.

5) 만주사변 이후 일본이 네이멍구(內蒙古) 동부를 침략하자 국민당 정부는 군사위원회 베이핑분회로 하여금 베이핑 등지에서 떠돌고 있는 둥멍(東蒙)의 왕족과 관민, 학생, 그리고 네이멍(內蒙)으로 도망쳐 온 와이멍(外蒙)의 왕족 등에게 구제금을 지급하도록 명령하고, 1933년 4월 베이핑에 '몽고 구제위원회'(蒙古救濟委員會)를 설립했다.
6) 만주사변 전후 시짱(西藏)에서는 달라이 라마 등의 친영국 세력이 칭하이(靑海)의 왕수(王樹), 시캉(西康)의 간메이(甘枚) 일대에서 끊임없이 지방 군벌과 무력 충돌을 일으켰다. 1933년 4월 그들은 무력으로 진사장(金沙江)을 건너 시캉의 바안(巴安)으로 들어가 이른바 '캉장 통일'(康藏合一) 계획을 달성하고자 했다. 당시 이에 대해 속수무책이던 국민당 정부는 달라이 라마에 의해 쫓겨난 시짱의 판첸 라마(당시 판첸은 난징에 사무처를 두고 있었다)를 데리고 와 기도법회를 여는 등의 종교적 형식을 통한 회유책을 썼다.
7) 광시(廣西) 북쪽, 후난(湖南) 남쪽 등지에 소수민족 요족(瑤族)이 모여 살고 있었다. 국민당 정부는 일관되게 대한족(大漢族) 정책을 시행했기 때문에 요족에 대한 지방 정부의 착취와 모욕이 심각하였다. 이에 요족은 몇 차례에 걸쳐 항거했다. 1933년 2월 광시 북부의 취안현(全縣), 관양(灌陽) 등지의 요족들은 제단을 만들고 제사를 지내는 등의 방식으로 자못 규모가 큰 봉기를 일으키고, "부자 영감을 죽이자, 관병을 죽이자"라는 구호를 외쳤다. 당시 광시성 정부는 병력을 동원하여 '토벌'하고 비행기로 폭격을 가하여 요족의 사상(死傷)이 심각한 정도에 이르렀다. 요족을 진압한 후 국민당 당국은 '토벌과 위로를 병행'하는 전략으로 요족 촌장을 이끌고 전국 각 성의 대도시들을 둘러보게 했다.
8) 원문은 '下蛋'. 조류가 알을 낳는다는 뜻이나 여기서는 비행기에서 폭탄을 투하한다는 의미로 쓰였다.
9) 춘추시대에는 오(吳), 초(楚) 등과 비교하여 중원에 있던 제(齊), 진(晉) 등을 '상국'(上國)이라고 했다. 여기서는 국민당 당국이 소수민족 앞에서 '상국'이라 자처한 것을 풍자한 말이다.
10) '붉은 머리 아싼'(紅頭阿三)은 상하이 공동조계에 있던 인도 순경에 대한 속칭이다. 그들은 붉은 두건을 머리에 두르고 있었고, 옷소매에 '인'(人)을 거꾸로 쓴 듯한 모양으로 세 줄의 표시를 새겨 넣었기 때문에 생겨난 호칭이다.
11) 원문은 '東面而征西夷怨, 南面而征北狄怨'이다. 『상서』의 「중훼지고」(仲虺之誥)에 "동쪽을 정벌하면 서이가 원망하고 남쪽을 정벌하면 북적이 원망한다"(東征西夷怨,

南征北狄怨)라는 말이 나온다. 여기에 인용한 것은 『맹자』 「양혜왕하」(梁惠王下)와 「등문공하」(滕文公下)에서 맹자가 한 말이다. 원래 뜻은 상(商)나라 탕(湯)이 어진 정치를 행하니 이웃 나라의 백성들이 모두 하루라도 일찍 와서 자신의 나라를 정복해 주기를 바라고, 정복이 늦어지는 것을 좋아하지 않았다는 뜻이다.
12) 원문은 '遠人'. 이민족이나 외국인을 가리킨다. 『논어』의 「계씨」(季氏)에 "그러므로 멀리 있는 사람이 복종하지 않으면 문덕을 닦아서 그들을 오게 해야 한다"고 했다.
13) 쑨중산이 1894년 6월에 쓴 「이홍장에게 보내는 글」(上李鴻章書)에 나온다.
14) 이 부기는 처음 발표했던 『논어』지에는 실리지 않았다.

하늘과 땅[1)]

지금 중국에는 두 종류의 폭격이 있다. 하나는 폭격해 들어가는 것이고 다른 하나는 폭격해 들어오는 것이다.

폭격해 들어가는 것의 일례는 가로되,

수일 내 비행기가 비적 지구로 가서 폭격하는 것 말고는 전투가 없다. 3부대와 4부대가 7일 새벽부터 오후까지 번갈아 대오를 지어 이황 서쪽과 충런 남쪽[2)]으로 날아가 120파운드짜리 폭탄 이삼백 개를 투척했다. 무릇 비적들이 숨어 있을 만한 곳은 거의 파괴하여 비적들은 휴식·정비할 곳이 없게 되었다.……(5월 10일 『선바오』 난창발)

폭격해 들어오는 것의 일례는 가로되,

오늘 새벽 6시 적기가 지현을 폭격하여 백성 10여 명이 사망했다. 또한 미원은 오늘 네 차례나 적의 폭격을 받았는데,[3] 매번 두 대의 비행기가 100개의 폭탄을 투하하였다. 손해는 현재 상세히 조사하고 있는 중이다.……(같은 날 『다완바오』 베이핑발)

이런 시국에 호응하여 생겨난 것은 상하이의 소학생들이 비행기를 사고 베이핑의 소학생들이 땅굴을 파는 일이다.[4]

이상의 전문電文도 역시 '안을 안정시키지 않으면 바깥을 물리칠 수 없다'거나 혹은 '안을 안정시키는 것이 바깥을 물리치는 것보다 시급하다'라는 화제에 대하여 써낸 두 편의 좋은 글이다.[5]

조계지의 거주자들은 복 받은 사람들이다. 그런데 눈을 감고 좀 넓게 생각해 보면, 안에는 관군이 하늘에 있고 '공비'와 '비적화'된 백성들이 땅에 있으며, 바깥에는 적군들이 하늘에 있고 '비적화'되지 않는 백성들이 땅에 있음을 느낄 수 있을 것이다. "손해는 상세히 조사 중"인데도 태평한 지역에서는 보탑을 쌓고 있다.[6] 석가모니는 태어나면서 한 손으로 하늘을 가리키고 다른 한 손으로 땅을 가리키며 "천상천하에 유아독존이로다!"라고 했는데, 바로 이것을 두고 한 말이다.

그런데 다시 눈을 감고 조금 멀리 생각해 보면 어려운 화제에 봉착하게 된다. 폭격해 들어가는 것이 느리고 폭격해 들어오는 것이 빨라서 두 비행기가 만나게 되면, 또 어찌할 것인가? '안을 안정시키는 것'을 멈추고 방향을 돌려 '마주보고 호되게 공격'할 것인가, 아니면 여전히 폭격해 들어가는 것만 생각하고 그들이 뒤따라 폭격해 들어오도록 내버려 두어 하나는 앞에서 다른 하나는 뒤에서 동시에 '비적 지구'를 폭격하여 깨끗이 박살 낸 뒤에 다시 그들을 '물리쳐' 나가게 할 것인가?……

그러나 이것은 우스개에 지나지 않는다. 사실 결코 이 지경이 되지는 않을 것이다. 설령 이 지경이 된다고 하더라도 해결하기 어려울 것도 없다. 해외에 나가 요양하거나 명산에서 불공을 드리면,[7] 이것으로 그만이다.

5월 16일

마지막 구절의 원고는 다음과 같았던 것으로 기억한다. "해외에 나가 요양하기나 등에 무스럼이 생기거나 명산에 올라 불공을 드리거나 소변에 당이 생기면, 이것으로 그만이다."

19일 밤에 보충해서 쓰다

주)
1) 원제는 「天上地下」, 1933년 5월 19일 『선바오』의 『자유담』에 발표했다. 필명은 간.
2) 이황(宜黃)과 충런(崇仁)은 장시성(江西省)의 현 이름. 이황 서쪽과 충런 남쪽은 당시 중앙 소비에트 지구 군민(軍民)들이 '포위토벌' 반대 투쟁을 벌였던 최전방 지역이다.
3) 지현(薊縣), 미윈(密雲)은 당시 허베이성(河北省)의 현 이름. 지현은 지금의 톈진(天津)에, 미윈은 지금의 베이징에 속한다. 1933년 4월 일본군이 이둥(冀東), 롼허(灤河) 일대를 습격하면서 이곳을 비행기로 폭격했다.
4) 1933년 초 국민당 정부가 항공구국을 위한 비행기 의연금을 모으면서 상하이시는

하늘과 땅 203

200만 위안을 모금하기로 예정되어 있었다. 5월 초까지 거두어들인 돈이 반액에 그 치자 12일 상하이의 보이스카우트를 동원하여 3일 동안 교통 요지와 유흥지에서 '보이스카우트호 비행기' 구매를 위한 의연금을 모금했다. 1933년 5월에는 베이핑의 각 소학교장들이 일본 비행기가 수시로 상공을 맴돌자 11일 자신들의 대표를 사회국(社會局)에 파견하여 오전수업 중지와 방공호 파기를 승인할 것을 요구했다.

5) 루쉰의 수고(手稿)에는 이 구절에 이어서 다음과 같은 내용이 더 있다. "비행기 구매는 장차 '안을 안정시키기' 위해서이고, 땅굴 파기는 '바깥을 물리칠 수 없기' 때문이다. '안을 안정시키는 것이 바깥을 물리치는 것보다 시급하기' 때문에 비행기 구매가 필요하고, '안을 안정시키지 않으면 바깥을 물리칠 수 없기' 때문에 반드시 땅굴 파기를 해야 하는 것이다."

6) 1933년 국민당 정부 고시원장 다이지타오(戴季陶)는 난징에 있는 광둥 중산대학 선생과 학생 70여 명으로 하여금 쑨중산의 저술을 초록하게 하여 자개를 박은 구리함에 담아서 중산릉 부근에 보탑을 쌓아 보관했다.

7) 국민당 정부 인사들이 내홍으로 하야하거나 곤란한 처지가 되었을 때 습관적으로 사용하는 핑계이다. 예를 들어 왕징웨이는 등창과 당뇨병이 생겼다며 '침대에 누워 휴식'하거나 '출국하여 요양했'으며, 황푸는 모간산(莫干山)으로 물러나 '불학 공부를 하'고, 다이지타오는 자칭 불교신자라고 하며 난징 부군의 바오화산(寶華山) 룽창사(隆昌寺)에서 경을 읽고 불공을 올리는 소식이 신문에 자주 실렸다.

유보[1]

요 며칠 신문에서 다음과 같은 뉴스를 우리에게 전해 주었다. 신임 정무정리위원회 위원장 황푸[2]의 전용차가 톈진에 도착하자 17세 청년 류경성이 폭탄을 투척했으며, 범인은 현장에서 체포되었다. 진술에 따르면 일본인의 사주를 받았고 이튿날 새 기차역 바깥에서 공개 효수되었다고 운운했다.[3]

청 조정이 민국으로 바뀐 지 벌써 22년이나 되었지만 헌법 초안의 민족, 민권 두 편은 목전에야 비로소 초안이 만들어졌고 아직 반포되지도 않았다. 지난달 항저우에서는 시후^{西湖}에서 잡힌 강도를 공개 처형했는데, 듣자 하니 달려가 구경한 자가 "만 명이나 되고 거리가 텅 비었다"[4]고 했다. 이것은 '민권법' 제1항의 '민족지위의 고양'과는 조금 차이가 있지만 '민족법' 제2항의 '민족정신의 발양'에는 부합한다. 남북통일의 과업을 이룬 지도 이미 8년이 지났다. 따라서 톈진에서도 작은 머리가 내걸린 것은 전국이 일치되었음을 보여 주기 위한

유보 205

것이므로 애당초 꼭 화들짝 놀랄 일은 아닌 것이다.

다음으로 중국에는 "여자와 소인은 부양하기 어렵다"[5]라는 말이 있지만, 일단 사고가 생기면 세 분의 원로가 통전을 내고 두 분의 원로가 선언을 하고 94세의 노인이 글자를 쓰는 것을[6] 제외하고는, 늘 '어린이 애국', '미녀 종군'과 같은 미담이 허다하여 장정들을 아주 무색하게 만든다. "어릴 때 똑똑하다고 커서도 반드시 훌륭해지는 것은 아니다"[7]라는 말처럼 우리 민족은 종종 노년이 되어야 비로소 노티를 벗고, 부고를 살펴보면 알 수 있듯이 죽고 나서야 더욱 대단한 인물이 된다. 따라서 17세의 소년이 폭탄을 투척하는 것도 인지상정을 벗어나는 일은 아닌 것이다.

그런데 내가 유보하려는 것은 "진술에 따르면 일본인의 사주를 받았다"라는 구절이다. 왜냐하면 이것은 이른바 매국에 해당하기 때문이다. 20여 년간 국난은 쉼이 없었는데 여태까지 대중들에 의해 매국노로 공인된 사람들은 전부 30세 이상이었다. 비록 그들은 그후에도 여전히 유유자적 살고 있지만 말이다. 소년과 어린이들이 자신들의 유치한 마음과 체력을 다해 죽통과 박만撲滿[8]을 들고 모래바람과 진흙탕 속으로 뛰어들어 미력하나마 중국의 조력자가 되고자 했던 것이 정말이지 몇 번이나 되는지 알 수가 없다. 그들이 피땀으로 구해 온 돈의 태반이 도리어 호랑이나 이리의 먹잇감으로 바쳐진다는 사실을 미리 예측하지는 못했다고 하더라도, 그들의 애국심은 진정이었을지언정 여태까지 매국적인 일을 한 적은 없었다.

뜻밖에 이번 일은 전례를 깨뜨렸다. 그러나 나는 우리가 그에게

씌운 죄명을 잠시 유보하고 다시 사실을 찬찬히 살펴보기를 희망한다. 사실은 3년을 기다릴 필요도 없고 50년을 기다릴 필요도 없다. 내 걸린 머리가 썩어 문드러지기도 전에 명백해질 것이다. 누가 매국노인지 말이다.[9]

우리의 어린이와 소년의 머리에서 그들이 뿌려 놓은 개의 피[10]를 씻어 내자!

5월 17일

이 글과 이어지는 세 편은 모두 게재되지 못했다.

7월 19일

주)_____

1) 원제는 「保留」.
2) 황푸(黃郛, 1880~1936). 저장 사오싱 사람. 청년 시절 동맹회에 참가했으며, 베이양정부 외교총장 등을 역임했다. 1928년 국민당 정부 외교부장을 맡았으나 치욕스러운 외교로 각계의 질책을 받아 물러났다. 1933년 5월 장제스에 의해 다시 기용되어 행정원 베이핑 정무정리위원회 위원장을 맡았다.
3) 류경성(劉庚生)이 '폭탄을 던져' 황푸를 겨냥한 사건은 1933년 5월에 발생했다. 이 해 4월 일본군이 롼허(灤河) 동쪽과 창청(長城)의 연선(沿線)에 총공격을 가했다. 이에 탕산(唐山), 쭌화(遵化), 미윈(密雲) 등지가 잇달아 함락되고 베이핑과 톈진이 위험해졌다. 국민당 정부는 일본과 타협하고 정전을 모색하기 위해 5월 상순 황푸를 새로 만든 행정원 베이핑 정무정리위원회 위원장으로 임명했다. 황푸는 15일 난징에서 출발하여 북쪽으로 올라오던 중 17일 아침 전용차가 톈진역에 진입하자마자 폭탄을 맞았다. 신문보도에 따르면 폭탄을 투척한 자는 현장에서 체포되어 제1군부로 이송되

어 조사를 받았다고 한다.

류경성의 이름은 류쿠이성(劉魁生; '류경성'은 『로이터 통신』의 음역이다)이며, 당시 나이는 17세, 산둥(山東) 차오저우(曹州) 사람으로 천자거우(陳家溝) 류싼비료공장(劉三糞廠)의 노동자이다. 당일 오후 류쿠이성은 '일본인의 사주를 받았다'는 모함을 받고 새 기차역 바깥에서 공개적으로 효수되었다. 류쿠이성은 당시 철로를 건너던 중이었고 조사 당시 폭탄 투척을 강하게 부인했다.

4) 1933년 4월 24일 『선바오』에는 「시후의 강도」(西湖有盜)라는 기사가 실렸는데, 그 내용은 이렇다. "23일 오후 2시 시후 삼담인월(三潭仁月)을 유람하던 상하이에서 온 여행객 뤄왕(駱王) 씨는 강도 탄징쉬안(譚景軒)을 만났다. 강도가 권총을 꺼내 금팔찌를 빼앗으려고 하자 여자가 소리쳤고, 이에 총으로 사살하고 물건을 빼앗아 달아났다. 강도는 쑤디(蘇堤)를 배회하다 경찰에 체포되어 숨김없이 자백했다. 그날 저녁 후빈(湖濱)운동장에서 참수되었는데, 구경꾼이 만 명이었다. 강도는 44군 중대장을 지냈다."

5) 『논어』의 「양화」(陽貨)에 "공자께서 가로되, '오로지 여자와 소인은 부양하기가 어렵다. 가까이하면 불손하고 멀리하면 원망한다'"라는 말이 나온다.

6) '세 분의 원로'는 마량(馬良), 장빙린(章炳麟), 선언푸(沈恩孚)를 가리킨다. 이들은 1933년 4월 1일 전국에 통전을 내어 국민당 정부가 일본에 대하여 "양으로는 저항하는 척하고 음으로는 타협을 하고 있다"며 비난했다.

'두 분의 원로'는 마량과 장빙린으로 이들은 1933년 2월 초 연합선언을 했다. 내용은 역사에 근거하여 동삼성(東三省)이 중국의 영토라는 것이었다. 두 사람은 같은 해 2월 18일 '러허는 중국 영토가 아니'라는 일본의 주장에 대한 반박선언을 했다. 4월 하순에는 연명으로 통전을 보내어 국민들의 강력한 항일과 실지 회복을 주장했다.

'94세의 노인'은 마량(馬良, 1840~1936)이다. 그는 자가 샹보(相伯)이고, 장쑤 단투(丹徒) 사람이다. 당시 집에서 세는 나이로 94세였으므로 '94세의 노인'(九四老人)이라는 서명으로 글을 썼다.

7) 『세설신어』(世說新語)의 「언어」(言語)에 나오며, 한대의 진위(陳韙)가 공융(孔融)을 놀린 말이다.

8) '박만'(撲滿)은 도자기로 만든 저금통이다. 진(晉) 갈홍(葛洪)은 『서경잡기』(西京雜記) 권5에 "만이라는 것은 흙으로 만든 그릇으로 돈을 모아 두는 것이다. 들어가는 구멍이 있으나 나오는 구멍은 없다. 가득 차면 넘어진다"라고 했다.

9) 루쉰이 이 글을 쓰고 14일 후인 5월 31일, 황푸는 장제스의 지시에 따라 슝빈(熊斌)을 파견하여 일본 관동군 대표 오카무라 야스지(岡村寧次)와 '탕구협정'(塘沽協定)을 체결했다. 이 협정에 근거하여 국민당 정부는 실질적으로 일본의 창청과 산하이관 이북 지역의 점령을 합법화하고, 창청 이남의 차베이(察北), 지둥(冀東)의 20여 개 현을 비무장지대로 만듦으로써 일본이 화베이로 진군할 수 있는 길을 터 주었다.
10) 옛날 중국에서는 검둥개의 피로 사악한 것을 물리칠 수 있다고 생각하여 구마의식에 사용하곤 했다. 그런데 훗날 연극에서 가짜 도사들이 무대에 등장할 때면 상투적으로 검둥개의 피를 뿌리는 장면으로 시작했다. 이로 말미암아 '개의 피'는 졸렬한 모방, 과장된 거짓연기를 빗댄 말로 사용되었고, 일상생활에서의 허위적 행위를 뜻하는 말로 의미가 확장되었다.

유보에 관해 다시 말하다[1]

류경성劉庚生의 죄목에 대해 말한 적이 있으므로 입을 열고 펜을 들고 싶은 생각이 들었지만, 요즘 중국에서는 사실 쉽지 않은 일이다. 안전하게 지내려면 아무래도 소리 내지 않는 편이 좋다. 그러지 않았다가는 도리어 자신의 머리가 떨어지기 마련이다.

여기에 몇 가지 예를 들어 보기로 한다.

20년 전 루쉰이 지은 「아Q정전」은 대체로 국민의 약점을 폭로하려고 한 작품인 것 같다. 비록 자신이 그 속에 포함되는지는 말하지 않았지만 말이다. 그런데 올해 들어 몇몇 사람들이 '아Q'는 그 사람 자신이라고 말했다.[2] 이것은 바로 현세의 악과惡果이다.

8,9년 전 정인군자正人君子들이 신문을 발행하여[3] 반대하는 사람들은 루블을 받았다고 말해서 학계가 소란스러웠다. 그런데 4,5년 지나 정인은 교수가 되고 군자는 주임이 되어[4] 러시아의 지원금[5] 덕에 복을 누리다가 지원이 끊겼다는 말을 듣고 있는 힘을 다해 싸우려고

했다. 이것은 비록 현세의 선과善果이나 여하튼 간에 자신들의 머리에 떨어진 것이다.

그런데 펜을 사용하는 사람들은 조심한다고 해도 끝내 용의주도하지 못한 점이 있다. 최근의 사례는 이것이다. 여러 신문에서 '적'이니, '반역'이니, '가짜'니, '괴뢰국'이니 하는 말들을 천지가 진동할 정도로 많이 사용하고 있다. 이렇게 쓰지 않으면 그야말로 자신들의 애국심을 충분히 표현하지 못할뿐더러 독자들의 불만을 사게 된다. 그런데 "침략을 막기 위해서는 현실적인 것을 중시해야 한다. 역적 따위와 같은 과도하게 자극적인 글자는 현실적인 것에 도움이 되지 않으므로 앞으로 사용하지 말아야 한다"라는 '모某 기관의 통지'[6]를 받을 것이라고 누가 예상이라도 했겠는가? 뿐만 아니라 황 위원장[7]은 베이핑에 도착하여 정견을 발표하면서 급기야 "중국은 강화를 하든지 전쟁을 하든지 간에 모두 피동적인 입장에 놓여 있어서 방책을 말하기가 어렵다. 국난의 원인은 한 가지 실마리에 그치는 것이 아니고, 시급히 최종적 구제책을 도모해야 한다"(모두 18일 『다완바오』의 베이핑발 기사에 나옴)라고 말하지 않았던가? ……

요행히 아직은 괜찮다. 아니나 다를까 신문에는 그저 '일본 비행기가 베이핑을 위협한다'라는 식의 제목이 보일 뿐 '과도하게 자극적인 글자'는 없고 '한간'漢奸이라는 자구가 있는 정도일 따름이다. 일본이 적이 아니라면서 어떻게 한인漢人을 간첩이라고 운운하는지? 이것은 커다란 맹점이라고 하지 않을 수 없을 것 같다. 다행히도 한인은 '과도하게 자극적인 글자'를 두려워하지 않는다. 머리가 잘리고 거리에 내걸려서 중외의 남녀들에게 구경거리로 제공되어도 여태까지 말 한마디 하는 사람이 없다.

이런 곳에서는 말하기가 어렵다는 것을 우리는 잘 알고 있다.

청조의 문자옥[8] 이래로 문인들은 감히 야사를 짓지 못했다. 300년 전의 공포를 잊을 수 있는 사람이 있다면 신문을 모아 그 핵심만 간추려도 불후의 대작이 될 것이다. 그런데 물론 꼭 신경이 지나치게 예민해져서 사전에 '상국'上國 혹은 '천기'天機라고 고쳐 부를 필요는 없다.

5월 17일

주)
1) 원제는 「再談保留」.
2) 1933년 5월 9일 『사회신문』(社會新聞)에 실린 추이궁(粹公)의 「장쯔핑이 『자유담』에서 밀려나다」(張資平擠出「自由談」)에서 루쉰이 아Q라고 말했다. 「후기」 참고.
3) 후스(胡適), 천시잉(陳西瀅) 등이 1924년 12월 베이징에서 만든 『현대평론』(現代評論) 주간을 말한다. 천시잉은 『현대평론』 제74기(1926년 5월 8일)에 실은 「쓸데없는 말」(閑話)에서 진보적 인사들은 '직간접적으로 소비에트 러시아의 돈을 받은 사람'이라고 중상했다. '정인군자'(正人君子)는 베이양정부를 옹호한 베이징의 『대동완바오』(大同晚報)의 보도에서 현대평론파를 칭찬하며 한 말이다. 1925년 8월 7일에 보인다.
4) 천시잉은 베이징대학 영문학과 주임 겸 교수, 우한대 대학원 원장 겸 교수를 역임했다. 후스는 베이징대학 철학과 교수였고, 1931년부터 베이징대 대학원 원장을 역임했다.
5) 10월혁명 후 소비에트 러시아는 1919년 7월 25일 「중국 인민과 남북정부에 고하는

선언」을 발표하고 제정 러시아 시대 중국에서 취득한 토지와 경자배상금 중 미지불금에 대한 반환을 포함하여 모든 특권을 포기한다고 선언했다. 1924년 5월 중국과 소련은 외교를 재개하고 '중러협정'을 맺었다. 그중에는 중국 정부가 이미 반환한 각 항의 채무를 제외하고 나머지 모든 금액을 중국의 교육사업에 사용하도록 규정하고 있다. 1926년 초 『현대평론』은 '러시아 배상금의 용도'에 대한 논의를 잇달아 게재하면서 '베이징 교육계'를 위해서 러시아 배상금을 사용할 것을 주장했다. 만주사변 이후 국민당 정부가 '국난에 대응한다'는 명분으로 교육비용에 충당하기로 한 경자배상금의 지불을 다시 정지하자 교육계 유관인사의 항의가 잇달았다.

6) 황푸가 베이핑 정무정리위원회 위원장으로 취임한 후 일본의 호의를 사기 위해 반포한 특별 통지를 가리킨다.

7) 황푸를 가리킨다.

8) 청조는 엄격한 형벌과 법으로 한족의 반항과 민족사상을 없애고자 문자옥(文字獄)을 수차례 일으켰다. 유명한 문자옥으로는 강희(康熙) 연간 장정롱(莊廷鑨)의 『명서』(明書)의 옥, 옹정(雍正) 연간의 여유량(呂留良)과 증정(曾靜)의 옥, 건륭(乾隆) 연간의 호중조(胡中藻)의 『견마생시초』(堅磨生詩鈔)의 옥 등이 있다.

'유명무실'에 대한 반박[1)]

최근에 출판된 『전쟁 지역 견문기』戰區見聞記에는 이런 기록이 있다.

기자는 방금 최전선에서 이곳으로 방어임무를 수행하러 온 한 소대장을 만났는데, 그는 이렇게 말했다. "우리 군이 전에 스먼자이石門寨, 하이양진海陽鎭, 친황다오秦黃島, 뉴터우관牛頭關, 류장柳江 등지에서 만든 진지와 엄폐호는…… 고가의 목재를 빼고도 다양大洋 삼사십만 위안을 썼고…… 어렵게 만든 것이므로 사수하기를 바랐으나 불행히도 렁커우冷口가 함락되고 명령이 전달되자 바로 후퇴했다. 피땀과 돈으로 만든 진지임에도 몇 번 중요하게 사용해 보지도 못하고 해진 신발 버리듯 했으니 실로 마음이 아프다. 무저항 장군이 권력에서 내려오고 높은 자리에 있는 사람을 바꾸었으므로 나의 사병들은 이마에 손을 얹고 축하하지 않을 수가 없었으나…… 결과는 바람과 달랐다. 불행하게도 중국인으로 태어난 것이다! 더욱 불행한 것은

유명무실한 항일 군인으로 태어난 것이다!"(5월 17일 『선바오』 특약통신)

소대장의 천진함은 '교훈'을 배우지 못한 우매한 인민이고, 더불어 정치를 논의하기에는 부족하다는 것을 입증하기에 딱 좋다. 첫째, 그는 무저항 장군[2]이 권력에서 내려왔으므로 '무저항'하면 반드시 그에 따라 권력에서 내려오게 된다고 생각했다. 이것은 논리를 모르는 것이다. 장군은 한 사람이지만, 무저항은 일종의 주의이기 때문에 사람은 권력에서 내려올 수 있지만 주의는 여전히 권력에 남아 있을 수 있다. 둘째, 그는 삼사십만 다양을 써서 방어공사를 했으므로 반드시 사수해야 한다고 생각하고 있다(그나마 다행은 그가 진공까지는 생각하지 않았다는 것이다). 이것은 전략을 모르는 것이다. 방어공사는 애당초 백성들에게 보여 주기 위해 세운 것이지 결코 진지를 사수하라는 것이 아니었다. 전략의 진짜 목표는 '적이 깊숙이 들어오도록 유인하는 것'이었다. 셋째, 그는 명령을 받아서 후퇴했으면서도 감히 "마음이 아프다"고 했다. 이것은 철학을 모르는 것이다. 그의 마음은 반드시 치료하지 않으면 안 된다. 넷째, 그가 "이마에 손을 얹고 축하한" 것은 그야말로 너무 미리 기뻐한 것이다. 이것은 명리命理를 모르는 것이다. 중국인은 고달픈 운명을 가지고 태어난 사람들이다. 이처럼 어리석은 소대장이므로 그가 두 차례나 '불행'을 호소하고 놀랍게도 스스로 "유명무실한 항일 군인"으로 자인한 것도 이상할 것 없다. 사실 도대체 누가 '유명무실'한지 그는 끝내 알 수 없었던 것이다.

소대장보다 더 계급이 낮은 병사들은 말할 필요도 없다. 그들은 그저 "툭 터놓고 말해서 오늘날과 같은 시국에서 외국에 맞서고 있는 상황이 아니라면 우리 형제들 중에 쿠데타를 일으키지 않을 자가 드물 것이다"(같은 통신)라고 했을 따름이다. 이것이 말이나 되는가? 옛사람은 "적대국과 외환이 없으면 그 나라는 항상 망한다"[3]고 했다. 예전에 나는 이 말이 무슨 뜻인지 정녕 이해할 수가 없었다. 적대국도 없는데 우리나라가 누구한테 망한다는 말인가? 그런데 지금 이 병사의 말에 비춰 보니 분명해졌다. 나라는 '쿠데타를 일으키는 자'한테 망할 수 있는 것이다.

결론: 나라가 망하지 않게 하기 위해서는 모름지기 '적대국과 외환'을 많이 찾아내야 하고, 다시 마음 아파하는 우매한 인민들에게 모름지기 더 많은 '교훈'을 주어 그들을 '유명유실'有名有實하도록 만들어야 한다.

5월 18일

주)────

1) 원제는「"有名無實"反駁」.
2) 여론계에서 장쉐량(張學良)을 칭하던 이름. 만주사변 당시 장쉐량은 장제스의 '반드시 무저항주의를 지킨다'라는 명령을 받들어 동북지방을 포기했다. 1933년 3월 일본군이 러허를 침략하자 장제스는 민중의 분노를 막기 위해 장쉐량을 '문책 사직'시키고 허잉친(何應欽)으로 하여금 장쉐량이 맡고 있던 군사위원회 베이핑분회 대리위원장을 맡게 했다. 장쉐량은 사직하고 4월 11일 출국했다.
3) 『맹자』「고자하」(告子下)에서 "안으로 법도를 지키는 가문과 보필하는 신하가 없고, 밖으로 적대국과 외환이 없으면 그 나라는 항상 망한다. 그런 연후에야 우환에서 살아날 수 있고 안락에서 죽을 수 있다는 것을 알게 된다"라고 했다.

깊은 이해를 추구하지 않는다[1]

글에는 반드시 주해가 있어야 한다. 특히 세계적 주요 인사의 글은 더욱 그러하다. 일부 문학가들은 자신이 지은 글에 스스로 주석 다는 일을 아주 성가시다고 생각한다. 그런데 세계적 주요 인사들은 그렇지 않다. 그들은 그들을 대신해서 주석을 다는 비서가 있거나 사숙하는 제자가 있다.

예를 들어 말해 보자. 세계 제일의 주요 인사인 미국 대통령이 '평화'선언[2]을 발표했다. 듣자 하니 각국 군대의 월경越境을 금지하는 것이라고 한다. 그런데 주석가는 즉시 "중국에 주둔한 미군은 조약에서 승인한 바이므로 루스벨트 대통령이 제안한 금지의 범위에 들지 않는다"[3](16일 『로이터 통신』, 워싱턴발)라고 말했다. 다시 루스벨트 씨의 원문을 살펴보자.

세계 각국은 엄숙하고 적절한 불가침 조약에 참가해야 하고, 군비의 제한과 축소에 대한 의무를 거듭 엄숙하게 선언해야 한다. 더불어 서명한 각국이 자신의 의무를 충실히 이행할 수 있을 때 각각 어떤 성격의 무장군대도 국경 넘어 파견하지 않을 것임을 승인해야 한다.

이 말에 대해 성실하게 주해를 달아 보면 실은 이런 내용이다. 무릇 '적절'하지 않고, '엄숙'하지 않고, 더불어 '각각 승인'하지 않은 국가라면 어떤 성질의 군대도 국경 넘어 파견할 수 있다는 것이다. 적어도 중국인들은 잠시 기쁨을 늦추어야 한다. 이런 해석에 따르면 일본 군대의 월경은 이유가 충분하다. 게다가 중국에 주둔한 미국의 군대도 "이 사례에 포함되지 않는다"라고 이미 성명까지 발표한 상황이다. 하지만 이런 성실한 주석은 사람들의 기분을 잡치게 한다.

그리고 "굴욕적인 조약에 서명하지 않기로 맹세한다"[4]와 같은 경문經文에도 벌써 적지 않은 전주傳注가 나왔다. 전에서 가로되 "일본과의 타협에 대하여 현재 감히 말하는 사람이 없고, 또한 감히 실천하려는 사람도 없다"라고 했다. 여기에서 중요한 것은 '감히'라는 말이다. 그런데 조약 체결에 감히 하다, 감히 못하다, 라고 구분하는 것은 펜대를 잡은 사람의 일이지, 총신을 잡은 사람은 감히 하다, 감히 못하다, 라는 어려운 문제를 연구할 필요가 없다. 방어선을 축소하거나 적이 깊숙이 들어오도록 유인하는 식의 전략은 체결이 필요 없는 것이기 때문이다. 펜대를 잡은 사람도 그저 서명만 할 줄 아는 것은 아니다. 만약 그러하다면 너무 저능한 것이다. 따라서 다른 일설이 있으니 그것을 일러 '한편으로 교섭한다'라고 하는 것이다. 이리하여 주소注

疏가 뒤따른다. "책임자임을 인정하지 않는 제삼자가 불합리한 방법으로 구두로 교섭하는 …… 무익한 항일을 청산해야 한다." 이는 일본 덴쓰샤의 뉴스이다.[5] 이러한 천기누설의 주해는 너무나 밉살스럽다. 이로 말미암아 이것은 일본인이 '날조한 유언비어'가 아닐 수 없다.

요컨대 뒤죽박죽인 이런 글에는 주해를 달지 않는 것이 제일 좋다. 기분을 잡치게 하거나 밉살스러운 주해라면 더욱 그렇다.

어린 시절 공부 중에 도연명의 "책 읽기를 좋아하지만 깊은 이해를 추구하지 않는다"[6]라는 말에 대해 선생님은 나에게 설명해 주었다. 그는 "깊은 이해를 추구하지 않는다"라는 것은 주해는 보지 않고 본문만 읽는다는 뜻이라고 했다. 주해가 있어도 우리가 보는 것을 바라지 않는 사람이 분명 있다.

5월 18일

주)─────

1) 원제는 「不求深解」.
2) 1933년 5월 16일 루스벨트가 44개국 국가 원수에게 발표한 「세계평화의 보장을 호소하는 선언서」를 가리킨다. 군비의 감축과 무장군대의 월경 금지를 호소하는 내용이다.
3) 루스벨트가 선언을 발표할 당시 미국 관방에서 중국에 주둔한 미군이 이 선언의 내용과 위배되는 사실에 대해 해명하면서 한 말이다.
4) "굴욕적인 조약에 서명하지 않기로 맹세한다"는 「성쉬안화이와 이치에 맞는 억압」 참고. '일본과의 타협……'은 1933년 5월 17일 황푸가 기자에게 한 말이다.
5) '덴쓰샤'(電通社)는 일본 전보통신사를 가리킨다. 1901년 도쿄에서 설립되었고, 1936

년에 일본 신문연합사와 합병하여 동맹통신사로 되었다. 1920년에 중국 상하이에 지부를 설립했다. 이 뉴스의 원문은 이렇다. "도쿄 17일발 통전: 중국 측의 정전교섭 문제에 관하여 일본군 중앙부의 의향은 다음과 같다. 비록 정전교섭에 관한 정보가 있다고 하나 그것의 본의는 의심스럽다. 중국 제1선의 군대는 아직도 집요하게 싸우고 있고 화베이 군정당국은 저항, 심지어는 결전 명령을 내리기도 했다. 정전에 대해서는 모름지기 군사책임자들이 확실한 방법으로 당당하게 교섭해야 한다. 책임자임을 부인하는 제삼자가 비합리적인 방법으로 구두로 교섭하는 것은 일본 군대의 예기를 일시적으로 완화시키려는 데 불과할 따름이다. 중국 당국은 동아시아의 대세를 두루 살피고 무익한 항일을 청산하기를 바란다. 따라서 시급한 임무는 모름지기 우선 실제적 행동으로 성의를 표시하는 것이다."(『다완바오』, 1933년 5월 17일)
6) 도연명(陶淵明)의 「오류선생전」(五柳先生傳)에 "책 읽기를 좋아하지만 깊은 이해를 추구하지 않는다, 매번 깨달은 바가 있을 때에는 기뻐서 먹는 것조차 잊어버린다"라는 말이 나온다.

후기[1]

내가 『자유담』에 투고하게 된 자초지종에 대해서는 「서문」에서 말했다. 여기까지 본문 정리는 다 끝냈으나 전등이 아직 밝고 모기도 잠시 조용해졌으므로 가위와 펜을 들고 다시 『자유담』과 나로 인해 일어난 자질구레한 소문들을 남겨 두고자 한다. 여흥인 셈이다.

내가 단평을 발표하던 중에 가장 격렬하게 공격한 것이 『다완바오』라는 사실은 책을 읽어 보면 바로 알 수 있을 것이다. 그들이 나와 전생에 원수지간이어서가 아니라 내가 그들의 글을 인용했기 때문이다. 그런데 나도 그들과 전생에 원수지간이어서가 아니라 내가 보는 신문이 『선바오』와 『다완바오』 두 종류밖에 없고, 후자에 실린 글이 왕왕 퍽이나 참신하여 근심과 번민을 덜기 위해 인용할 만했기 때문이다. 지금도 내 눈앞에는 향기를 담고 배달된 3월 30일자 『다완바오』가 있다. 개중에는 이런 단락이 있다.

푸둥浦東 사람 양장성楊江生은 나이가 마흔 하고도 하나인데 얼굴이 못생겼고 또 가난하여 줄곧 미장이 노릇을 하고 지냈다. 전에 쑤저우 사람 성바오산盛寶山의 미장일에 고용되었다. 성에게는 진디金弟라고 하는 딸이 있었는데, 올해 바야흐로 열다섯 살이고 키가 이상하리만치 작았고 사람됨도 자잘했다. 어제 저녁 8시에 양은 홍커우虹口 톈퉁로天潼路에서 성과 맞닥뜨렸는데, 양은 성의 딸과 성관계를 맺은 적이 있다. 순경이 양에게 심문하자 양은 조금도 발뺌하지 않고 작년 1·28 이후로 잇달아 10여 차례 성관계를 가졌다고 인정했다. 조사관이 성진디를 병원으로 보내고 의사는 분명히 처녀가 아님을 확인해 주었다. 오늘 새벽 제1특구 지방법원으로 압송하고 류위구이劉毓桂 판사의 심문을 거치고 조계 경찰서 검사 왕야오탕王耀唐은 피고인이 16세 미만의 여자를 유혹했으며 그후 수차례 모두 그 여자가 스스로 피고의 집에 가서 만났다고 하더라도 법에 따라 마땅히 강간죄로 논해서 취조해야 한다고 했다. 이어 여자의 아버지 성바오산을 심문했는데, 처음에는 이 일이 있었는지 몰랐다가 그저께 밤에 어떤 일로 딸을 나무랐는데 딸이 갑자기 사라졌다가 어제 새벽이 되어서야 돌아와서, 이를 엄히 따졌더니 딸이 비로소 피고의 집에서 지냈으며 피고의 유혹으로 성관계를 하게 된 경과를 이야기해 주어서 자신이 알게 되었고, 그래서 피고를 조계지 경찰서에 집어넣었다고 운운했다. 이어 성진디가 진술했는데, 피고와 성관계를 맺은 것은 작년 2월부터 지금까지 이미 10차례가 되는데, 매번 모두 피고가 자신을 불러냈고 자신은 부모에게 말할 수 없었다고 운운했다. 양장성에게 질문하니 성의 딸이 자신을 숙부로 불렀고 성관계를 갖고 싶었으나 차마 할 수 없었으며 절대로 그런 일은 없었고 10여 차례라고 했던 것은 성의 딸을 데리고 나가 놀러 다닌 횟수 등을 말한 것이라고 자백했다. 류 판사는 본 안건은 조사가 더 필요하므로 피고를 구금하고 다시 날을 잡아 재심한다는 판결을 내렸다.

기사에서 성은 양과 결코 '윤상'倫常의 관계에 있다고 말한 적이 없고, 양은 여자가 그를 '숙부'로 불렀다고 진술했음을 알 수 있다. 이것은 중국인의 습관으로 열 살 남짓 많은 사람에게 종종 '숙부, 백부'라고 한다. 그런데 『다완바오』는 어떤 제목을 붙였는가? 4호와 1호 글자로 달았다.

> 길을 막고 조계지 경찰서로 보내 고발하다
> 수양 숙부가 질녀와 성관계를 맺다
> 여자는 스스로 10여 차례 강간당했다고 했다
> 남자는 놀러 다닌 것이지 정사가 아니었다고 했다

제목은 '숙부' 앞에 '수양'이라는 글자를 덧붙이고 '여자'는 '질녀'로 만들어 양장성은 이로 말미암아 '인륜을 저버리'거나 '인륜을 저버리'는 것에 준하는 중죄인이 되어 버렸다. 중국의 군자들은 인심이 옛날 같지 않음을 한탄하고 사람 같지 않은 사람이 인륜을 저버리는 것을 증오하면서도 세상에 인륜을 저버리는 이야기가 없을까 걱정하며 기어이 펜으로 현란하게 과장하여 저급한 취미를 가진 독자의 이목을 끌어당기려 한다. 양장성은 미장이이므로 기사를 읽을 수가 없고 읽었더라도 항변도 못 하고 그들의 결정에 맡길 수밖에 없다. 그러나 사회 비평가들은 이를 비판할 의무가 있다. 그런데 그들은 비판은 고사하고 이상한 몇 구절만 인용하여 '원외랑'이니 '경찰견'[2]이니 하며 그저 미친 듯이 짖어 댄다. 흡사 그들 무리는 바람을 마시고 이슬을 먹으며 자신의 가산을 사회봉사에 갖다 바치는 지사라도 되는 것처럼 말이다. 맞다. 사장은 우리가 알고 있지만 누가 물주인지, 다시 말하면 도대체 누가 '원외랑'인지는 끝내 모른다. 상인경영도 아니고 관방경영도 아니라면 신문업계에서는 아주 드문 일이다. 그런데 이런 비밀은 여기에서 더 이상 연구하지 않는 것이 좋다.

『다완바오』와 막상막하로 『자유담』에 주목하는 신문으로는 『사회신문』[3]이 있다. 그런데 수단은 훨씬 교묘하다. 그것은 통할 수 없거나 통하기 원치 않는 글은 게재하지 않고 그저 진위가 뒤엉킨 기사를 부추길 따름이다. 즉 『자유담』 개혁의 원인에 관한 기사 같은 것인데, 말하고 있는 것이 진짜인지 거짓인지 단정하기는 어려우나 내가 제2권 제13기(2월 7일 발간)에서 본 내용은 이것이다.

『춘추』와 『자유담』으로부터 말하다
중국 문단은 애당초 신구의 구분이 없었다. 그런데 5·4운동이 일어나던 해 천두슈陳獨秀가 『신청년』에 포효를 내지르고 기치를 걸며 문학혁명을 제창했고, 후스즈胡適之, 첸쉬안퉁錢玄同, 류반눙劉半農이 뒤에서 깃발을 흔들며 소리쳤다. 이때 중국의 청년들은 바깥으로는 외국으로부터의 모욕이라는 억압을 느끼고 안으로는 정치에 자극받아 실망하고 번민하고 있었다. 광명의 출로를 찾고자 온갖 신사조가 마침내 청년들의 열렬한 지지를 받음으로써 문학혁명이 위대한 성공을 거두게 되었다. 이때부터 중국 문단에는 거대한 운하를 사이에 둔 것처럼 신과 구의 구분이 분명해졌다. 그런데 구문단의 세력은 사회적으로 유구한 역사를 가지고 있었고 뿌리가 깊었기 때문에 일시에 흔들기는 쉽지 않았다. 당시 구문단의 기관지는 유명한 『토요일』이었는데, 천하의 기세등등한 문인들이 『토요일』이라는 용광로에 거의 다 모였다! 『토요일』에 실린 글은 열에 아홉이 그대와 나, 엉엉 앙앙 우는 소설들로서 민족성의 극한까지 넋이 빠지고 맥이 빠지게 만들었다! 이것이 바로 이른바 원앙호접파의 문장이다. 그 가운데 쉬전야徐枕亞, 우쌍러吳雙熱, 저우서우쥐안周瘦鵑 등은 특히 원앙호접 이야기를 잘하는 것으로 유명하며 저우서우쥐안은 토요일파의 건장健將이 되었다. 이때 신문단은 구세력의 대본영인 『토요일』에 대하여 퍽 힘 있게 공격했다. 그런데 신흥세력은 세력이 약하고 구파는 봉건사회를 배경으로 믿는 구석이 있어서 두려움이 없었다. 양자는 서로 양보함이 없이 각자 옳다고 생각하는 대로 행동했다. 이후에 문학연구회, 창조사와 같은 신파들이 육속 생겨나고 인재가 점차 모여들어 세력이 두터워졌으나 『토요일』은 시국의 추이에 따라 마침내 '천수를 다하고 죽었다'! 오로지 토요일파의 잔여 인사들이 지금까지도 사방에 나타나 활동하니 일소를 바랄 수 없게 되었다. 상하이에 있는 큰 신문사의 문예편집인은 아직까지도 대부분 소위 원앙호접파에 의해 지탱되고 있다.

그런데 최근의 출판계로 눈을 돌려 보면 신흥문예의 출판 수량은 놀라울 정도이며 이미 구세력은 머리를 들 수 없는 형세가 되었다! 오늘날 토요일파 문인은 『토요일』의 직함으로 호소할 수 없게 되었으며 쇠뇌의 활을 이미 다 쏘아 버린 듯 막바지에 이르렀다고 할 수 있다! 최근 보수적인 『선바오』가 홀연 『자유담』 편집인이자 토요일파의 대가 저우서우쥐안을 해직시키고 신파작가 리례원으로 바꾸었다. 이 일은 물론 구세력에 대해서는 비상한 변고였으며 마침내 작금의 신구 문단의 격렬한 충돌이 발생하게 되었다. 저우서우쥐안은 한편으로는 각 타블로이드를 움직여 리례원을 총공격하도록 했다. 정이메이鄭逸梅가 주편한 『금강찬』金剛鑽에서 저우서우쥐안이 『자유담』의 원래 지위로 돌아가고, 리례원은 『춘추』의 주편을 맡을 것을 주장하는 것만 보더라도 구파문인들이 잃어버린 영역에 대한 정을 끝내 잊지 못하고 있음을 알 수 있다. 다른 한편, 저우서우쥐안은 자신이 편집하는 『춘추』에서 각종 부간들은 저마다 특징이 있으므로 강물은 우물물을 침범하지 않는다는 논리를 펴고 있다. 여기에서 저우서우쥐안이 현재 자신의 자리가 불안한 데 대해 안절부절못하고 있음을 알 수 있다. 저우는 동시에 자신이 주관하는 순수 쑤저우인 문예단체인 '싱사'星社에 쑤저우 사람이 아닌 옌두허嚴獨鶴의 가입을 억지로 종용하고 있는데, 이는 세력을 긁어모아 자신의 지위를 공고히 하기 위해서이다. 예상 밖으로 구파 세력의 실패는 저우에게서 발단이 되었다. 내가 들은 바에 따르면 저우가 자신의 자리를 보존할 수 없었던 데는 까닭이 있는데, 그는 평소 원고를 고를 때 지나치게 각박하고 사심이 있어서 아는 사람이 투고한 원고는 내용도 보지 않고 글만 있으면 바로 싣고, 무명의 소졸小卒이나 저우가 모르는 투고자인 경우에는 내용도 보지 않고 그렇게 쌓인 원고는 휴지통의 포로로 취급했다는 것이다. 저우가 편집한 간행물에는 언제나 훗날에 이용할 가치가 있는 몇몇 인물들의 글을 사심을 가지고 게재했기 때문에 내용이 말할 수 없을 만큼 형편이 없었다! 따라서 외부에서 가한 그에 대한 공격은 나날이 심해졌다. 예컨대 쉬샤오톈許嘯天이 주편한 『단풍』紅葉에서도 수차례 극렬하게 저우를 비판했다. 스량차이史量才는 저우에 대한 외부의 불만을 고려하여 그를 해직시켰던 것이다. 이번 스량차이의 결정을 알게 되자 저우는 마침내 도화선에 불을 붙여 최근 신구 양파 사이의 육박전이 더욱 격렬해지는 상황을 만들었던 것이다! 앞으로 좋은 구경거리가 많아질 것으로 생각되므로 독자들은 눈을 닦고 기다려 주기 바란다.

[웨이즈微知]

그런데 2권 21기(3월 3일)에서는 벌써 화들짝 놀라며 '보수문화의 보루'가 동요하는 것에 대해서 안타까워하고 있었다.

좌익문화운동의 대두

수이서우 水手

좌익문화운동은 각 방면의 매서운 억압과 내부의 분열이 있었음에도 불구하고 근래에 다시 차츰 대두되고 있는 것 같다. 상하이에서 좌익문화는 "같은 길을 걷는 사람들과 연합한다"라는 공산당 노선 아래 분명 전보다 조금 화색이 돌고 있다. 잡지를 살펴보면 전통 있는 잡지마저도 좌익이 되기 시작했다. 후위즈胡愈之가 주편하는 『동방잡지』東方雜誌는 본래 중국 역사에서 가장 오래된 잡지이자 가장 온건한 잡지였다. 그런데 왕윈우王雲五 사장의 생각에 따르면 후위즈가 근래에 너무 좌경화되어 위즈가 만든 모양을 그가 반드시 다시 한 번 살펴보아야 한다고 했다. 그런데 왕 사장이 큰칼을 휘둘러 삭제해도 『동방잡지』는 여전히 너무 좌경화되었기 때문에 후위즈의 밥그릇을 깨뜨리지 않을 수 없었으며 리李 아무개가 그의 손을 이어받았다. 또한 『선바오』의 『자유담』 같으면, 토요일파의 저우 아무개가 주편이던 당시에는 꼴 같지 않을 정도로 부패했고, 지금은 '좌련'의 수중에 놓여 있다. 루쉰과 선옌빙沈雁氷은 지금 『자유담』의 양대 간판 배우가 되었다. 『동방잡지』는 상우인서관 소속이고 『자유담』은 『선바오』에 속한다. 상우인서관과 선바오관은 양대 보수문화의 보류임에도 지금 동요가 시작되었으므로 나머지 상황도 물론 알 만하다. 이외에도 중급의 새로운 서국들이 있는데 역시 완전히 좌익작가의 수중에 들어갔다. 예컨대 궈모뤄, 가오위한高語罕, 딩샤오셴丁曉先은 선옌빙 등과 더불어 모두 저마다 서국을 틀어잡고 간판 배우 노릇을 하고 있다. 이들은 모두 유명한 빨갱이임에도 불구하고 서국의 사장들은 이제 그들에 의지해 밥을 먹고 있는 것이다.……

삼 주 지나 루쉰과 선옌빙[4]은 『자유담』의 '간판 배우'로 확실하게 지목되었다(제2권 제28기, 3월 24일).

리례원은 문총에 가입하지 않았다
『선바오』의 『자유담』 편집인 리례원은 프랑스 유학생 출신으로 경전에는 나오지 않는 신진작가이다. 그가 『자유담』을 맡은 이후로 『자유담』의 논조는 일변했고 집필자도 싱사의 『토요일』 소속의 구식 문인에서 좌익 프로문학 작가로 바뀌었다. 현재 『자유담』의 간판 배우는 루쉰과 선옌빙 두 명의 씨이고, 루쉰이 『자유담』에 발표한 글이 선옌빙보다 많으며 필명은 '허자간'何家幹이다. 루쉰과 선옌빙 말고도 기타 작품 가운데 열에 아홉은 좌익작가의 작품이다. 예컨대 스저춘施蟄存, 차오쥐런曹聚仁, 리후이잉李輝英 무리들이 그렇다. 일반인들은 『자유담』에 글 쓰는 사람들이 모두 중국좌익문화총동맹(약칭 문총) 소속이므로 리씨 본인 역시 문총 소속이 아닌가 의심하고 있다. 그러나 리씨는 이를 부인하고 자신은 결코 문총에 가입하지 않았고, 이상 여러 사람들과는 겨우 우정 관계에 있을 따름이라고 운운했다.
[이逸]

다시 한 달 남짓 지나고, 이 두 사람의 '웅대한 기도'가 발견되었다(제3권 제12기, 5월 6일).

루쉰, 선옌빙의 웅대한 기도

루쉰, 선옌빙 등이 『선바오』의 『자유담』을 기반으로 괴상야릇한 논조를 풀어낸 뒤로 놀랍게도 군중을 끌어당기는 만족할 만한 수확을 거둘 수 있었다. 루(?)와 선의 초심에서 물론 이러한 논조는 효과적인 시도이고, 자신들의 문화운동을 부흥시키고자 했을 것이다. 이제, 듣자 하니 이미 단체를 조직할 불땀을 피웠다고 한다.

이 운동에 참가하는 간판 배우는 그들 두 사람 말고도 위다푸, 정전뒤鄭振鐸 등이 있다. 이들은 의견 교환 후, 중국 최초의 문화운동은 위쓰사語絲社, 창조사, 문학연구회가 중심이 되었고, 이들 단체가 해산하자 위쓰와 창조 동인들의 분화가 제일 심하고 왕퉁자오王統照, 예사오쥔葉紹鈞, 쉬즈徐雉 등의 부류처럼 문학연구회의 인사들은 대부분 아직도 일치하고 있다는 결론을 내렸다. 그리고 선옌빙과 정전뒤가 여태까지 문학연구파의 주연배우였으므로 이 노선을 따라 진행하기로 결정했다. 최근에는 톈한田漢마저도 군중을 이끌고 귀순하기를 원하고 있고, 대개 모임의 조직은 이미 다 됐고 붉은 5월 중에 실현될 수 있을 것이라고 한다.

[눙農]

이상의 기사는 편집자 리례원에게 해로울 것도 없다. 그런데 또 다른 타블로이드식 간행물, 이른바 『미언』5)에 실린 「문단행진곡」文壇進行曲에는 이런 기사가 있었다.

차오쥐런은 리례원의 소개로 이미 좌련에 가입했다(제9기, 7월 15일).

이 두 간행물의 입론의 차이가 사적인 원한의 유무에서 비롯된다는 점은 말하지 않아도 알 수 있다. 그런데 『미언』은 더욱 교묘하다. 겨우 몇 글자로 두 사람을 함께 함정에 빠뜨려 억압당하고 수난을 겪는 사람으로 만들어 버렸다.

5월 초가 되면서부터 『자유담』에 대한 억압은 날로 심해지고, 나의 투고는 그후로 잇달아 발표되지 못했다. 하지만 나는 이것이 결코 『사회신문』 따위의 고소장 때문이 아니라, 그때 마침 시사에 대한 논의가 금지되었고 나의 단평에 간혹 시국에 대한 분노의 언어를 담고 있었기 때문이라고 생각한다. 마찬가지로 결코 『자유담』만 억압했던 것은 아니다. 당시의 억압은 무릇 관방 발행의 간행물이 아니고서는 억압의 정도는 대체로 마찬가지였다. 이때 가장 적절한 글로 간주된 것은 원앙호접의 유영과 비상이었고, 『자유담』은 너무 어려워져서 5월 25일 마침내 이런 광고를 게재하게 되었다.

편집실에서

올해 들어 말하기가 어려워지고 붓대를 놀리기는 더욱 어려워졌습니다. 이것은 결코 '화와 복은 뾰족한 수가 없고 사람이 하기 나름'이고, 그야말로 '천하에 도가 있으'면 '뭇사람'은 이에 상응하여 '의론을 펴지 않는다'라고 말하는 것은 아닙니다. 편집인은 마음의 향을 받들고 국내海內의 문호들에게 앞으로는 풍월을 더 말하고 불평을 덜 드러내기를 호소하면서 필자와 편집인 모두 그 은혜를 입기를 바랍니다. 만약 기필코 장단점을 논하고 망령되이 대사를 이야기한다면, 글자통에 채우는 것은 차마 할 수 없는 바이며, 신문의 지면에 배치하는 것 또한 할 수 없는 바가 있습니다. 따라서 편집인을 양난지경에 빠뜨리는 것은 실로 관대함을 상실한 태도라고 하지 않을 수 없습니다. 옛말에 가로되, 시대의 임무를 아는 자는 준걸이 된다고 했습니다. 편집인은 감히 이를 국내의 문호들에게 알리고자 합니다. 구구한 고충을 불쌍히 여기고 살펴주시기를 엎드려 바랍니다!

편집인

이 현상은 『사회신문』의 무리들을 대만족시켰던 것 같다. 제3권 제21기(6월 3일) '문화비사'文化祕聞 란에 아래와 같은 기사가 실렸다.

『자유담』의 태도 변화

『선바오』의 『자유담』은 리례원이 주편을 맡은 이래로 좌익작가 루쉰, 선옌빙 그리고 까마귀주의자 차오쥐런 등을 기본 필자로 흡수하여 일시에 논조가 같잖게 흘러가서 독자들의 불만이 아주 많았다. 게다가 '토요일파'에게 조소를 퍼부어 장뤄구張若谷 등을 화나게 했고, '청산식' 사회주의 이론을 공격하여 옌링펑嚴靈峰과 원수가 되었으며, 『시대와 사랑의 기로』時代與愛的岐途의 허리를 잘라 장쯔핑張資平 파의 반감을 샀다. 리가 『자유담』을 수개월 주편한 결과는 이미 장벽이 만들어졌다는 것이고, 이러한 장벽은 바로 경영주의를 내세우는 『선바오』가 가장 기피하는 것이다. 또한 외부에서 나오는 온갖 불만의 논조를 들은 스 사장은 이에 특별히 경고를 하고, 그렇게 하지 않으면 이로 말미암아 계약 취소만이 있다고 했다. 최후의 결과는 물론 고용인이 사장에게 굴복하는 것이었다. 따라서 「옛말」, 「샤오단小旦의 말로」 같은 글이 최근에 더 이상 보이지 않게 된 것이다.

[원聞]

그리고 5월 14일 오후 갑자기 딩링과 판쯔녠 실종사건이 일어났다.[6] 사람들의 대부분은 흉계에 걸려들었다고 추측했으며 이 추측이 역시나 날이 갈수록 사실로 드러나고 있다. 이로 인한 유언비어도 아주 많았고, 들리는 말로 아무개, 아무개도 함께 흉세에 걸려들었다고도 하고 경고나 협박 편지를 받은 사람도 있었다고 한다. 나는 편지 같은 것은 받지 않았지만 잇달아 대엿새 동안 우치야마서점[7]의 분점에 전화를 걸어 내 주소를 묻는 사람이 있었다. 나는 이런 편지와 전화가 모두 흉계를 꾸민 자들의 짓이라기보다는 몇몇 이른바 문인들의 귀신놀음에 불과하다고 생각한다. '문단'에도 물론 이런 사람은 있기 마련이다. 그런데 성가신 일이 벌어지는 것을 싫어하는 사람이라면 이런 소소한 놀이로도 효과를 거둘 수 있다. 6월 9일 『자유담』에 게재된 「오두막의 잔소리」[8]에 이어 다음과 같은 글이 실렸다. 내가 보기에는 이런 귀신놀음이 효과를 본 증거이다.

편집인 부기: 어제 쯔잔 선생의 편지를 받았습니다. 현재 어떤 책을 쓰는 데 전력을 다해야 하므로 다른 일에 신경 쓸 겨를이 없다고 합니다. 「오두막의 잔소리」는 여기서 끝내기로 합니다.

『다완바오』는 한 달 남짓 가만히 살펴보다가 마침내 6월 11일 저녁 문예부간 『햇불』에서 실낱같은 빛을 발산했다. 그것은 아주 분개하고 있었다.

도대체 자유를 원하기나 하는 것인가?

파루法魯

한동안 거론되지 않던 '자유'라는 문제가 최근 아무개의 명문에 다시 등장했다. 국사國事는 언제나 뜨거운 화제인지라 건드리기 쉽지 않으므로 차라리 거론하지 않기로 하고 체념하고 '풍월'을 말하려고 했지만, '풍월'을 말하기에는 마음이 흡족하지 않아 목구멍 아래에서 중얼중얼 몇 마디 '자유'가 새어 나오지 않을 수 없다는 것이다. 또 문제가 엄중하므로 몇 마디 중얼거리는 것은 괜찮다고 느껴졌다고 한다. 명언明言과 직언은 좀 곤란할 것 같으므로 정면으로 드러나는 문제를 감히 직접적으로 제기하지 못하겠고 큰칼과 도끼를 면전에다 대고 휘두르기도 어렵기 때문에 구불구불 빙빙 돌려 사람들로 하여금 포인트를 잡을 수 없게 만들고 정면을 다루면서도 그것을 거꾸로 읽도록 하는 것, 이것이 바로 '유머' 문장을 보는 방법이라고 했다.

마음으로 자유를 원하면서도 입으로는 명백히 말할 수 없고, 입이 마음을 대표할 수 없다는 데서 입 그 자체가 이미 부자유스럽다는 것을 알 수 있다. 부자유스러우므로 변죽을 울리고 찌르는 것이다. '자유를 원한다'고 했다가 다시 '자유를 원하지 않는다'라고 하고, 한참 지나면 다시 '부자유의 자유'와 '자유의 부자유'를 '원한다'라고 한다. 엎었다가 다시 뒤집어 머리 단순한 사람은 '신경쇠약'에 걸리게 되고 중심을 못 잡게 된다. 도대체 자유를 원하기나 하는 것인가? 까놓고 이야기하자. 사람들도 바람 부는 대로 가기를 좋아한다. 알아들을 수 없는 자유 같은 조롱박에 갇히지 않도록 말이다. '고상한 사람'이 아닌 나의 생각에 비추어 아무래도 거칠게, 곧바로 말해야겠다. "우리는 자유를 원한다. 부자유라면 너 죽고 나 살자는 식으로 덤벼들겠다!"

애당초 '자유'는 결코 대단한 문제가 아니지만, 사람들에게 한 번 말하게 되면 도리어 심각해진다. 문제는 결국 자신이 심각하게 만든다는 것이다. 더 이상 큰칼과 도끼를 사용하지 않고서 어떻게 칠흑 같은 어둠을 돌파할 수 있겠는가? 세침細針으로 잠깐 찌르는 것은 필경 조충소기彫蟲小技에 불과하고 대大주제에 도움도 안 된다. 풍자와 조롱은 이미 다른 세대의 노인이 말하는 잠꼬대가 되어 버렸다. 우리 총명한 지식인들은 풍자가 이 시대에 이미 효력을 상실했음을 잘 알고 있었다. 그런데 칼과 도끼를 놀리려고 하면 좌우에서 팔꿈치를 잡아당기는 것 같다. 요즘 같은 시대에 과학의 발명으로 칼과 도끼는 물론 총포에 못 미친다. 목숨이 개미만도 못하다고 해서 슬퍼할 것도 없지만, 속절없이 우리의 무능한 지식인들이 기어이 자신들의 생명을 안타까워하니, 어찌하겠는가!

다시 말하면, 자유는 애당초 무슨 희한한 물건이 아닌데, 한마디 하다 보면 아주 귀중한 것으로 말하게 된다는 것이다. 시국에 대하여도 본래 구불구불하게 풍자해서는 안 된다는 말이다. 이제 그는 풍자하는 사람에 대하여 '거칠게, 곧바로' 죽음을 요구하고 있다. 필자는 마음이 곧고 말이 거침없는 사람이나, 이제는 "자유를 원하기나 하는 건지"도 종잡을 수 없을 정도로 다른 사람 때문에 지쳐 있다는 것이다.

그런데 6월 18일 아침 8시 15분 중국민권보장동맹의 부회장 양싱포(취안)[9)]가 암살당했다.

이것은 어쨌거나 '너 죽고 나 살자'는 식으로 덤벼든 셈이지만, 파루 선생은 더 이상 『횃불』에서 속 시원히 말하지 않고 있다. 다만 『사회신문』 제4권 제1기(7월 3일 발간)에는 좌익작가의 나약함을 그리고 있었다.

좌익작가들이 잇달아 상하이를 떠나고 있다
5월 상하이에서 좌익작가들은 한동안 시끄럽게 굴었다. 어떤 것이라도 빨강색으로 물들이고 문예계 전체를 좌익으로 만들기라도 하겠다는 듯이 말이다. 그런데 6월 하순에 정세가 확연히 달라졌다. 비非좌익작가들의 반격전선 배치가 이루어지고 좌익 내부에서도 분화가 일어났다. 최근 상하이에 암살 분위기가 매우 심각해지자 문인들의 머리도 극도로 예민해졌다. 간담이 제일 작고 걸음이 제일 빠른 그들은 피서를 명분으로 상하이를 떠났다. 확실한 소식통에 따르면 루쉰은 칭다오靑島로 갔고, 선옌빙은 푸둥 시골마을에 있으며, 위다푸는 항저우, 천왕다오陳望道는 고향으로 돌아갔고, 펑쯔蓬子, 바이웨이白薇 등도 종적이 사라졌다고 한다.

[다오道]

시후는 시인들의 피서지이고 구링怗嶺은 부호들이 여름을 보내는 곳이다. 가고 싶어도 감히 못 가는 곳일진대, 하물며 유람이라니? 양싱포가 죽었다고 사람들이 갑자기 더위 먹기 시작했을 리 만무하다. 듣자 하니 칭다오도 좋은 곳이라고 한다. 그런데 그곳은 량스추[10] 교수가 도를 전하던 성지라고 하는데, 이제껏 나는 멀리서 바라보는 눈요기도 한 적이 없었다. '다오' 선생은 나름의 까닭이 있겠지만, 나를 대신해서 생각해 낸 공포는 그야말로 맞지 않다. 공포가 맞다면, 일군의 불량배들의 권총 몇 자루로도 진정 치국평천하를 이룰 수 있었을 것이다.

그런데 후각이 특별히 예민할 성싶은 『미언』이 제9기(7월 15일 발간)에 또 다른 뉴스를 실었다.

자유의 풍월

완스頑石

리례원이 주편한 『자유담』이 "풍월만을 이야기하고 불평을 덜 드러낸다"라고 선언한 이래로 신진작가들이 투고한 진정 풍월을 말하고 있는 원고는 여전히 게재 거부되고 있다. 최근에 게재된 비非노작가의 변성명한 풍자문장은 바로 정탐가들의 무료한 고고학이다. 이번에는 구극 중의 징과 북에 관한 토론이 실렸는데, 필명 '뤄푸'羅復는 곧 천쯔잔이고, '허루'何如는 전에 체포되었던 황수黃素라고 들었다. 이 멍청한 송사로 적지 않은 원고비만 빼앗겼다.

이 글도 물론 '불평'이다. 그런데 "진정 풍월을 말하고"와 "전에 체포되었던" 등의 문구에 대해서 내가 느낀 것은 퍽이나 재미있다는 것이다. '완스'로 '변성명'하고, 총기가 코에 모이지 않는 우리 세대를 끝내 '신진작가'나 혹은 '노작가'로 구분하지 않은 것은 안타깝다.

「후기」는 애당초 여기서 끝낼 수도 있었다. 그런데 아직 거론해야 할 것이 있다. 그것은 이른바 '장쯔핑의 허리를 자른'[11] 안건이다.

『자유담』에 원래 이 작가의 소설이 실렸으나 완성되기 전에 게재 정지되자 일부 타블로이드에서 "장쯔핑의 허리를 잘랐다"라고 떠들썩하게 전했다. 당시에는 편집인과 오고 간 반박의 글이 있었던 것 같은데, 신경 쓰지 않았기 때문에 모아 두지 않았다. 지금 가지고 있는 것은 『사회신문』 제3권 제13기(5월 9일 발간)에 실린 글밖에 없다. 이에 따르면 죄악의 원흉은 또 나다. 아래와 같다.

장쯔핑이 『자유담』에서 밀려나다

추이궁粹公

요즘 『자유담』은 의도를 가지고 행동하는 사람들의 기반이자, '까마귀'와 '아Q'의 방송국이 되었다. 물론 '삼각, 사각 연애'의 장쯔핑이 그 사이에 뒤섞여 순수성을 훼손시킬 필요는 없다.

그런데 이런 질문을 하는 사람이 있다. "왜 색정광인 '잃어버린 양', 위다푸는 예외적인가? 그는 장쯔핑과 마찬가지로 창조사에서 나오지 않았던가? 마찬가지로 '누이, 난 널 사랑해'라며 노래하지 않았던가?" 위다푸가 확실히 예외가 된 까닭에 대해 나는 대답해 줄 수 있다. 위다푸는 색정광이기는 하지만 '좌련'으로 흘러들어 가 '민권보장'의 저명한 인물들을 알고 있고 최근 『자유담』의 무대 뒤 사장인 루(?) 어르신과는 동지이고 '까마귀', '아Q'의 동료가 되었기 때문이다.

『자유담』의 주편 리례원이 장쯔핑을 자른 이유에 근거하면, 독자들이 『시대와 사랑의 기로』에 불만을 가지고 있었기 때문에 중도에서 허리를 잘라 버렸다는 것이다. 이것은 물론 발뺌이다. 기름기 줄줄 흐르는 살찐 선바오관 사장으로서는 1천 자에 10다양 하는 원고를 사서 글자통을 채우는 데 몇천 위안이 아깝지는 않을 것이다. 그러나 매문賣文으로 살아가는 장쯔핑으로서는 사형선고보다 더 비참하다. 그가 그러고서도 얼굴을 들고 다닐 수가 있겠는가!

뿐만 아니라 『자유담』에 원고를 쓴 것은 작년 11월 리례원이 객원으로 청하며 그더러 맡아 달라고 했기 때문이다. 루(?) 선생이 자신의 기반을 청소하려고 했을 때에도 다소 예의를 차려 이렇게 매서운 수단을 사용하지는 않았던 것 같다. 문제는 이렇다. 루 선생은 문예(?)운동을 부흥시키기 위하여 응당 첫걸음으로 우선 같은 길을 가지 않는 모든 사람들을 타도해야 했으므로 쩡진커, 장뤄구, 장이핑 등을 '금요일파'로 거론하며 비판했다. 장쯔핑이 눈치가 있었다면 자신이 그들의 침대 곁에서 단잠을 자던 도중에 바로 꺼져야 하는 신세가 되리라는 것을 감지하기 어렵지 않았을 것이다! 공교롭게도 1천 자당 10다양에 연연하는 바람에 사나운 운수에 걸려들고 말았던 것이다. 물론, 사형이건 징역형이건 간에 타도는 독하면 독할수록 좋은 법이다!

장쯔핑이 『자유담』에서 밀려난 뒤, 인지상정으로 보면 누구라도 이 쓴물을 그냥 삼키지는 못할 것이다. 그러나 장쯔핑의 나약함은 유명하다. 그는 처자를 핑계로 그들과 싸우지 않았을 뿐만 아니라 그들이 진영을 잘 짜 둔 집단과도 감히 싸우지도 못했다. 이리하여 겨우 『중화일보』中華日報의 「작은 공헌」小貢獻에다 연약하고 무기력한 암전을 쏘는 것으로 수치를 덮고자 했을 뿐이다.

이제는 모든 것이 사라졌다. 『홍당무』[12]가 이미 그의 자리를 대신했고, 선옌빙이 새로 조직한 문예참관단이 장차 대규모로 『자유담』에 이식될 것이다.

또 다른 것도 있다. 『자유담』에서 쩡진커[13]의 '해방사'를 공격한 적이 있는데, 『사회신문』 제3권 제22기(6월 6일 발간)에 따르면 애당초 또 내가 소란을 피우고 있었다는 것이다. 아래와 같다.

쩡진커의 반격 준비

쩡진커는 루쉰 등의 공격으로 실제로 만신창이가 될 지경이다. 물론 반격을 생각하지 않은 적이 없었으나 힘도 없고 능력도 모자라 소원성취가 어려웠다! 게다가 루쉰 등은 '좌련'이 배경이고 사람들이 많고 의기투합하고 있어 고군항전으로는 당해 낼 수가 없었다. 따라서 손을 맞잡고 세력을 모았으니, 무릇 루쉰 등에게 모욕을 당한 적이 있는 사람들은 더욱 환영받았다. 최근 장쯔핑, 후화이천, 장평張鳳, 룽위성龍楡生 등 10여 명을 모아 문예만담회를 조직하고 신시대서점

新時代書店을 빌려 기반으로 삼아 좌익작가의 반월간에 전문적으로 대응하기로 계획했다. 이달 중순에 출판될 예정이다.

[루如]

나는 당시에 비록 쩡진커만을 대상으로 한 글을 쓴 적은 없으나 「곡의 해방」(이 책 15번째 글)에서 분명 언급한 적이 있으므로 어쩌면 '모욕'이라고 할 수 있을 법도 하다고 생각했다. 후화이천[14]은 나와 아무런 상관이 없지만 『자유담』에서 "묵적은 인도인이다"라고 한 그의 학설을 비웃은 적은 있다. 그런데 장, 룽 두 분은 어찌 된 일인가? 피차간의 간섭이 내 기억으로는 전혀 없다. 이 일에 대해서는 내가 『파도소리』[15] 제2권 제26기(7월 8일 발간)를 보고서야 의심의 덩어리가 비로소 풀렸다.

'문예좌담' 부재수령기[16]

쥐런聚仁

『문예좌담』[17]은 사인詞人의 반격 기관지이다. 부재라는 것은 먼 곳에 있었다는 뜻이고 수령이라는 것은 고맙게 받아들인다는 뜻이다. 필자는 좌담과 함께하지는 않았으나 부재수령의 깊은 호의에 대한 경과를 기록하고자 한다.

제목 설명을 마쳤으므로 이제 본사本事를 서술하겠다.

내가 지난暨南에서 수업하고 있던 어느 날, 휴게실의 테이블 위에 불쑥 초대장이 보였다. 펼쳐서 삼가 읽어 본즉, 『신시대월간』의 초대장이었다. 나 같은 놈이 무슨 복으로 이런 초대장을 받다니! 접어 보관하며 가보로 전하리라고 생각했다.

『신시대』가 손님들을 초대하자 『문예좌담』이 생겨났다. 반격의 전선이 형성된 것이다. 실린 글들이 휘황찬란하고 명장^{名將}이 거기에 있었다. 나는 그저께 장펑 선생을 우연히 만난 김에 자문을 구했다. 그가 말했다. "무슨 좌담인지 누가 알았소이까? 그 사람은 전에 아무 말도 없었어요. 서명을 했더니 그다음 날 신문들마다 발기인이라고 하더이다." 어제는 룽위성 선생을 우연히 만났다. 룽 선생은 이렇게 말했다. "상하이라는 곳은 정말 사람 노릇 하기가 쉽지 않은 곳이에요. 그 사람들이 자꾸만 나더러 이야기해 달라고 해서 다과를 조금 했을 뿐인데 포함시켰더군요. 나는 또 광고를 낼 돈도 없고." 내가 말했다. "그 집 차를 마셨으니 당연히 그 집 사람이 된 거지요."

나는 다행히 차를 마시러 가지 않았기 때문에 강간당하지 않을 수 있었다. 부재수령의 깊은 호의에 대해 감사를 표하고자 한다!

그런데 '문예만담회'의 기관지 『문예좌담』 제1기에는 필자 10여 명의 이름이 나열되어 있었고, 7월 1일에 출판되었다. 개중에 한 편은 오로지 나를 대상으로 쓴 글이었다.

우치야마서점에 잠시 들른 기록

바이위샤^{白羽遐}

어느 날 오후 나는 친구와 함께 상하이 베이쓰촨로^{北四川路}에서 산보하고 있었다. 걸어가다 보니 베이쓰촨로 끝까지 갔다. 나는 홍커우공원에 가 보자고 하고 나의 친구는 우선 새로 나온 책이 있는지 우치야마서점에 가 보자고 해서 함께 우치야마서점으로 들어갔다.

우치야마서점은 일본 낭인 우치야마 간조^{內山完造}가 연 서점이다. 그는 표면적으로는 서점을 열고 실제로는 거의 일본 정부를 위한 스파이 노릇을 하고 있다. 그는 매번 중국인과 무슨 말을 나누고 나면 바로 일본영사관에 보고한다. 이것은 이미 '공개된 비밀'로서 우치야마서점에 약간이라도 가까이 가 본 사람이라면 모두가 알고 있는 사실이다.

나와 내 친구는 내키는 대로 책과 신문을 뒤적거리고 있었다. 우치야마는 우리를 보자 급히 달려와 아는 척하며 앉으라고 하고는 늘 하던 대로 한담을 나누었다. 우치야마서점에 오는 중국인은 대다수가 문인이므로 우치야마도 중국의 문화를 잘 알고 있었다. 그는 항상 중국인들과 중국 문화와 중국 사회의 사정에 대해 이야기를 나누었을 뿐 중국의 정치에 대해서는 그다지 말하지 않았다. 물론 중국인이 그에 대해 의심할까 해서이다.

> "중국에서는 만사를 에누리해야 하는데, 글도 마찬가지예요. '백발이 삼천 장^丈이다'라는 말은 어마어마한 속임수죠! 이 말은 엄청 에누리해야 해요. 중국에서 일어나는 다른 문제들도 이런 것에 견주어 추측할 수 있지요. …… 하하! 하!"

우치야마의 말을 듣고 우리는 전혀 면구스럽지 않았다. 시는 과학적 방법으로 비판할 수 없다. 우치야마는 구주[18]의 한 모퉁이에 있는 소상인, 스파이에 불과하다. 우리는 미소로 대답하는 것 말고는 무슨 말로도 그에게 해명할 수가 없었다. 얼마 전에 『자유담』에서 허자간 선생의 글을 보았는데, 바로 우치야마가 한 말들이었다. 애당초 이른바 '사상계의 권위' 이른바, '문단의 노장'이라고 불리는 사람이 쓴 글조차도 '스스로의 구상에서 비롯된 것'이 아니었던 것이다!

우치야마는 또한 우리에게 '항공구국' 등의 문제에 대해서도 장황하게 말했는데, 마찬가지로 허자간 선생이 벌써 베껴서 『자유담』에 발표한 것들이었다. 우리는 하릴없이 건성으로 대하는 것 말고는 많은 말을 하지 않았으며 아랑곳하고 싶은 생각도 없었다. 왜냐하면 우리는 우치야마가 어떤 놈인지 알고 있었을뿐더러 우리는 그에게 구명해 달라고 한 적도 없고 앞으로도 결코 그에게 구명이나 보증을 청할 작정이 없기 때문이었다.

나는 나의 친구와 우치야마서점을 나와 산보하다가 홍커우공원에 도착했다.

일주일도 지나지 않아(7월 6일) 『사회신문』(제4권 제2기)이 응원을 보냈고, 뿐만 아니라 '좌련'[19]으로까지 확대했다. 여기에서 '마오둔'이라고 한 것은 '루쉰'이라고 써야 할 것을 고의로 저지른 실수이다. 동일인이 쓴 글이라는 의심을 피하기 위함이다.

우치야마서점과 '좌련'

『문예좌담』 제1기에서는 일본 낭인 우치야마 간조가 상하이에서 서점을 열어 스파이 역할을 하고 있다는 것이 확실할 뿐만 아니라 특히 '좌련'과 인연이 있다고 했다. 궈모뤄가 한커우에서 상하이로 도피할 당시 우치야마서점 건물에 숨었고 일본행 배표를 대신 사 주었던 것을 기억한다. 마오둔도 뒷소문으로 절박할 때 우치야마서점이 유일한 피난처였다. 그렇다면 이 서점의 역할은 도대체 무엇인가? 대체로 중국에 공비가 있으면 일본에 이익이 된다. 따라서 일본 잡지에 실린 중국 비적의 동정을 조사한 글이 중국 스스로가 알고 있는 것보다 많은 것이다. 그리고 이런 자료의 절반은 구명의 은혜를 받은 공산당 문예인의 제공으로 얻은 것이다. 또 나머지 절반은 자신의 세력을 떠벌리기 위해 공산당이 친히 보낸 것이다. 또한 무료한 문인들 가운데 포섭되어 기꺼이 스파이가 되고자 하는 사람도 많이 있다. 이런 스파이 기관으로 우치야마 말고도 일일신문사, 만철조사소 등이 있다고 하고, 유명한 스파이로는 우치야마 간조 외에도 다나카^{田中}, 고지마^{小島}, 나카무라^{中村} 등이 있다고 한다.

이 두 편의 글에는 두 가지 새로운 패턴이 있다. 하나는 예전의 모략가들은 좌익작가들이 소련의 루블을 받은 사람들이라고 말했는데, 지금은 일본의 간접 스파이로 바꾼 것이다. 다른 하나는 예전의 폭로가들은 반드시 특정한 책에 근거하여 표절을 말했는데, 지금은 다른 사람의 입을 통해 들은 것으로 오로지 자신의 귀에 기댄다는 것이다. 우치야마서점이라면 최근 3년 동안 나는 확실히 자주 가 책을 고르고 이야기를 나누었다. 상하이의 이른바 몇몇 문인들보다 상대적으로 더 마음이 놓였다. 왜냐하면 나는 그가 스파이 노릇을 하는 게 아니라 돈 벌려고 장사를 하고 있다고 확신했기 때문이다. 그는 돈을 벌려고 책을 팔았지 사람의 피를 팔지는 않았다. 이 점은 무릇 스스로가 사람이라고 생각하면서도 실은 개만도 못한 문인들이 힘써 좀 배워야 하는 것이다!

그런데도 불평을 품은 사람이 있었다. 7월 5일 『자유담』에 마침내 아래와 같은 글이 게재되었다.

'문인무행'을 말하다[20]

구춘판 谷春帆

비록 나 자신도 이른바 '문인'의 '숲'에 끼어들어 가 있지만 요즘 들어 '문인무행'이라는 말에 대하여 실로 약간의 동의를 표시한다. 또한 '인심이 옛날 같지 않다'거나 '세상의 풍조가 나날이 나빠진다'라는 한탄에 대하여도 온전히 '도학선생'의 편협한 말만으로 보지는 않는다. 실제로 오늘날 '인심'은 아주 몸서리칠 정도로 험악하다. 특히 이른바 '문인'들은 음모와 중상, 유언비어 날조하기, 공개적으로 고발하기, 친구 팔아 부귀영화 도모하기, 앞잡이 되기의 수작 등과 같은 온갖 비열한 행위를 생각하고 실천하는데, 이런 것들은 이루 다 셀 수도 없다. 그리고 다른 한편으로 스스로 북치고 나팔 불기, 낯두꺼운 줄 모르고 '천재'와 '작가'로 자처하기, 다른 사람들이 뱉은 침

훔쳐 가기, 또한 우쭐거리기와 같은 온갖 괴상한 현상이 있는데, 이 역시 '갖추지 않은 허물이 없고 온갖 나쁜 짓은 다 한다'라는 것이다. 이런 가슴 아픈 사실을 마주하고도 우리가 '문인무행'이라는 말의 상당한 진실을 부인할 수 있겠는가? (물론 나도 결코 무릇 문인들이라면 모두 무행하다고 말하는 것은 아니다.) 우리가 '세상의 인심'에 대한 한탄을 안 할 수 있겠는가?

물론 이런 나의 느낌은 결코 전혀 근거가 없지 않다. 사실을 들어 말하자면 지난번에 쩡^曾 아무개가 무리하게 '씨발', '마직이나 하자' 등의 천한 말로 이른바 '사의 해방'을 실천하여 '경박한 청년', '색정에 미친 호색한'이라는 비난을 받은 적이 있고, 쩡 아무개는 중얼중얼 쉬지 않고 변명했다. 지금은 어떤가? 새로운 사실이 쩡 아무개는 경박한 청년일뿐더러 가증스러운 악독한 뱀, 전갈임을 입증하고 있다. 그는 추이완추崔萬秋라는 이름으로 자신을 치켜세웠고(2월 추이가 본 신문에 실은 광고에 나온다), 심지어는 무리수를 두어 일본의 타자수와 중학 교사를 '여성 시인'과 '대학교수'로 만들어 자신을 살뜰하게 치켜세우기까지 했다. 그는 제일 비열한 수단으로 타블로이드에 투고하여 자신의 친구를 ×××라고 지목했을 뿐만 아니라 그의 거주지를 공표하여 친구를 공개적으로 팔아먹기도 했다(『중외서보신문』,[21] 제5호). 이런 대담함, 이런 악독함, 이런 무료함은 그가 그야말로 염치 있고 인격적인 '사람', 특히 '문인'이 할 수 있는 일이라는 것을 믿을 수 없도록 만들었다. 그럼에도 불구하고 쩡 아무개는 정녕 생각해 냈고 정녕 실천했다. 따라서 나는 그 어떤 사람이라도 쩡 아무개의 두려움 없는 정신에 감복하지 않을 수 없을 것이라고 생각한다.

듣자 하니 쩡 아무개는 나이가 많지 않고 공부할 기회도 없지 않았다고 한다. 나는 만약 쩡 아무개가 허풍 떨고 알랑거리는 정신, 악독하고 교활한 마음을 실학 추구에 사용했다면 성취한 바가 훨씬 많지 않았을까 한다. 그런데 쩡 아무개는 하필이면 날마다 허풍 떨고 알랑거리기를 일삼고 날마다 유언비어를 만들어 중상하기를 일삼고 있다. 쩡 아무개의 모습은, 한편으로는 진실로 쩡 아무개의 무서움을 드러내기에 족하고 다른 한편으로는 애석하게도 스스로 무너지는 청년의 모습을 보여 주는 것이다.

그런데 돌려 말해 보면, 고등교육을 받은 사람도 꼭 반드시 몸가짐을 자제할 수 있는 것은 아니다. 예컨대 전적으로 삼각연애소설을 써서 유명해지고 부자가 된 장×× 같은 사람은 일본의 어떤 학교 출신이라고 스스로 떠벌리고 다닌다. 그런데 그는 최근에도 악에 받쳐 으르렁거리며 완전히 독기 서린 '버림받은 여인'의 표정을 하고 있다. 그는 음모를 꾸며 중상하고 유언비어를 만들어 이간질하고 사람들을 억지로 부하린이나 레닌 같다고 하며 그야말로 사지로 몰아붙이려 하고 있다. 그의 비열한 인격과 악랄한 수단은 전무후무하다고 할 수 있다. 이렇게 보면 고등교육이 무슨 소용이 있겠는가? 뿐만 아니라 새로 출판된 무료한 모某 간행물에서 '바이위샤'라는 필명으로 「우치야마서점에 잠시 들른 기록」이라는 글을 발표하여 공공연하게 아무개가 우치야마서점에 자주 들르고 우치야마서점에 구명과 보증을 요청했다고 말했다. 내 생각에는 이런 공개적인 고발 수작은 아마도 일류 인사들이 변성명하여 놀아 보는 술수인 것 같다.

그런데 그들이 아무리 유언비어를 날조하여 중상하거나 아무리 음모를 꾸며 모해하더라도 눈 밝은 사람은 단번에 알아본다. 따라서 상해도 못 입히고 공연히 그들 자신의 너절함과 무인격을 폭로하는 데 불과하다.

그런데 내 생각에는, '유행'有行한 '문인'이라면 이런 추악한 부류에 대하여 그야말로 지금처럼 시종 치지도외해서는 안 되고 분연히 떨쳐 일어나 그들을 문단 밖으로 내몰아 참을 수 없을 만치 오염된 중국 문단을 청소해야 할 필요가 있을 것 같다!

이리하여 화근은 다시 『자유담』까지 이끌어 냈다. 이튿날 『시사신보』에는 사방 한 치의 대자로 제목을 단 광고가 실렸다.

장쯔핑 광고

5일 『선바오』의 『자유담』에 실린 「'문인무행'을 말하다」에 나오는 뒷단락은 아마도 나를 지목한 말인 듯하다. 나는 무슨 일이 일어나도 이름을 바꾸지 않는 사람이다. 어쩌다 다른 필명을 사용하더라도 발표한 글은 모두 내가 책임을 졌다. 이것은 첫째로 밝혀야 하는 것이다. 바이위샤는 다른 사람이다. 「우치야마서점에 잠시 들른 기록」이 얼마나 안 좋은 작품인지 보지 못했다. 그러나 나는 나의 펜에서 나온 글이 아니라고 인정한 적도 없다. 이것은 둘째로 밝혀야 하는 것이다. 내가 쓴 글은 모두 확신에서 나왔고 정치적인 주장과 국제정세 연구에 착각이나 혼란이 있는 경우 모두 꺼리지 않고 수정했다. '위조편지에 관한 유언비어를 만들고 의견이 다른 사람에 대하여 함부로 모함했다는 것'에 대해서는 모두 내가 평생토록 반대해 오던 것들이다. 이것은 셋째로 밝혀야 하는 것이다. 나는 편집인 자리를 차지해 우쭐해하거나, 더 나아가 '위조편지를 만들었다는 유언비어를 만들어 모함하'는 등의 비열한 행동을 할 수 있도록 나를 후원해 주는 자본가 출판인도 없고 대大상인의 첩으로 시집간 누이들도 없다. 나는 정치나 국제정세에 대한 견해를 발표하고 싶어도 발표할 수가 없기 때문에 나의 이런 글을 받아 주는 간행물이라면 두루 투고하고자 했다. 그런데 해당 간행물의 기타 글에 대해서는 책임을 질 수가 없다. 이것은 넷째로 밝혀야 하는 것이다. 앞으로 무릇 자본가를 뒷배로 하는 간행물을 이용하여 나를 모함하는 자가 있으면 나는 개소리로 간주하고 더 이상 대답하지 않을 것임을 특히 여기에서 분명히 밝혀 둔다.

이것은 나 말고는 대부분 『자유담』의 편집인 리례원에 대한 글이라는 것은 아주 분명하다. 따라서 이튿날 『시사신보』에 이에 대응하는 광고가 실렸다.

· 리례원 광고

례원은 지난해 유럽여행에서 돌아온 뒤로 상하이에서 타향살이하고 있다. 『선바오』의 사장 스량차이 선생은 윗대로부터 교분이 있는 어른인 까닭에 자주 방문하여 문안인사를 드렸다. 스 선생은 례원이 어떤 당파에도 들어간 적이 없고 유럽 유학 시절 문학에 전념했다는 이유로 선바오관에 들어가 『자유담』을 편집하게 했다. 예기치 않게 최근 두 달 동안 삼각연애소설 장사꾼 장쯔핑은 례원이 자신의 장편소설 게재를 중지시켰다는 이유로 원한이 골수에 맺혀 크고 작은 각종 간행물에 유언비어로 모략하고 흠집으로 모함하는 등 못하는 짓이 없었다. 례원은 그의 수단과 목적이 너무 비열하여 눈 밝은 사람이라면 단번에 알아볼 것이므로 변호할 가치도 없다고 생각했기 때문에 지금까지 아무런 대응을 하지 않고 있었다. 그런데 장씨는 어제 다시 『칭광』青光에 광고를 실어 몰래 비방하고 함부로 모함했다. 그 가운데 '또한 대상인의 첩으로 시집간 누이도 없다'라고 한 말은 누구를 가리키는지 모르겠다. 장씨의 광고는 『자유담』을 겨냥해 발표한 것이고 례원이 현재 『자유담』의 편집인이므로 뭇사람의 의심을 해소하기 위하여 분명히 밝히지 않을 수 없다. 례원은 친누이가 둘 있는데, 큰 누이 잉위안應元은 시집도 가기 전에 일찍 죽었고, 둘째 누이 유위안友元은 창사長沙의 한 학교에서 공부하고 있고 아직 결혼하지 않았으므로 둘 다 후난湖南에서 한 걸음도 벗어난 적이 없다. 뿐만 아니라 례원이 알고 있기로는 샹탄湘潭 리씨의 친족 누이들 가운데 친소원근을 막론하고 첩으로 시집간 사람은 하나도 없고 '대상인'과 결혼한 사람도 하나도 없다. 장 아무개의 말은 어쩌면 진심에서 우러난 유감(대상인의 첩으로 시집간 누이가 없다는 사실에 대한 유감)일

수도 있고, 어쩌면 달리 지목한 사람이 있을 수도 있고, 어쩌면 례원이 모르는 미친개처럼 짖어 대는 일종의 병의 발작일지도 모르겠다.

이후에도 광고 몇 개가 더 있었으나 번거로움을 피해 그만 오려 붙이기로 한다. 요컨대, 비교적 중요한 문제는 "누이가 대상인의 첩으로 시집간" 사람이 누구냐는 것이다. 그런데 이 사안에 대해서는 "무슨 일이 일어나도 이름을 바꾸지 않는" 장쯔핑 본인에게 물어봐야만 알 수 있을 것이다.

그런데 중국에는 분명히 호사가들이 있다. 더위 먹는 것을 무서워하지 않고 전루眞茹의 '풍년을 소망하는 소농의 집'이라는 양옥 아래 가서 가르침을 청한 사람이 있었던 것이다. '방문기'는 『중외서보신문』의 제7호(7월 15일 발행)에 실렸다. 아래는 '첩 되기' 등의 문제에 관한 부분이다.

(4) 광고 중의 의문
이상 이런 말들은 게재와 게재 중지의 경과에 대해 이야기한 것에 불과하다. 계속해서 나는 광고 중의 몇 가지 의문에 대해 대답해 줄 것을 청했다.

"당신의 광고 중에 많은 이야기가 외부 사람은 봐도 잘 모르는 것들입니다. 제가 여쭈어 보아도 되겠습니까?"

"어느 구절을?"

"'누이가 상인의 첩으로 시집갔다'고 한 말에 어떤 암시가 있는 건지 모르겠습니다."

"그건 리례원 그 사람이 괜한 마음을 쓴 거예요. 광고를 쓰는 김에 다른 사람을 지목해 본 것에 불과해요."

"그 사람은 누구십니까?"

"그건 공개할 수 없어요." 그가 공개할 수 없다고 했으므로 캐묻기 어려웠다.

"또 다른 문제가 있습니다. 당신은 '정치과 국제정세에 대한 견해를 발표하고 싶어도 발표할 수 없다'라고 말했는데, 무슨 말입니까?"

"그것은 문예 이외의 나의 정치적 견해에 관한 것, 수필 같은 것을 말한 거지요."

"『신시대』에 발표한 「풍년을 소망하는 소농의 집 일기」[22] 같은 것입니까?"(『신시대』 7월호 참고) 내가 끼어들며 물었다.

"그것은 루쉰에 대한 비판이고요. 내가 말한 것은 정치에 대한 견해인데, 『문예좌담』에 있어요."(『문예좌담』 1권 1기, 「아침에서 오후까지」 참고)

"루쉰에 대한 무슨 비판입니까?"

"이건 이번 화제와 동떨어진 일이지요. 내가 보기에 이것에 관해서는 부탁건대 아무래도 발표하지 않는 것이 좋겠어요."

이것은 진실로 "속마음이 바르지 않으면 눈동자가 흐리다"[23]는 격이니, 겨우 몇 구절로 이 문학가의 상판이 드러난다. 『사회신문』에서는 그가 '나약'하다고 말했는데, '약한 자를 돕는' 사회적 동정을 널

후기 253

리 얻으려는 분명한 의도가 있으므로 신뢰할 수가 없다. 그런데 광고에 나온 자백은 중국 문학의 사례에 비추어 대대적으로 에누리할 필요가 있다(만약 바이위샤 선생이 '어느 날' 다시 '우치야마서점에 잠시 들른'다면 반드시 사장의 입으로부터 듣게 될 것이다). 왜냐하면 그 자신이 "이름을 바꾸지 않는다"라고 해놓고도 "어쩌다 다른 필명을 사용하더라도"라고 했기 때문이고, "발표한 글은 모두 내가 책임진다"라고 했으면서도 "아무래도 발표하지 않는 것이 좋겠어요"라고 한 것은 어째서인가? 하지만 "아무래도 발표하지 않는 것이 좋겠어요"라고 했으므로 나에 관한 글은 나도 더 이상 깊이 논의하지 않겠다.

한 펜으로 두 가지 일을 한꺼번에 쓸 수는 없다. 예전에 나는 그야말로 『문예좌담』의 좌장이자 '해방사인'解放詞人 쩡진커 선생을 무심히 내버려 두었다. 그런데 쓰려고 보니 정말 간단했다. 그는 '반격을 준비하'는 것 말고도 '고발' 놀음을 하고 있었던 것이다.

이 사인詞人은 추이완추[24) 선생과 애당초 알고 지내던 사이였으나 사소한 갈등 때문에 익명으로 타블로이드에 투고하고 오래된 친구를 모함했다. 불행히도 원고는 공교롭게도 추이완추 선생의 수중으로 떨어져 동판으로 제작되어 『중외서보신문』(제5호)에 말끔히 인쇄되어 나왔다.

추이완추가 국가주의파에 가입하다

『다완바오』의 말단 편집인 추이완추는 일본에서 귀국한 뒤 바로 위위안팡愚園坊 68호 쭤순성左舜生의 집에서 살았다. 곧바로 쭤와 왕짜

오스王造時가 『다완바오』에서 일하도록 소개시켜 주었다. 최근에 국가주의와 광둥 쪽을 위해 힘써 선전하고 있고, 밤에는 댄스홀과 팔선교장八仙橋莊 주위를 어정거린다고 한다.

죄안罪案이 있고 주소가 있으므로 체포하기가 너무 좋다. 그런데 동시에 사소한 실수를 저지르고 말았다. 이 사인은 일찍이 추이완추의 이름으로 자신의 시의 서序를 거창하게 쓴 적이 있다. 자신이 쓴 서에다가 자신의 시에 대해 거창하게 칭찬했던 것이다.[25] 크고 작은 병폐들의 동시 협공으로 점차 이 유약한 시인 겸 사인은 견딜 수 없게 되었고, 그는 하야하려 했다. 그런데 『시사신보』(7월 9일)에는 다음과 같은 광고가 실렸다. 마치 이 시기 문단은 '광고 시대'로 진입이나 한 듯이 말이다.

쩡진커 광고

소인은 불원간 상하이를 떠나 여행이나 하며 글쟁이 생활에서 벗어날까 한다. 차후로 사람들이 나에 대해 유언비어를 만들어 모욕하더라도 일괄적으로 치지도외하겠다. 금년은 강자의 싸움은 허락되나 약자의 외침은 불허되고 있으므로 나도 물론 할 수 있는 말이 없다. 나는 내가 약자이고 반항할 힘이 없다는 것을 인정한다. 나는 장차 영웅들의 승리의 웃음소리 속에서 가만히 이 문단을 떠나고자 한다. 만약 나더러 '겁쟁이'라고 비웃는 사람이 있다면, 나는 그저 그 사람에 대해 나를 '영웅'으로 존경하는 인물이라고 생각하겠다. 이를 알림.

이렇게 끝났다. 그런데 나는 흥미로운 글이라 생각되었는데, 마지막 두 구절은 유독 빼어나다.

내가 위에 오려 붙여 놓은 「'문인무행'을 말하다」는 사실 쩡과 장의 두 사안에 대한 합론에 해당한다. 그런데 내가 보기에 이 사건은 여전히 문제점이 좀 남아 있어 단평을 써서 『자유담』에 투고했다. 한참이 지나도 게재되지 않기에 원고를 회수했더니 등사잉크의 손자국으로 가득했다. 이는 조판작업을 했으나 누군가에 의해 거부당했다는 증거이며 "대상인의 첩으로 시집갈 누이가 없다"고 하더라도, "자본가 출판인"이 어쨌거나 이 유명인사를 '후원'했음을 보여 준다. 그런데 어쩌면 유명인사에게 죄를 지으면 즉각 붉은 모자가 씌워질지도 모른다.[26] 목숨을 보전하기 위해서는 게재되지 않은 것이 낫다고 말하기도 어렵다. 따라서 지금 여기에 베껴 둔다.

'문인무행'을 반박하다

'문인'이란 위대한 간판은 사람들을 속이기가 아주 쉽다. 비록 작금의 사회가 문인들을 가벼이 본다고 하지만 사실 이른바 '문인'들이 스스로를 가벼이 여기는 것만큼 심하지는 않다. '사람'이라면 절대로 하지 않으려 하는 일을 저지르는 것을 두고, 논자들은 그가 '무행'하면 '미치광이'라고 해석하며 그의 '불쌍함'을 용서한다고 말하는 것에 불과하다. 사실 그들은 애당초 장사치였고 줄곧 총명이 넘치는 사람들이었다. 예전의 온갖 것들은 '장사요령경經'이 아닌 게 없었고 지금의 온갖 것들도 결코 '무행'이 아니다. 오히려 그는 '개행'改行하

고자 한다.[27]

 망해 가는 장사는 그로 하여금 '개행'하도록 만든다. 아주 저열한 삼각연애소설도 대대적으로 팔아먹을 수 있다. 야밤에 대로변을 걷다 보면 종종 어둠 속에서 나와 슬그머니 묻는 불량배들을 만나게 된다. "춘화 필요해요? 춘화 필요해? 중국 거, 동양 거, 서양 거 모두 있어요. 안 살래요?" 장사도 결코 잘 되지 않는 것은 아니다. 속임수에 걸려든 사람은 상하이에 처음 온 청년이거나 촌사람들이다. 그런데 이것도 많아야 네다섯 번을 넘지는 않는다. 그들도 몇 권만 보면 싫증이 나고 심지어는 구역질이 나기도 하기 때문이다. '중국 거, 동양 거, 서양 거, 모두 있다'고 해도 소용이 없다. 게다가 시국의 변화에 따라 독서계도 변화가 일어났다. 일부는 더 이상 이런 것들을 안 보려고 하고, 일부는 그야말로 춤추러 가거나 매음하러 간다. 수음소설 전집을 사는 것보다 싸게 치기 때문이다. 이런 현상은 삼각연애소설가들로 하여금 몰락을 예감하게 했다. 우리는 사람들이 양옥을 짓는 것으로 만족할 것이라고 생각해서는 안 된다. 자식들마다 각각 적어도 10만 위안은 벌어 주어야 하니 말이다.

 이리하여 조급해지기 시작했다. 그런데 삼각연애로는 출로가 없어져 버렸다. 따라서 동류同類들과 유착하여 다과회를 열고 타블로이드를 만들어 유언비어를 날조하여 심지어는 친구들을 팔아먹기까지 한다. 마치 그들의 대작을 감상하는 사람들이 없어진 이유가 한 손으로 세상 사람들의 눈을 모두 가려 버린 일부 사람들 때문인 것처럼 말이다. 하지만 그가 진정으로 이렇게 생각한다고 오해하지는 마시라. 그는 총명이 넘치는 사람이므로 사실 결코 이렇게 생각하지 않는다. 지금의 이런 상판도 '장사요령경'이자 삼각으로 뚫고 나온 활로이기 때문이다. 결론적으로 말하면 지금은 부득불 이런 장사를 해야만이 돈을 벌 수 있다는 것이다.

예를 들어 말해 보자. 일부 '제3종인'들이 '혁명문학가' 노릇을 한 적이 있다. 이를 구실로 서점을 열어 궈모뤄의 인세를 많이 꿀꺽했다. 지금 살고 있는 양옥의 일부는 어쩌면 궈모뤄의 피땀으로 장식한 것이 아닌가 한다. 이 경우 어떻게 계속 이런 장사를 할 수 있겠는가? 이 경우에는 동료들과 연합하여 좌익을 공격하고, 더불어 유언비어를 만들어 그들의 행위를 알고 있는 사람들을 모함해야만 자신은 비로소 깨끗하고 강직한 작가가 된다. 게다가 고발문 식의 투고로도 돈을 크게 벌 수 있지 않은가.

예전의 수음소설은 아랫도리 수작과 관련이 있었다. 그런데 이 길은 이미 통하지 않으므로 반드시 위로 올라가야 했다. 그래서 사람들, 특히 그와 구면인 사람들의 머리통이 위험해졌다. 이것이 어떻게 오로지 '무행'만 하고 있는 문인들이 할 수 있는 짓이겠는가?

이상의 글 중 몇 군데는 물론 쩡진커, 장쯔핑 부류를 거론하고 있는 것도 같다. 그러나 예전의 '장쯔핑의 허리 자르기'는 분명히 내 의견이 아니다. 이 대大작가의 작품을 나로서는 보고 싶은 마음이 없다. 이유는 아주 간단하다. 내 머리는 삼각, 사각 같은 다각을 원하지 않기 때문이다. 나에게 읽어 볼 만한가를 물어보는 청년이 있으면 볼 필요가 없다고 충고할 것이다. 이유도 아주 간단하다. 청년의 머리에도 삼각, 사각 같은 다각이 있어야 할 필요가 없기 때문이다. 자유롭게 투고하여 원고료를 받고 출판하여 돈을 번다면, 설령 그가 처자식을 부양할 필요가 없다고 하더라도 나는 절대로 상관하지 않는다. 이유도 아주 간단하다. 나는 여태까지 그의 그러한 삼각, 사각의 끝도 없는 여러 각을 생각해 본 적이 없기 때문이다.

그런데 다각의 무리들이 예기치 않게 내가 '장쯔핑의 허리 자르기'를 선동했다고 말했다. 기잉에 이런 말이 나온 김에 나도 그야말로 X광선으로 그들의 오장육부를 비춰 보았던 것이다.

「후기」는 애당초 여기에서 끝내도 좋았다. 그런데 잠깐만, 아직도 여흥의 여흥이 남아 있다. 오려 놓은 자료 중에 빼어난 글이 있기 때문이다. 만일 이것이 흩어져 사라져 버린다면 너무나 안타까울 것이다. 따라서 특별히 여기에 그것을 남겨 두고자 한다.

이 글은 6월 17일 『다완바오』의 『횃불』에 실렸다.

신유림외사[28]

류쓰柳絲

제1회 깃발을 높이 들어 공영[29]을 만들고, 군대를 일으켜 올가미를 배치하다

각설하고, 맑스와 레닌 두 사람이 이날 마침 천당에서 중국혁명 문제를 토론하다 문득 하계 중국 문단의 대大고비사막을 보았다. 살기가 등등하고 모래먼지가 자욱하고 좌익방어구역에는 한 노장이 어린

장수를 바짝 쫓고 있었다. 전고戰鼓는 하늘을 흔들고 함성은 사방에서 일어났다. 홀연 노장이 이빨 틈새로 흰 안개를 토해 냈다. 맑스는 그 냄새를 맡고 쓰러지고 레닌은 책상을 치고 분노하며 '독가스! 독가스!'라고 말하고 맑스를 부축하여 재빨리 피했다. 원래 하계 중국 문단의 대고비사막의 좌익방어구역에서는 최근 공영을 새로 만들어 프티부르주아 혁명문학의 깃발을 높이 들고 있었고, 프롤레타리아 문예진영은 간교한 사람들의 이간질로 이를 성토하는 군대가 크게 들고 일어났다. 이날 대군이 경계를 압박하자 새로 공영을 만든 사령관이자 군관이자 사병인 양춘런[30]은 붓창을 들고 말을 달려 마중나갔다. 전고가 하늘을 진동시키고 함성이 사방에서 일어나는가 싶더니 선봉에서 검을 휘두르며 질주하여 달려오는 이는 바로 노장 루쉰이었다. 양춘런은 공수拱手하며 소리를 질렀다. "노장군께서는 그동안 별고 없으셨는지요?" 노장 루쉰은 아무런 대답을 않고 말을 내달려 곧바로 검을 휘둘러 찔렀다. 양춘런의 붓창이 그것을 막으며 말했다. "노장께서는 할 말씀이 있으시면 말씀을 하십시오. 어찌하여 무력을 행사하십니까? 저는 따로 군대를 일으켜 스스로 공영을 만들었습니다. 다만 일이 창졸간에 이루어진지라 지휘를 청하지 못했을 따름입니다. 결코 창을 거꾸로 돌려 배반할 생각은 없었습니다. 사실인즉, 독자적으로 한 부분의 일을 담당하고 있고, 이 마음 이 뜻은 하늘과 사람이 모두 알고 있습니다. 노장군께서는 좌익의 여러 장수들을 생각해 보십시오. 승리를 공언하고 자만으로 가득합니다. 전술도 연구하지 않고 무기도 만들지 않습니다. 전투에 임해서는 군용도 갖추지 않고 전장에 나아가서는 창을 버리고 도망가기 바쁩니다. 만약에 이대로 계속 간다면 어떻게 위신을 지키겠습니까? 노장군께서는 기강을 정비할 틈도 없이 군대를 위문하고 원정을 가십니다. 저는 혁명군중들에게 너무 얼굴을 들 수가 없다고 생각했습니다!" 노장 루쉰은 또 대답 없이 눈을 동그랗게 뜨고 호랑이 수염을 거꾸로 세우는가 싶더니 그의 이빨 틈새에서는 흰 안개가 뿜어져 나왔다. 어린 장수 양츄런은 노장이 독가스를 뿜어 낸다는 사실을 알고 말하는 것은 굼떴으나 그 순간 재빨리 방독면을 착용했다. 이것은 "바로 감정의 작용은 말로 표현할 수 없고, 시비가 불분명한 것은 하늘만이 안다!"라는 것이다. 노장이 필경 독가스로 어린 장수를 질식시켜 죽일 수 있는지를 알고 싶다면, 잠시 다음 회의 설명을 기다리시오.

이튿날 편집인의 편지를 받았다. 대의는 이렇다. 필명이 류쓰라는 사람이("선생께서 이 글의 내용을 읽어 보면 그가 누구인지 어렵지 않게 생각할 수 있을 것입니다")「신유림외사」라는 제목으로 골계문을 투고했는데, 개인의 명예를 더럽히지는 않았으므로 그것을 발표하기로 결정했으며 반박문을 쓰면 게재할 수 있다고 운운했다. 간행물을 잠시 전쟁터로 만들어 한바탕 시끌벅적하도록 하는 것은 신문발행가들이 하는 지극히 일반적인 방법이다. 요즘 들어 나는 더욱 '세상사에 밝아졌고' 날씨도 너무 더워서 땀을 빼고 재주넘기는 하지 않을 것이다. 게다가 골계문에 대해 '반박'한다는 것도 너무 흔하지 않고 이상한 일이기도 하다. 설령 "개인의 명예를 더럽혔다"고 하더라도 나는 방법이 없다. 나도 「구舊유림외사」를 지어 '맑스와 레닌'의 말의 진위를 가려 보는 것을 제외하고는 말이다. 그런데 나는 박수무당이 아닌지라 어떻게 '천당'을 볼 수 있겠는가? '류쓰'는 양춘런 선생이 '프롤레타리아 혁명문학가' 노릇을 하던 당시에 사용한 필명이므로 내용을 안 봐도 누군지 알 수 있다. 얼마나 됐다고 '프티부르주아 혁명문학'의 깃발 아래 이런 꿈을 꾸면서 자신을 이런 몰골로 그려 내고 있는 것이다. 시대의 거대한 바퀴는 정녕 이토록 냉혹하게 사람들을 갈아 버릴 수 있는 것이다. 그런데 다행히도 이렇게 갈려지자 한스헝[31] 선생은 이로 말미암아 이 '어린 장수'의 뱃속에서 '양심'을 보아 냈다.

이 작품은 제1회로 그치고 완성되지 않았다. 나는 전혀 '반박'할 생각이 없었고 도리어 이 '양심' 있는 문학을 계속 보게 되기를 바랐지만, 뜻밖에 이후로는 보지 못했다. 지금까지 한 달 남짓 되었으나 '천당'에 있는 '맑스와 레닌', 지옥에 있는 '노장수'와 '어린 장수'의 소식을 듣지는 못했다. 그런데 『사회신문』(7월 9일, 4권 3기)에서는 다시 '좌련'이 저지했다고 말했다.

양춘런이 AB단으로 넘어가다

'좌련'을 배반하고 프티부르주아 전투의 깃발을 들었던 양춘런이 최근 한커우漢口에서 상하이로 와서 AB단의 병졸 쉬샹徐翔의 집에서 기거하고 그 단에 벌써 가입하여 활동한다고 한다. 일전에 『다완바오』에 필명 류쓰가 발표한 「신봉신방」新封神榜이라는 글은 양의 글로서 암암리에 루쉰에 대하여 크게 풍자하고 있었다. 그런데 미완으로 그쳤으며 '좌련'의 경고를 받았기 때문이라고 운운하는 것을 들었다.

[위預]

'좌련'이 '풍자'글 한 편을 이렇게 중시하고 '좌련'을 '배반'하고 프티부르주아의 깃발을 든 양춘런에게 '경고'를 했다는 것은 그야말로 이상한 일이다. 일부 사람들의 말에 따르면, '제3종인'의 '자신에게 충실한 예술'은 이미 좌익이론가의 무시무시한 비판 때문에 쓸 수가 없고,[32] 지금은 이 '프티부르주아 전투'의 영웅은 또 '좌련'의 경고를 받아 더 이상 '전투'에 임하지 않는다고 한다. 내 생각에는 다시 얼마 지나면 영토 할양과 배상금 횡령, 전쟁과 수재, 고대유물의 실종, 부자의 발병 등 모든 것이 '좌련'의 죄, 특히 루쉰의 죄가 될 것 같다.

여기쯤에서 장광츠[33] 선생 생각이 난다.

일찌감치 과거지사가 된 일이다. 아마 사오 년은 되었을 것이다. 장광츠 선생이 태양사[34]를 조직하고 창조사와 연맹하여 '어린 장수'들을 이끌고 나를 포위토벌하던 당시 그는 글을 한 편 썼다. 그중 몇 구절의 대의는 이러했다. 루쉰은 여태까지 공격을 받은 적이 없어서 스스로 당대의 최고로 생각하고 있는데 이제 그에게 맛을 보여 주겠다는 것이다. 사실 이것은 잘못된 판단이었다. 나는 평론을 시작한 이래 공격을 받지 않은 적이 없었다. 예컨대 삼사월 중에 『자유담』에서만도 벌써 여러 편이 있었고, 내가 여기에 수록한 것은 겨우 일부분에 지나지 않는 것처럼 말이다. 예전이라고 해서 이와 다른 적은 없었다. 그런데 그것들은 모두 흐르는 빛처럼 한꺼번에 사라져 흔적을 찾을 길이 없기 때문에 사람들이 감지하지 못하는 것일 따름이다. 이번에는 몇 가지 간행물들을 여태 수중에 가지고 있었으므로 그 일부분을 「후기」에 옮겨 실어 놓았다. 이것도 사실 오로지 나 자신만을 위한 것은 아니다. 전투는 아직 막바지에 이르지 않았다. 오래된 족보는 장차 끊임없이 습용될 것이고, 생각해 보면 다른 사람을 공격할 때 여전히 이 방법을 사용하려 들 것이다. 물론 공격당하는 사람의 이름은 바뀌게 될 것이다. 미래의 전투적 청년이 유사한 처지에 놓여 우연히라도 이 기록을 보게 된다면 반드시 활짝 웃을 것이며, 이른바 적이라는 사람이 어떤 놈인지도 보다 분명히 알 수 있게 될 것이라고 나는 생각한다.

인용된 것 중에서 내 생각에는 몇몇 글들은 예전의 '혁명문학가'들에게서 나온 것 같다. 그런데 그들은 이제 다른 필명, 다른 상판을 하고 있다. 이것 역시 당연하다. 혁명문학가가 자신의 문학으로 혁명의 심화와 전개를 도우려 하지 않고 혁명을 빌려 자신의 '문학'을 팔려고 한다면 어떻게 될 것인가? 혁명이 고양될 때는 그가 바로 사자 몸속의 해충[35]이 되고, 혁명이 수난을 받으면 예전의 '양심'을 발견하거나 '효자'[36]라는 이름이나 '인도'人道라는 이름이나 '지금 수난을 겪고 있는 혁명보다 더한 혁명'이라는 이름으로 전선 밖으로 걸어 나와 잘하면 침묵하고 나쁘면 발바리가 되고 말 것이다. 이것은 나의 '독가스'가 아니다. 이것은 피차간에 목도한 사실이다!

1933년 7월 20일 오후에, 쓰다

주)_____

1) 원제는「後記」.
2) 『다완바오』 부간 『횃불』에 발표한 리자쭤(李家作)의 글은 루쉰을 '원외랑'(員外郞)의 공양을 받는 '경찰견'이라고 했다.「이이제이」의 부록「이화제화」 참고.
3) 『사회신문』(社會新聞). 1932년 10월 상하이에서 창간. 3일간, 순간, 반월간 등으로 나왔으며 신광서국(新光書局)에서 출판했다. 1935년 10월부터 『중외문제』(中外問題)로 이름을 바꾸었으며 1937년 10월에 정간했다.
4) 선옌빙(沈雁氷, 1896~1981). 필명은 마오둔(茅盾). 저장 퉁샹(桐鄕) 사람. 작가, 문학평론가, 사회활동가, 문학연구회 동인으로 『소설월보』(小說月報)를 주편했다. 저서에는 장편소설 『식』(蝕), 『자야』(子夜)와 『마오둔 단편소설집』(茅盾短篇小說集), 『마오둔 산문집』(茅盾散文集) 등이 있다.
5) 『미언』(微言). 시사와 문예를 포괄하는 종합적 성격의 잡지. 1933년 5월 상하이에서 창간. 처음에는 반주간이었다가 1934년 4월부터 주간으로 바꾸었다. 항일전쟁 폭발 전에 정간했다.
6) 딩링(丁玲, 1904~1986)은 후난 린펑(臨澧) 사람으로 작가이다. 단편소설집 『어둠 속에서』(在黑暗中), 중편소설 『물』(水) 등이 있다. 판쯔녠(潘梓年, 1893~1972)은 장쑤 이싱(宜興) 사람으로 철학자이다. 이들은 1933년 5월 14일 상하이에서 체포되었다.
7) '우치야마서점'(內山書店)은 일본인 우치야마 간조(內山完造, 1885~1959)가 상하이에서 연 서점. 우치야마 간조는 1913년 상하이에 왔다. 1927년 10월 루쉰을 알게 된 이래 자주 왕래했고, 루쉰은 그의 서점을 연락처로 삼기도 했다.
8) 「오두막의 잔소리」(蓬廬絮語)는 천쯔잔(陳子展)이 지은 찰기(札記). 1933년 2월 11일부터 6월 9일까지 모두 40편을 잇달아 『선바오』의 『자유담』에 게재했다.
9) 양싱포(楊杏佛, 1893~1933). 이름은 취안(銓), 자가 싱포. 장시(江西) 칭장(淸江) 사람. 미국 유학 뒤 둥난(東南)대학 교수, 중앙원구원 총간사 등의 직을 역임했다. 1932년 12월 그는 쑹칭링, 차이위안페이, 루쉰 등과 중국민권보장동맹을 조직하여 집행위원 겸 총간사를 맡았다. 1933년 6월 18일 상하이에서 국민당 스파이에게 암살당했다.
10) 량스추(梁實秋, 1902~1987). 저장 항현(杭縣; 지금의 위항余杭) 사람. 신월파 동인. 당시 칭다오대학 교수 겸 외국어학과 주임을 맡았다.
11) 장쯔핑(張資平, 1893~1959). 광둥 메이현(梅縣) 사람. 창조사 초기 성원. 1928년 상하이에서 러췬(樂群)서점을 열고 『러췬』(樂群) 월간을 주편했으며 삼각연애소설을

많이 썼다. 항일전쟁 시기 일본의 '흥아건국운동'(興亞建國運動) 본부 상무위원 겸 문위회(文委會) 주석, 왕징웨이 정부의 농광부(農礦部) 기정(技正) 등을 역임했다. 그의 장편소설 『시대와 사랑의 기로』(時代與愛的岐路)는 1932년 12월 1일부터 『선바오』의 『자유담』에 연재되었다. 이듬해 4월 22일 『자유담』 간행출판 편집실에서는 다음과 같은 광고를 내었다. "본 잡지는 장쯔핑 선생의 장편 창작 『시대와 사랑의 기로』를 이미 수개월 동안 연재하고 있습니다. 최근에 가끔 지겹다는 뜻을 표시하는 독자의 편지를 받고 있습니다. 본 잡지는 독자의 의견을 존중하여 내일부터 『시대와 사랑의 기로』의 연재를 중단합니다." 당시 상하이의 타블로이드는 이 사건에 대해서 많이 다루었는데, 본문에서 인용한 『사회신문』을 제외하고도 같은 해 4월 27일 『징바오』(晶報)에서도 「자유담이 장쯔핑의 허리를 자르다」라는 단문을 실었다.

12) 『홍당무』(Poil de carotte). 프랑스 작가 쥘 르나르(Jules Renard, 1864~1910)의 소설. 리례원이 번역하여 1934년 10월 상하이생활서점(上海生活書店)에서 출판했다. 중국어 제목은 '紅蘿卜須'이다. 여기서 말한 『홍당무』는 리례원을 대신한 말로 쓰인 것 같다.

13) 쩡진커(曾今可, 1901~1971). 장시(江西) 타이허(泰和) 사람. 일본에서 유학했다. 1931년 상하이에서 신시대서국(新時代書局)을 만들고 『신시대』 월간을 주편했다. 그의 '해방사'(解放詞)에 관한 것은 「곡의 해방」 참고.

14) 후화이천(胡懷琛, 1886~1938). 안후이 징현(涇縣) 사람. 상하이 후장(滬江)대학 등에서 교수 역임. 그는 『동방잡지』 제25권 제8호(1928년 4월 25일)와 제16호(같은 해 8월 25일)에서 잇달아 「묵적은 인도인이다」(墨翟爲印度人辨)와 「묵적 속변」(墨翟續辨)을 발표하여 묵적이 인도인이며 묵학(墨學)은 불학의 방계라고 했다. 1933년 3월 10일 『자유담』에 쉬안(玄; 마오둔)이라는 필명으로 「하필 해방하려는가」(何必解放)라는 글이 실렸는데, 여기서 "몇 해 전에 묵적이 인도인임을 '발견'한 선생이 있는데, 아주 그럴싸한 많은 '고증'을 했다"라고 했다. 이에 후화이천은 이것이 '독단적인 조롱'이고 '개인의 명예를 훼손했다'라고 하며 『자유담』 편집인의 책임을 묻는 편지를 보냈다.

15) 『파도소리』(濤聲)는 문예적 성격을 띤 주간, 차오쥐런(曹聚仁) 편집. 1931년 8월 상하이에서 창간, 1933년 11월 정간. 제1권 제21기부터 표지에는 파도와 싸우는 까마귀 그림과 "노인은 보고 고개를 흔들고 청년들은 보고 두통을 앓고 중년은 보고 의기소침해지는데, 이것이 바로 우리들의 까마귀주의이다"라는 설명이 인쇄되어 있

었다. '까마귀주의'에 관한 말은 이것을 가리킨다.
16) 원제는 「"文藝座談"遙領記」. '遙領'은 직위의 이름만 받고 직접 부임하여 다스리지 않는다는 뜻이다. 예컨대 당대의 수도 창안(長安)과 제2의 수도 뤄양(洛陽)에는 '부'(府)가 있었는데, '부'의 최고 관리는 '목'(牧)이라고 칭했다. 일반적으로 '친왕'(親王)은 직접 부임하지는 않고 직위만 받았으며 실제 정무는 '윤'(尹)이 주재했다. 여기에서 '부재'는 '遙', '수령'은 '領'에 대한 번역어이다.
17) 『문예좌담』(文藝座談). 반월간. 쩡진커, 장쯔핑 주편. 1933년 7월 상하이에서 창간하였고, 모두 4기가 나왔다. 신시대서국 발행.
18) '구주'(九州)는 진실에 나오는 상고(上古)시대의 행정구획이다. 지금은 중국에 대한 별칭으로 사용된다.
19) '좌련'(左聯)은 중국 좌익작가연맹을 가리킨다. 중국공산당이 지도한 혁명문학단체로 1930년 3월 상하이에서 성립되었고 1935년 자진해산했다. 주요 성원으로 루쉰, 마오둔, 샤옌(夏衍), 펑쉐펑(馮雪峰), 펑나이차오(馮乃超), 저우양(周揚) 등이 있다.
20) 원제는 「談"文人無行"」.
21) 『중외서보신문』(中外書報新聞). 주간. 1933년 6월 상하이에서 창간, 바오커화(包可華)가 편집. 내용은 도서 간행물의 광고가 위주이고 문단의 소식도 함께 실었다. 중외출판공사(中外出版公司) 발행. 같은 해 8월 『중외문화신문』(中外文化新聞)으로 이름을 바꾸었다.
22) 원래 제목은 「望歲小農居日記」이다.
23) 『맹자』 「이루상」(離婁上)에 "사람에게 있는 것 가운데 눈동자보다 선량한 것은 없다. 눈동자는 그 악함을 가릴 수 없다. 속마음이 바르면 곧 눈동자가 밝고, 속마음이 바르지 않으면 곧 눈동자가 흐리다"라는 말이 있다.
24) 추이완추(崔萬秋, 1903~1982). 산둥(山東) 관청(觀城; 지금은 허난 판현範縣에 편입됨) 사람. 일본에서 유학했으며, 『다완바오』의 문예부간 『횃불』 주편.
25) 1933년 2월에 쩡진커는 자신의 시집 『두 개의 별』(兩顆星)을 출판하면서 추이완추의 이름으로 「서문을 대신하여」(代序)를 실었다. 같은 해 7월 2, 3일에 추이완추는 각각 『다완바오』의 『횃불』과 『선바오』에 광고를 실어 「서문을 대신하여」는 자신의 글이 아니라고 했다. 이에 쩡진커는 7월 4일 『선바오』에 광고를 실어 「서문을 대신하여」는 추이 군의 편지를 발췌한 것이라고 변명했다.
26) '붉은 모자를 씌우다'라는 표현은 백색테러 시기 진보적 인사들이 근거 없이 빨갱이

로 지목되는 것을 두고 비유적으로 표현한 말이다.
27) '무행'(無行)은 문인이 문인다운 행위를 하지 않는다는 뜻인데, 중국어로 '行'은 다의어이다. '싱'으로 발음될 때는 '행하다'라는 뜻이고 '항'으로 발음될 때는 '직업'을 뜻한다. '개행'(改行)이라는 말은 일종의 루쉰의 언어유희이다. 여기에서 루쉰은 문인들이 '문인다운 행위를 하지 않는다'기보다는 실은 장사가 안 되면 바로 '업종을 바꾸는' 데 능수능란한 사람들이라고 풍자하고 있다.
28) 원제는 「新儒林外史」.
29) 나관중(羅貫中)의 『삼국지연의』(三國志演義)에는 제갈량(諸葛良)의 '공성계'(空城計)뿐만 아니라 조운(趙雲)의 '공영계'(空營計)가 나온다. '공영계'는 허함을 허하게 보이도록 하는 전략이다. 텅 빈 것을 그대로 보여 주면 적들은 도리어 속임수가 있는 것으로 생각하여 혼란에 빠지게 되고 결과적으로 승리를 거두게 하는 전략이다. 이 전략의 핵심은 허술한 처지를 과감하게 이용할 줄 아는 장수의 용기와 담력이다.
30) 양춘런(楊邨人, 1901~1955). 광둥 차오안(潮安) 사람. 1925년 중국공산당에 가입, 1928년 태양사(太陽社), 1930년에 '좌련'에 참가했으나 1932년에 혁명 진영을 떠났다. 그는 1933년 2월 『독서잡지』(讀書雜誌) 제3권 제1기에 「정당 생활이라는 참호를 떠나며」(離開政黨生活的戰壕)를 발표하여 혁명을 비판했다. 같은 해 『현대』 제2권 제4기에 「프티부르주아 혁명문학의 깃발을 올리며」(揭起小資産階級革命文學之旗)를 발표하며 '제3종의 문예'를 선전했다.
31) 한스헝(韓侍桁, 1908~1987). 톈진(天津) 사람. '좌련'에 참가했다가 '제3종인'으로 전향했다. 양춘런이 전향선언을 발표하자, 그는 『독서잡지』 제3권 제6기(1933년 6월)에 「문예비평·프티부르주아 혁명문학의 깃발을 올리며」(文藝批評·揭起小資産階級革命文學之旗)를 발표했다. 여기에서 양춘런에 대해 "충실한 사람, 자신을 속이지 않고, 단체를 속이지 않는 충실한 사람이다"라고 하고, 양춘런의 말은 "순수하게 진리를 추구하는 지식인의 문학에 대한 발언이다"라고 했다.
32) 쑤원(蘇汶)은 『현대』 제1권 제6호(1932년 10월)에 발표한 「'제3종인'의 출로」("第三種人"的出路)에서 다음과 같이 말했다. "작가, 만약 그가 자신에게 충실하다면, …… 그는 자신에게 그가 가지고 있지 않은 것을 바라지 않을 것이다. 그런데 이론가들은 그래도 큰 목소리를 내며 작가들에게 그가 가지고 있지 않은 것을 달라고 한다! 속일 용기가 없는 작가는 그들이 가진 것을 감히 꺼낼 수 없을 뿐만 아니라 다른 사람이 바라는 것도 꺼내지 못한다. 그러면 어떻게 하는가? 절필이다."

33) 장광츠(蔣光慈, 1901~1931)는 장광츠(蔣光赤)라고도 한다. 안후이 류안(六安) 사람. 작가, 태양사의 동인. 저서로는 시집 『신몽』(新夢), 중편소설 『단고당』(短袴黨), 장편소설 『전야의 바람』(田野的風) 등이 있다.

34) '태양사'(太陽社)는 문학사단으로 1927년 하반기 상하이에서 결성되었다. 동인으로 장광츠, 첸싱춘(錢杏邨; 아잉阿英), 멍차오(孟超), 양춘런 등이 있다. 1928년 1월 『태양월간』(太陽月刊)을 출판하여 혁명문학을 주장했다. 1930년 '좌련'의 성립과 동시에 자진 해산했다.

35) '사자 몸속의 해충'이라는 말은 원래 불가의 비유로 불법을 파괴한 비구승을 가리키는 표현이다. 『연화면경』(蓮華面經, 상권)에 다음과 같은 대목이 있다. "아난(阿難)아, 예를 들어 사자의 명이 다하여 죽으면 공중이거나 땅이거나 물이거나 육지에 있는 모든 중생들은 감히 그 사자의 살을 먹지 못한다. 오로지 사자의 몸에서 저절로 생겨난 각종 벌레들이 사자의 살을 먹는다. 아난아, 다른 사람이 나의 불법을 파괴하는 것이 아니고, 나의 불법 안의 여러 나쁜 비구승들이 독침과도 같이 내가 삼천아승지겁(阿僧祇劫) 동안 쌓고 고생하여 모은 불법을 파괴할 것이다." 여기에서는 혁명진영에 섞여 들어간 기회주의자를 가리킨다.

36) '효자'(孝子)는 양춘런을 가리킨다. 그는 「정당 생활이라는 참호를 떠나며」에서 다음과 같이 말했다. "나 자신을 되돌아보면 부친은 나이가 많았고 집은 가난했으며 동생은 어렸다. 반평생 떠돌이 생활로 한 가지 일도 이룬 게 없다. 혁명은 언제나 성공할 수 있을까. 나의 가족들은 지금 굶주린 시체가 되어 하루를 넘기기 어렵다. 장래에 혁명이 성공한다고 하더라도 샹어(湘鄂) 서부 소비에트 지구의 상황으로 미루어 보면 나의 가족들은 굶주린 시체나 거지꼴을 면하기 어려울 것이다. 아무래도 근본을 지키고 나의 가족을 돌보아야겠다! 병중에 천만 번을 생각하고 마침내 이성적으로 판단하여 중국공산당을 떠났다."

해제 | 『거짓자유서』에 대하여

『거짓자유서』는 루쉰이 1933년 1월 말부터 5월 중순까지 『선바오』의 부간 『자유담』에 허자간何家幹, 자간家幹, 간幹, 딩멍丁萌이라는 필명으로 발표한 잡문을 모은 문집이다. 1933년 7월에 편집하여 10월에 출판되었고 「서문」과 「후기」를 빼면 모두 43편이다. 5월 중순이라는 시점은 최소한이나마 보장받던 언론의 자유가 급속하게 위태로워지는 때이다. 5월 말부터 『자유담』이 국민당의 언론 검열에 백기를 들게 됨에 따라 루쉰은 이상의 필명이 아닌 다른 수많은 필명으로 투고를 하게 된다. 이후 『자유담』에 다른 필명으로 투고한 글은 『풍월이야기』에 수록했다. 문집에는 결벽에 가까운 루쉰의 성격이 고스란히 드러난다. 루쉰은 독자의 이해를 돕는다는 명분으로 문단의 반응을 자신의 글 바로 뒤에 오려 붙여 놓았다. 루쉰을 비판한 사람들의 말을 빌리면 까탈스럽기 그지없는 '노인티'를 내고 있는 것이다.

『자유담』은 1911년 8월 24일에 처음 만들어졌다. 처음에는 주로 소위 '원앙호접파'鴛鴦蝴蝶派 작가들의 작품을 많이 게재했다. 원앙호접파 문학은 새로이 등장한 상하이 도시민의 미학적 흥미에 부합하는 '유희'를 목적으로 하고 있었다. 그런데 1932년 12월 리례원이 편집을 맡으면서부터 루쉰, 마오둔茅盾 등 진보적인 문인들이 쓴 민주와 언론의 자유에 관한 잡문과 단평들로 채워지게 된다. 『자유담』의 변화는 국민당의 탄압으로 이어지고 결국 편집인 리례원黎烈文은 1934년 5월에 사직한다. 같은 해 11월 『선바오』를 운영하던 스량차이史量才가 암살되는 사건마저 벌어지자 『자유담』은 급격하게 보수화되고 이후 정간과 복간을 거듭하다 1949년 5월 『선바오』의 정간과 함께 운명을 같이했다. 『다완바오』 등 보수적 신문이 주도한 『자유담』에 대한 공격의 전말은 「후기」에 잘 정리되어 있다.

루쉰은 이전까지 일보에 글을 투고한 적이 거의 없으나 『자유담』에는 부지런히 매달 평균 8, 9편 꼴로 글을 써서 보냈다. 『자유담』에 투고하게 된 전후사정에 대해서는 「서문」에 잘 나타나 있다. 루쉰은 애당초 『자유담』이라는 신문 부간에 별 관심이 없었으나 해산하다 죽은 아내에 대한 그리움을 표현한 편집인 리례원의 글을 읽은 것이 계기가 되었다. 이를 두고 루쉰은 "적막한 이들을 위하여 소리치기 위해서"라고 했다. 리례원이 『자유담』의 혁신을 위해 홀로 동분서주하다 불행한 일을 당한 것에 대한 안쓰러움과 미안함이 있었던 것이다.

문집에 실린 글의 대부분은 당시 시사를 직접적으로 겨냥하고 있다. 루쉰은 『거짓자유서』를 내면서 『자유담』에 투고했으나 게재되지 못한 글도 함께 묶었다. 게재 거부된 까닭은 당시 정치적 상황을 노골적으로 비판하고 있었기 때문이다. 따라서 루쉰은 『자유담』에서 '자유'라는 것은 "아이러니에 불과하다"(「서문」)라고 했던 것이다. 여기저기서 누구나 '자유'를 말하고 있었지만 당시 중국에서 언론의 자유는 근본적으로 '한계' 지어져 있었다. 『자유담』은 표제가 지시하는 바와 같이 언론의 자유를 전제해야만 존재할 수 있는 형식이다. 그런데 당시 언론의 자유를 요구하는 사람에게는 『홍루몽』에서 가씨댁의 가노 초대焦大가 당했던 것처럼 입안 가득 말똥을 쑤셔 넣어 말문을 철저하게 막아 버리는 상황이었다. 심지어 언론의 자유에 대한 요구는 급기야 신문, 잡지의 운명을 담보로 하는 일이기도 했다. 수세에 몰린 『자유담』의 처지야말로 '한계'를 적나라하게 보여 주는 것이다.

따라서 루쉰은 "『자유담』은 실은 자유롭지 않음에도 불구하고 지금 『자유담』이라고 부르고 있으므로 간신히 우리는 이런 자유로운 모습으로 이 지면에서 말하고 있다"(「사실숭상」)라고 했다. 바로 이런 까닭으로 『자유담』에 기고한 글을 모아 '거짓자유서'라는 이름으로 묶어 낸 것이다.

옮긴이 이보경